日本留学試験(EJU) 模擬試験

日本語 聴読解・聴解

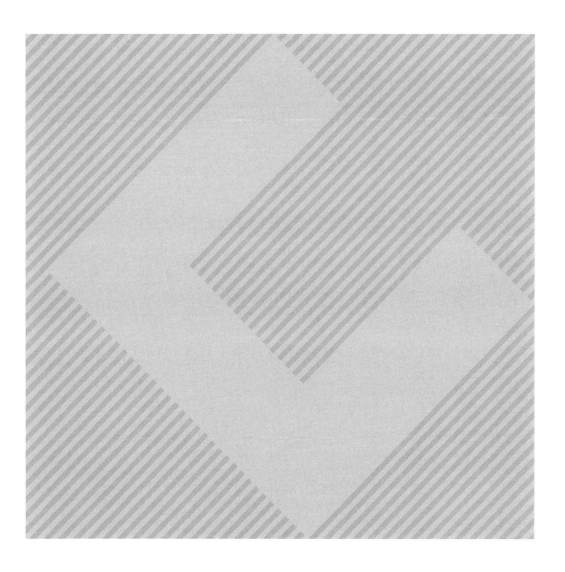

行知学園
COACH ACADEMY

は　じ　め　に

　日本留学試験（EJU）は，日本の大学への入学を希望する留学生を対象とし，大学等における学習に必要な日本語力，及び各科目の基礎学力を評価するための試験です。年に2回，6月と11月に実施されています。

　日本留学試験では，基礎的な知識だけでなく，総合的な考察力・思考力が必要となります。また，限られた時間の中ですばやく正解を見出すための読解力・判断力も要求される上に，マークシート形式という独特な解答形式に慣れる必要もあります。このような特徴を持つ日本留学試験で高得点をとるためには，同形式の良質な問題に数多く接することが効果的です。

　本書は，上記のような点を踏まえ，過去に出題された問題を徹底的に研究・分析した上で作成された模擬試験集です。形式・内容・レベルにおいて実際の試験に近い問題が全10回分収録されており，本番さながらの問題に数多くチャレンジすることができるようになっています。数をこなすことは自信につながります。本書を活用して，ぜひあなたの自信を揺るぎないものにしてください。

　私たち行知学園では，各教科の教材専門スタッフが，日々，教科内容を研究・分析し，日本の大学への入学を希望している外国人受験生にとって有用な教材の開発に取り組んでいます。

　この「模擬試験シリーズ」が，日本留学試験の攻略に資するものとなることを願います。

　2018年5月

行知学園

本書について

■ 日本留学試験 (EJU)「日本語」について

　日本留学試験は年に2回，6月と11月に実施され，出題科目は「日本語」，「理科」(物理・化学・生物)，「総合科目」及び「数学」です。「日本語」は，「記述」「読解」「聴読解」「聴解」の4つの領域から構成されており，試験時間，配点及び試験内容は以下のようになっています。

領域	配点	時間	内　　容
記述	50点	30分	2つのテーマから1つを選び小論文あるいは作文を書く。400〜500字。
読解	200点	40分	文章を読み選択式の設問に答える。小問1つ10問，2つ6問，3つ1問。
聴読解	200点	55分	音声と視覚情報をもとに選択式の設問に答える。12問。
聴解			音声を聴き選択式の設問に答える。15問。
合計	450点	125分	

■ 本書について

　留学生のための進学予備校である行知学園は，長年にわたりこれまで日本留学試験に出題された問題を分析し，留学生の皆さんがどのように学習すれば試験に対応できる実践力，実力を付けられるかを研究してきました。本書は，その成果を盛り込み，日本留学試験の出題傾向に対応する**模擬試験問題10回分と解答，付録**を収録した問題集です。

　試験対策では，出題傾向に沿ったよい問題をたくさんこなし，出題傾向やパターンを把握することが大切です。本書は，「日本語」で出題される4つの領域のうち，「聴読解」と「聴解」の模擬試験を収めていますが，それぞれ，日本留学試験「日本語」の形式，内容，難易度を踏まえた出題になっています。以下，「聴読解」「聴解」のそれぞれの領域について，簡単に出題傾向を説明しておきましょう。

　「聴読解」，「聴解」ともに音声情報の聞き取り，及び内容の理解が求められますが，「聴読解」においては，音声情報に加え，図表やイラストなどの視覚情報が提示されます。出題されるテーマは**文化，教養，心理，教育，経営，自然科学**など多岐にわたります。日本留学試験の「聴読解」「聴解」は，大学での講義や研究発表，あるいは大学生活を送る上で求められる会話を想定して作られているという特徴があり，講義や研究発表などの独話，先生と学生（または学生同士）の会話，の二つが主な問題文形式になっています。

　「聴読解」「聴解」において問われる能力は次の通りです。

4

1．基本的な言語能力

音声や視覚によって与えられる情報を正確に理解できるかが問われます。日常生活で用いられる日本語に加えて，ややアカデミックな言葉，言い回しの理解も求められます。

2．情報の理解能力

情報の取捨選択や論理関係の理解ができるかが問われます。情報には重要な部分とそうでない部分がありますが，その判断を素早く行い，複数の情報の関係性を理解しながら，話の展開を追っていく必要があります。また，「聴読解」においては図表やイラストの意味を正確に理解し，音声情報との対応を把握する能力も求められます。

3．情報の活用能力

音声情報や視覚情報を理解するだけではなく，そこから論理的に答えを導き出す能力が問われます。答えが直接情報の中に含まれている場合もありますが，与えられた情報をもとに総合的に考え，妥当な答えを導き出す必要があるものもあります。

「聴読解」で高得点を目指すには，独特の傾向や形式に慣れる必要があります。設問と選択肢を音声が流れ始める前に読み，何が問われるのかを把握しておきます。そうすることで音声情報と視覚情報の関係性をつかみやすくなり，設問に答えるために必要な情報を素早く選別することができます。

「聴解」においては，音声情報しか与えられないため，キーワードだけでなく関係性も含めてメモをとるなどしながら，話の内容や論理を整理することが重要になってきます。設問文が先に述べられ選択肢も音声で与えられるので，音声を最初から最後まで正確に聞き取る集中力が求められます。

■ マークシート記入上の注意点

日本留学試験「日本語」の「聴読解」「聴解」の解答用紙は，答えのマーク部分を鉛筆で塗りつぶすマークシート形式です。「聴読解」は正しい答えの番号1つを塗りつぶす形式ですが，「聴解」はマーク部分が一問につき2段になっており，1段目は正しい答え1つを塗りつぶし，2段目は正しくないもの3つを塗りつぶすという独自の形式をとっているので，注意が必要です。マークの仕方が薄いと採点されないため，必ずHBの鉛筆を使ってしっかり塗り，訂正したい場合は消しゴムできれいに消してください。

（例）聴解で3番が正しい場合

解答番号	解答欄	1	2	3	4
13	正しい	①	②	●	④
	正しくない	●	●	③	●

■ 本書の使い方

　本書10回分の模擬試験問題と付録は，日本留学試験に必要な実力が効率よく身につく学習を可能にします。

　試験対策では，日本留学試験の形式に慣れることが重要です。試験の傾向に沿った模擬試験に，日本留学試験と同じ時間，同様の解答用紙，筆記具を用いて取り組んでみましょう。解答後は採点結果を分析し，自分の弱点である不得意な分野や足りない知識を把握してください。苦手な分野や弱い点を重点的に復習し，今後の勉強に活かすことで，より効率よく成績を上げることができます。

　上記のような流れにしたがい本書の模擬試験を繰り返し解くことで，基礎力に加え，総合的な考察力や思考力，限られた時間で解答できる読解力や判断力など，日本留学試験に必要な実力が自然に身についていきます。

目 次

はじめに ………………………………………	**3**
本書について …………………………………	**4**
第１回　模擬試験 ………………………………	**9**
第２回　模擬試験 ………………………………	**25**
第３回　模擬試験 ………………………………	**41**
第４回　模擬試験 ………………………………	**57**
第５回　模擬試験 ………………………………	**73**
第６回　模擬試験 ………………………………	**89**
第７回　模擬試験 ………………………………	**105**
第８回　模擬試験 ………………………………	**121**
第９回　模擬試験 ………………………………	**137**
第10回　模擬試験 ………………………………	**153**
スクリプト ……………………………………	**169**
解　答 …………………………………………	**273**
付　録 …………………………………………	**285**

聴読解の攻略方法	**286**
聴解の攻略方法	**288**
自己分析シート	**292**
学習達成表	**293**
日本語解答用紙	**294**
参考書籍一覧	**295**

7

第①回 模擬試験

解答時間：55分

1

聴読解問題は，問題冊子に書かれていることを見ながら，音声を聴いて答える問題です。
　<u>問題は一度しか聴けません。</u>
　選択肢1，2，3，4の中から答えを一つだけ選び，聴読解の解答欄にマークしてください。

　聴解問題は，音声を聴いて答える問題です。問題も選択肢もすべて音声で示されます。問題冊子には，何も書かれていません。
　<u>問題は一度しか聴けません。</u>
　メモ用のページが1ページあります。音声を聴きながらメモをとるのに使ってもいいです。
　聴解の解答欄には，『正しい』という欄と『正しくない』という欄があります。選択肢1，2，3，4の一つ一つを聴くごとに，正しいか正しくないか，マークしてください。正しい答えは一つです。

音声ダウンロードURL

http://www.koyo-coach.com/audiodata/

聴読解問題

1番

　先生が授業で，犯罪抑止の３要素について話しています。この先生が最後にする質問の答えはどれですか。　　　　　　　　　　　　　　　1

犯罪抑止の３要素

　A　領域性
　　犯罪者による犯行対象への接近を困難にする

　B　監視性
　　犯罪者の行動を見張り，犯行対象を見守る

　C　抵抗性
　　犯罪者から加わる力を押し返す

1．Aが低くなったから
2．Bが低くなったから
3．Cが低くなったから
4．Aが低くなり，Bが高まったから

2番

先生が，中学生・高校生を対象に，読むべき本について話しています。この先生が，中学生・高校生に読んでほしいと思っているのは，どの種類の本ですか。 2

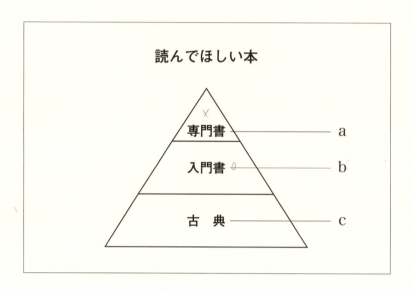

1．a
2．b
3．a・b
4．b・c

3番

先生が，生物学の授業で，ミツバチのコミュニケーションについて話しています。この先生の話によると，「シマリング」は，どのタイプのコミュニケーションになりますか。

個から個

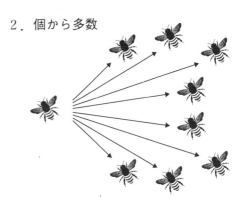

1．個から少数

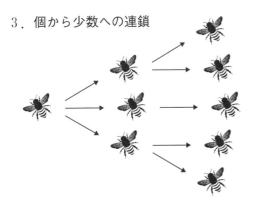

2．個から多数

3．個から少数への連鎖

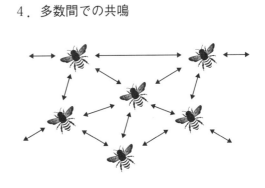

4．多数間での共鳴

4番

男子学生が女子学生に，自分たちで企画した講演会のタイムテーブルについて相談しています。この男子学生は，講演をどのような順番に変えることにしましたか。 4

文学講演会　タイムテーブル（予定）

10:00	開会の言葉
10:20	講演① 「古代ギリシャの恋愛詩」　　　　　　佐藤　健太　先生
11:10	休憩
11:20	講演② 「漢詩の中の社会批判－中国の社会詩」　伊藤　恵子　先生
12:10	昼食休憩
13:10	講演③ 「古典和歌における恋歌の移り変わり」　山田真理子　先生
14:00	休憩
14:10	講演④ 「現代短歌で詠われた日本社会」　　　　木村　達也　先生
15:00	座談会
16:00	閉会

1．①→③→②→④

2．①→④→③→②

3．③→①→④→②

4．③→④→①→②

5番

先生が、女性研究者の割合について話しています。この先生が説明しているグラフはどれですか。　　　　　　　　　　　　　　　　　　　　　　　　　　　　　　5

1.
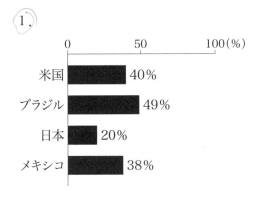

2.
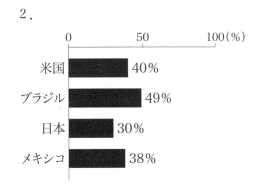

3.
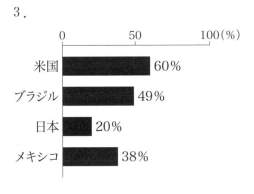

4.
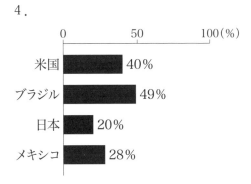

6番

先生が授業で，日本の出版物について話しています。この先生が「消費財」と言っているのは，どのタイプの出版物ですか。

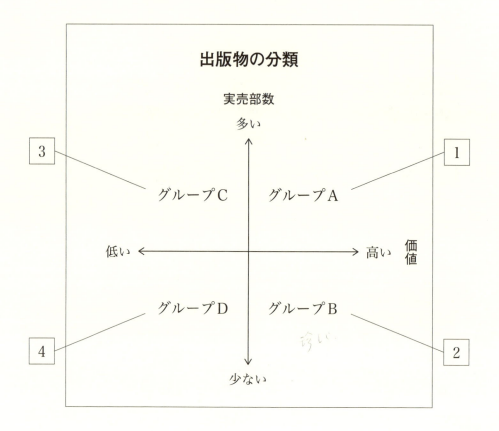

7番

先生が，一日の気温と湿度の変化について話しています。この先生がこれから描くグラフはどれですか。　　　7

1.
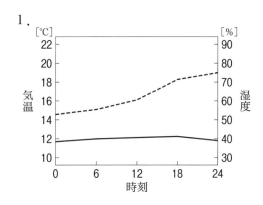

2.
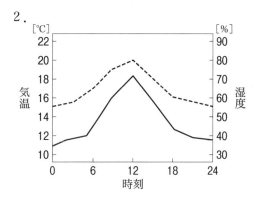

3.
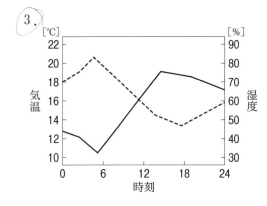

4.
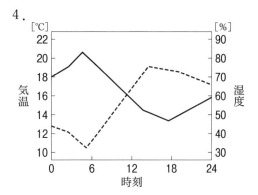

8番

男子学生と女子学生が，デジタル教科書導入に関するアンケートを見ながら話しています。この男子学生が賛成している意見はどれですか。

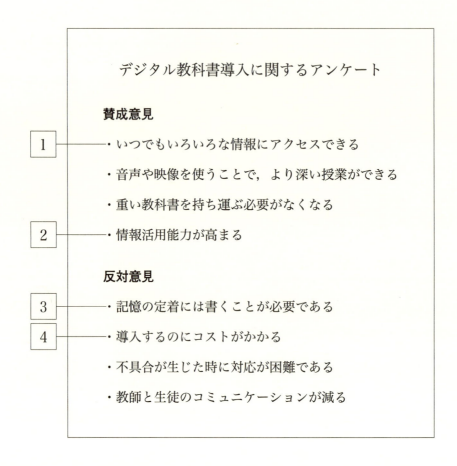

9番

先生が,経営学の授業で,「ファイブ・フォース」という考え方について説明しています。先生はこのあと,どの項目について説明しますか。　9

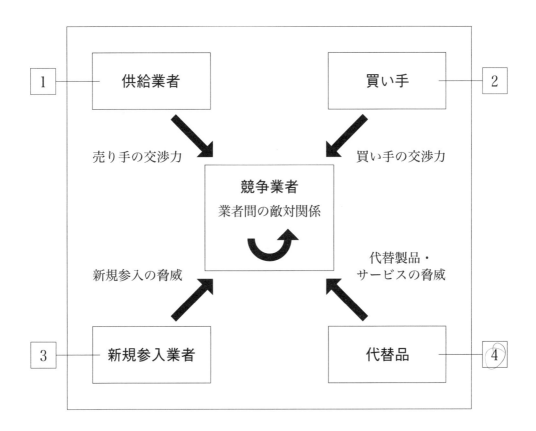

10番

先生が，子どもが言葉を覚えていく過程について話しています。この先生の話によると，小さな男の子が「イヌ」と何度も言いながら母親の反応を見るという行動は，どの項目に入ると言えますか。

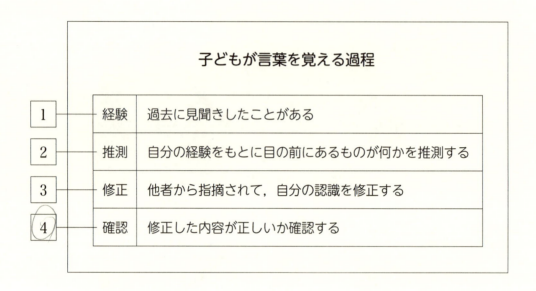

11番

先生が授業で，チンパンジーの観察結果について話しています。この先生の話によると，チンパンジーの行動を表したグラフとして正しいものはどれですか。　11

1.
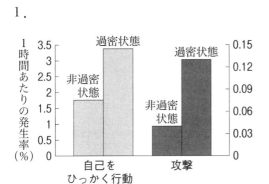

2.
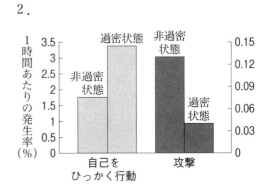

3.
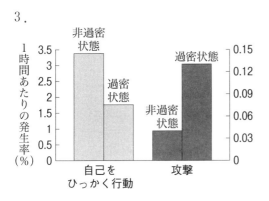

4.
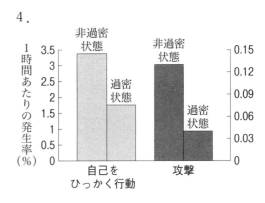

12番

学生が，食品の管理について発表しています。この学生の話を図で表すと，どのように
なりますか。 12

1.

	安全面	品質面
義務的表示	政府	政府／民間
任意の表示	民間／政府	民間

2.

	安全面	品質面
義務的表示	政府	政府
任意の表示	民間／政府	民間／政府

3.

	安全面	品質面
義務的表示	政府	民間
任意の表示	政府	民間

4.

	安全面	品質面
義務的表示	政府／民間	政府／民間
任意の表示	民間	民間

聴解問題（13番〜27番）メモ用

第 ② 回 模擬試験

解答時間：55分

2

聴読解問題は，問題冊子に書かれていることを見ながら，音声を聴いて答える問題です。

問題は一度しか聴けません。

選択肢1，2，3，4の中から答えを一つだけ選び，聴読解の解答欄にマークしてください。

聴解問題は，音声を聴いて答える問題です。問題も選択肢もすべて音声で示されます。問題冊子には，何も書かれていません。

問題は一度しか聴けません。

メモ用のページが1ページあります。音声を聴きながらメモをとるのに使ってもいいです。

聴解の解答欄には，『正しい』という欄と『正しくない』という欄があります。選択肢1，2，3，4の一つ一つを聴くごとに，正しいか正しくないか，マークしてください。正しい答えは一つです。

音声ダウンロードURL

http://www.koyo-coach.com/audiodata/

聴読解問題

1番

先生が，社会保障制度について説明しています。この先生がこれから詳しく説明するのは，表のどの部分ですか。

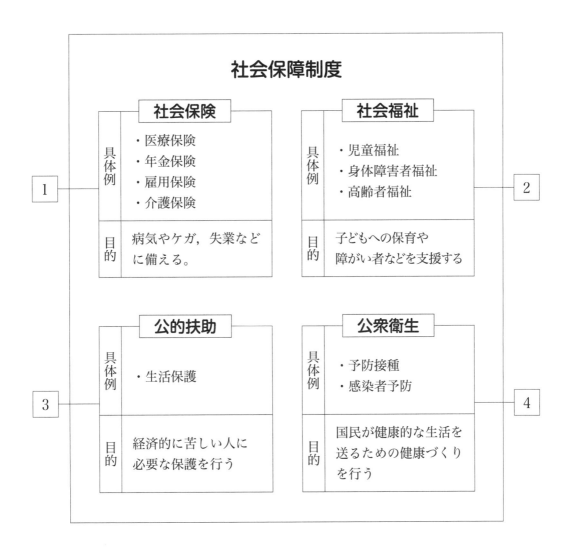

2番

先生が，考古学の授業で，古墳という大きな墓について話しています。この先生の話によると今回発見された古墳はどれですか。

2

1.

円墳

2.

方墳

3.

前方後円墳

4.

八角墳

3番

女子学生と男子学生が，サークルの新入生歓迎会のプログラムについて相談しています。この二人は，自己紹介，顧問の先生の話，サークル紹介をそれぞれ，どの部分ですることにしましたか。 <u>3</u>

新入生歓迎会　プログラム

日時：20XX年4月23日　9:00～21:00

場所：○○遊園地・□□レストラン（貸切）

プログラム

9:00	大学前集合・バス出発	
↕	———————————	ア
11:00	○○遊園地到着	
11:00～12:00	全員で昼食 ———————	イ
12:00～17:00	グループごとに自由行動	
17:00	○○遊園地出発	
↕	———————————	ウ
19:00	□□レストラン到着	
19:00～21:00	パーティ ———————	エ

	自己紹介	先生の話	サークル紹介
1	ア	ア	エ
2	ア	イ	ウ
3	ア	イ	エ
4	イ	ウ	エ

4番

先生が，人間の脳の働きについて話しています。この先生が最後にする質問の答えは図のどこですか。

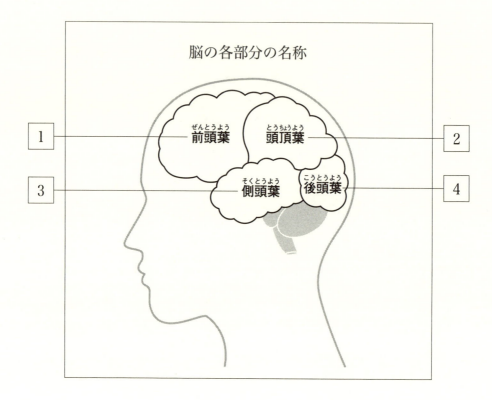

5番

先生が，留学について話しています。この先生は，これからどの要因に基づいて新しい取り組みをしていくつもりだと言っていますか。　5

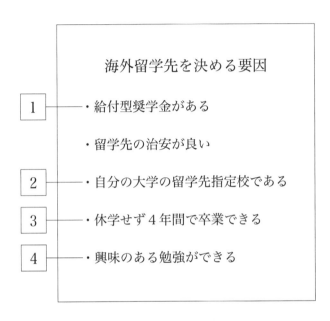

6番

先生が，生物学の授業で，動物が移動運動中に使うエネルギーの量について話しています。この先生が話している調査結果を表しているグラフはどれですか。　6

1.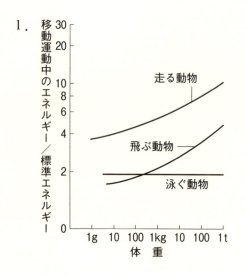

2.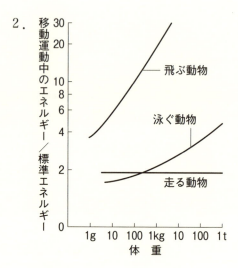

3.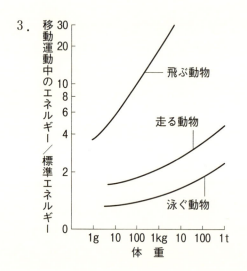

4.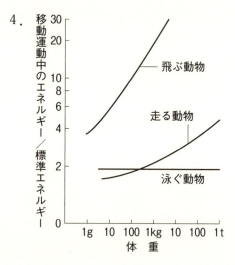

7番

先生が，経営学の授業で，お店の営業活動のステップについて話しています。この先生が最後にする質問の答えはどれですか。 7

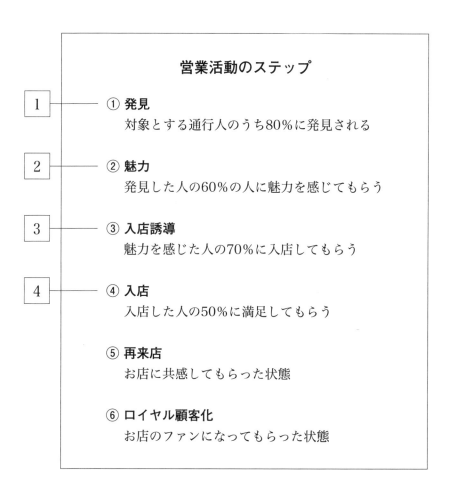

8番

男子学生が駅の案内所の人と話しています。この男子学生は、このあと現在地から遺跡までの往復にいくら払いますか。

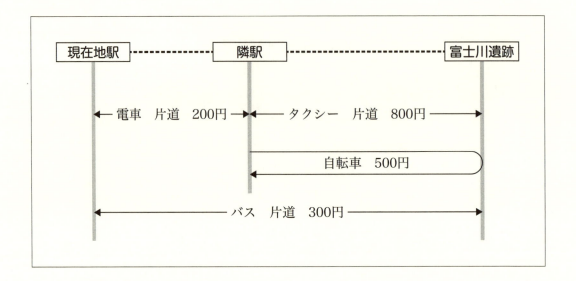

1. 600円
2. 900円
3. 1400円
4. 1800円

9番

先生が，音に関するグラフの説明をしています。この先生が最後にする質問の答えはどれですか。

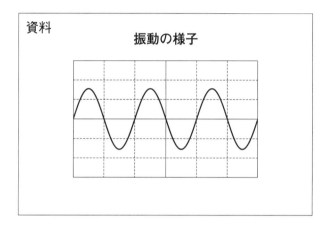

1.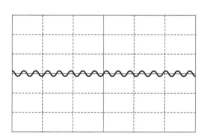

2.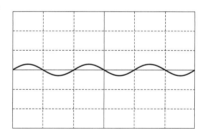

3.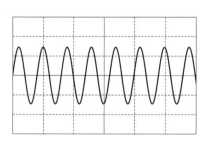

4.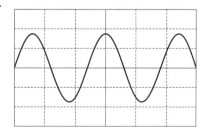

10番

先生が，発達心理学の授業で，赤ちゃんに関する実験について話しています。この先生の話によると，赤ちゃんが最も好むのはどれですか。

10

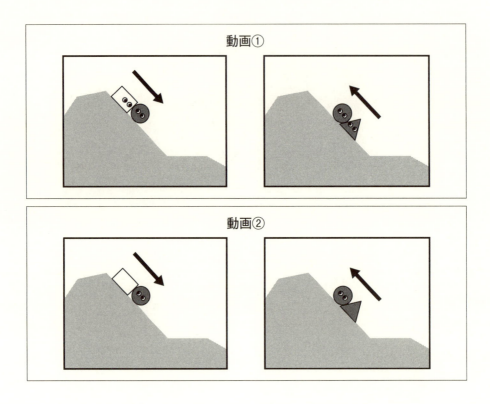

1. ⚆⚆
2. 🔺
3. ☐
4. ▲

11番

先生が，経済学の授業で，「スマイルカーブ」という曲線について説明しています。この先生の話によると，2000年代のスマイルカーブを加えたグラフはどれになりますか。

| 11 |

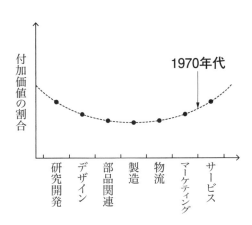

1.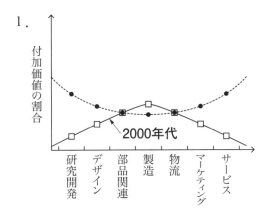

2.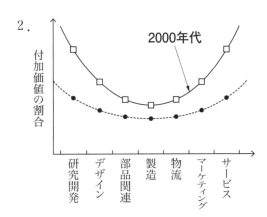

3.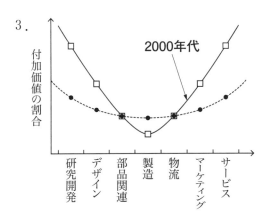

4.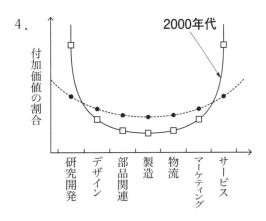

12番

先生が授業で，顔の表情，身振り，手振りなどの身体動作について話しています。この先生が最後にする質問の答えはどれですか。　　　12

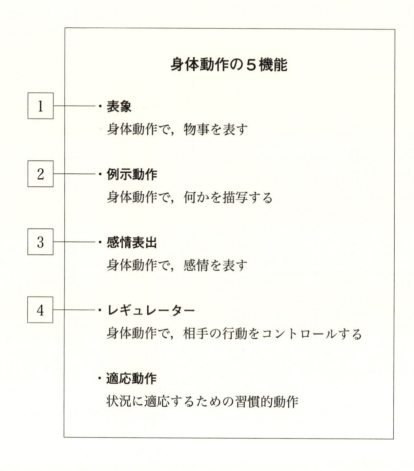

聴解問題（13番〜27番）メモ用

第 ③ 回　模擬試験

解答時間：55分

3

聴読解問題は，問題冊子に書かれていることを見ながら，音声を聴いて答える問題です。

問題は一度しか聴けません。

選択肢1，2，3，4の中から答えを一つだけ選び，聴読解の解答欄にマークしてください。

聴解問題は，音声を聴いて答える問題です。問題も選択肢もすべて音声で示されます。問題冊子には，何も書かれていません。

問題は一度しか聴けません。

メモ用のページが1ページあります。音声を聴きながらメモをとるのに使ってもいいです。

聴解の解答欄には，『正しい』という欄と『正しくない』という欄があります。選択肢1，2，3，4の一つ一つを聴くごとに，正しいか正しくないか，マークしてください。正しい答えは一つです。

音声ダウンロードURL

http://www.koyo-coach.com/audiodata/

聴読解問題

1番

先生が、不登校の原因について話しています。この先生は、表の中のどの項目について、これから改善していくべきだと言っていますか。　　1

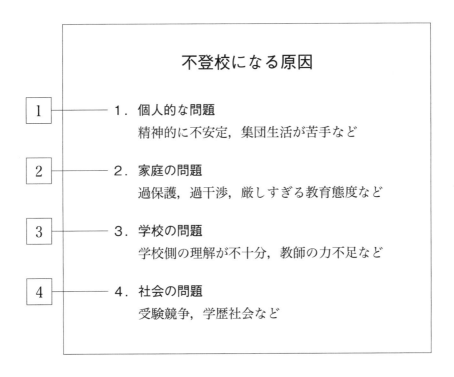

2番

先生が授業で,デパートの売り場におけるディスプレイについて話しています。この先生の話によると,最適な売り場の入り口はどれですか。

3番

先生が，動物が聞き取れる音について話しています。この先生は，このあと，どの動物の話をしますか。　　　3

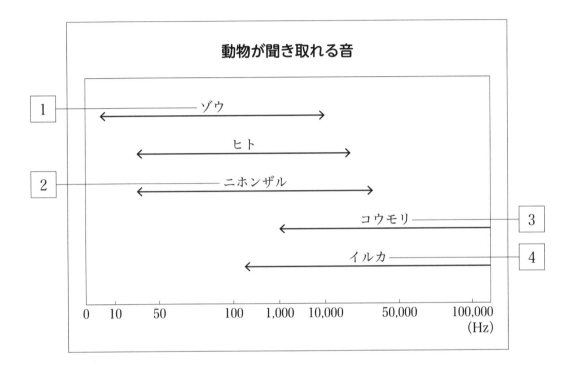

4番

先生が，観光学の授業で，観光施設の分類について説明しています。この先生が最後にする質問の答えはどれですか。

4

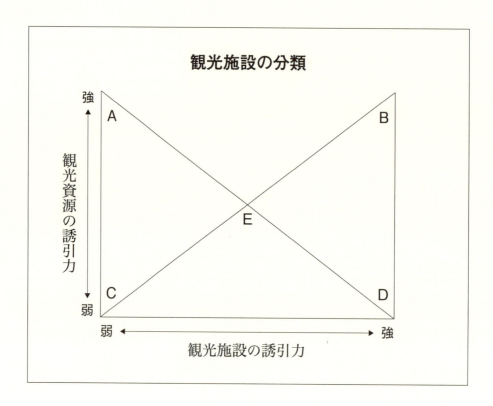

1．A
2．B
3．D
4．E

5番

女子学生と男子学生が，レポートについて話しています。この男子学生がこのあと詳しく調べようとしているのは，表のどの項目ですか。　5

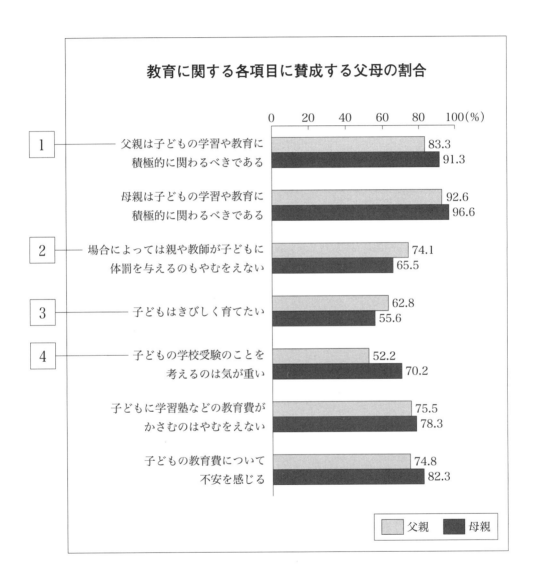

6番

先生が，経営学の授業で，「ダイバーシティ・マネジメント」という経営方法について話しています。この先生は，ダイバーシティ・マネジメントにおいて何に注意すべきだと言っていますか。

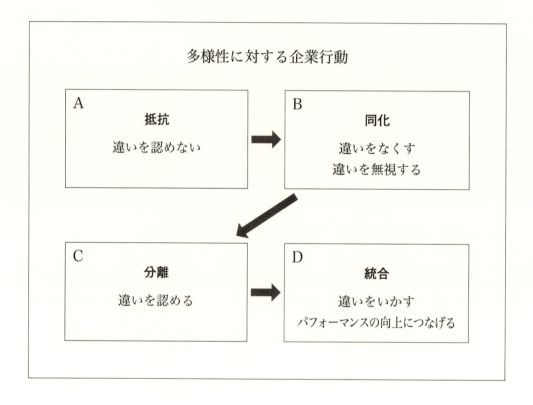

1．Aから直接Cを目指してはいけない。
2．A・Bの克服に時間をかけてはいけない。
3．Cから軽率にDを目指そうとしてはいけない。
4．常にA→D→Aという循環を止めてはいけない。

7番

先生が，動物の発生について話しています。この先生が最後にする質問の答えは図のどこですか。　　　　　　　　　　　　　　　　　　　　　　　　　　　　　　　　　7

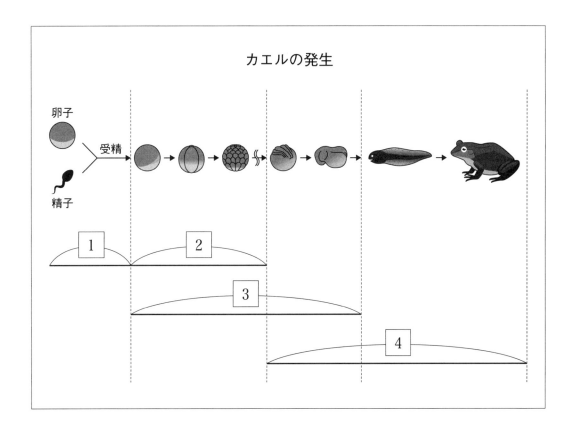

8番

先生が、日本の人口グラフを見ながら話しています。この先生が説明しているグラフはどれですか。

8

1.

2.

3.

4.

9番

　男子学生と女子学生が，資料を見ながら話しています。この二人の話によると，男子学生が一年間で節約できる金額はいくらになりますか。　　　　9

家庭でできる省エネ行動の例（リビングルームのエアコン）	
省エネのためにやること	省エネ効果（年間）
冷房時の設定温度を1度上げる（27度→28度）	700円
冷房使用を1日1時間控える	400円
暖房時の設定温度を1度下げる（21度→20度）	1200円
暖房使用を1日1時間控える	900円
毎月フィルターを掃除する	700円

1．700円

2．1,800円

3．2,100円

4．2,800円

10番

先生が，本を読んでいるときの眼の動きについて話しています。この先生の話によると，速読が得意な人が速く読んでいるときの，眼の動きを表したグラフはどれですか。　10

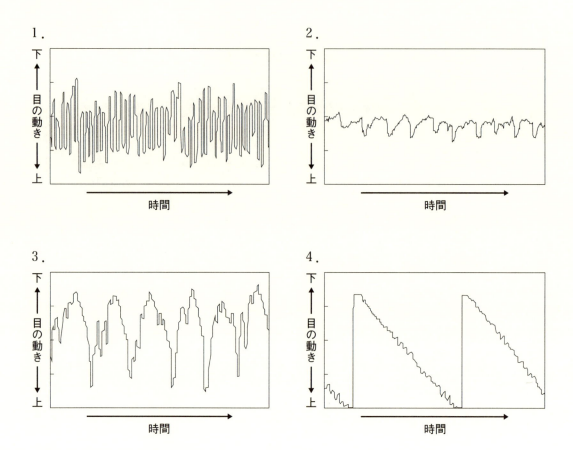

11番

先生が授業で,「ハンバーガー・モデル」という考え方について話しています。この先生が最後にする質問の答えはどれですか。　　　　　　　　　　　　　　　　11

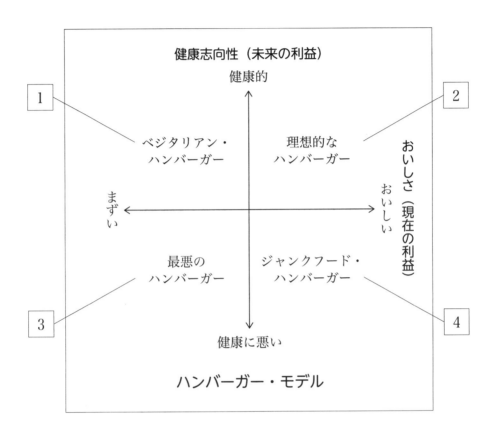

12番

先生が，教育学の授業で，ストレスと子どもの成長の関係について話しています。この先生が理想的と考えている成長の過程を表しているのはどれですか。 　12

※矢印①・②順に成長する

1.
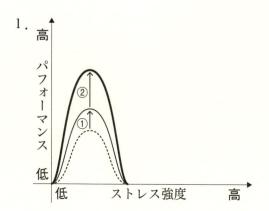

2.
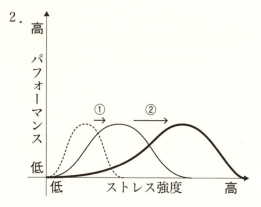

3.
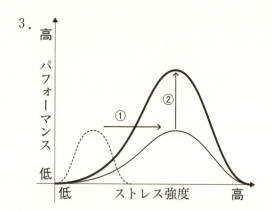

4.
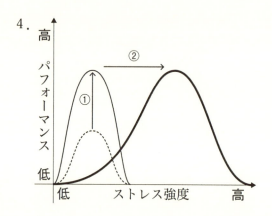

聴解問題（13番～27番）メモ用

第④回 模擬試験

解答時間：55分

4

聴読解問題は，問題冊子に書かれていることを見ながら，音声を聴いて答える問題です。

問題は一度しか聴けません。

選択肢1，2，3，4の中から答えを一つだけ選び，聴読解の解答欄にマークしてください。

聴解問題は，音声を聴いて答える問題です。問題も選択肢もすべて音声で示されます。問題冊子には，何も書かれていません。

問題は一度しか聴けません。

メモ用のページが1ページあります。音声を聴きながらメモをとるのに使ってもいいです。

聴解の解答欄には，『正しい』という欄と『正しくない』という欄があります。選択肢1，2，3，4の一つ一つを聴くごとに，正しいか正しくないか，マークしてください。正しい答えは一つです。

音声ダウンロードURL

http://www.koyo-coach.com/audiodata/

聴読解問題

1番

先生が、ダイレクトメールという、商品案内やカタログをメールや郵便で送付する広告の方法について説明しています。この先生は、家に届いたダイレクトメールについて、どの要素に問題があると考えていますか。　　1

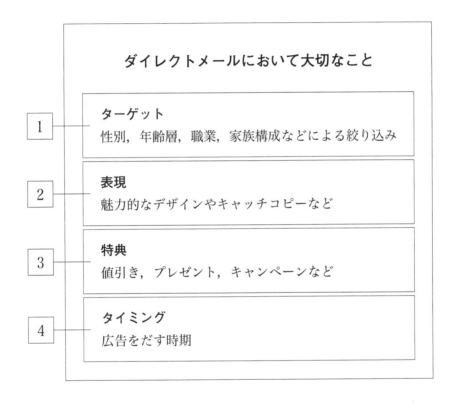

2番

先生が，SNS（ソーシャル・ネットワーキング・サービス）について話しています。この先生が最後にする質問の答えはどれですか。　　　2

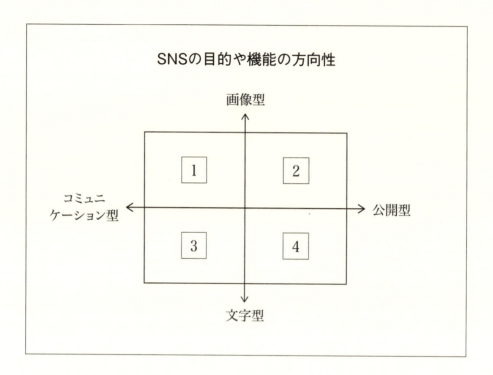

3番

作曲の先生と学生が，グラフを見ながら話しています。この先生の話によると，この学生の成長段階は現在，グラフのどの部分ですか。

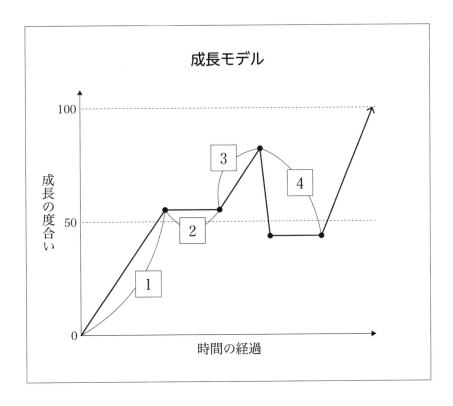

4番

先生が，ある学生のプレゼンテーションについてアドバイスをしています。この先生の話によると，ある学生のプレゼンテーションの評価はどのようになりますか。 4

1.

〈プレゼンテーション評価票〉

20XX年△△月○○日　○時限

発表者　　山田 一郎

題名　　　オリンピック

- ■テーマ・例　　A　B　Ⓒ
- ■話の構成　　　A　B　Ⓒ
- ■言葉遣い　　　Ⓐ　B　C
- ■態度・声　　　Ⓐ　B　C

2.

〈プレゼンテーション評価票〉

20XX年△△月○○日　○時限

発表者　　山田 一郎

題名　　　オリンピック

- ■テーマ・例　　Ⓐ　B　C
- ■話の構成　　　A　Ⓑ　C
- ■言葉遣い　　　A　Ⓑ　C
- ■態度・声　　　A　Ⓑ　C

3.

〈プレゼンテーション評価票〉

20XX年△△月○○日　○時限

発表者　　山田 一郎

題名　　　オリンピック

- ■テーマ・例　　Ⓐ　B　C
- ■話の構成　　　A　B　Ⓒ
- ■言葉遣い　　　A　Ⓑ　C
- ■態度・声　　　Ⓐ　B　C

4.

〈プレゼンテーション評価票〉

20XX年△△月○○日　○時限

発表者　　山田 一郎

題名　　　オリンピック

- ■テーマ・例　　Ⓐ　B　C
- ■話の構成　　　A　B　Ⓒ
- ■言葉遣い　　　A　Ⓑ　C
- ■態度・声　　　A　B　Ⓒ

5番

先生が授業で，高いところの温度について話しています。この先生が守らなければならないと言っているものは，図のどこにありますか。　5

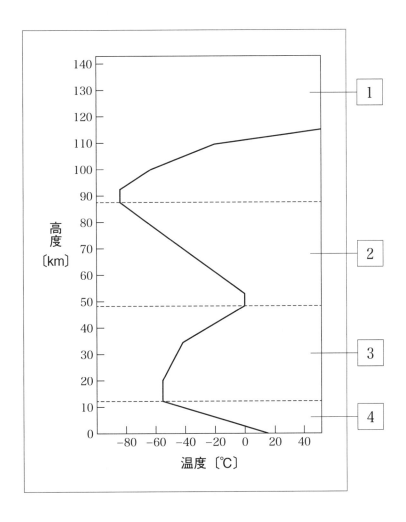

6番

先生が，心理学の授業で，座席配置の実験について話しています。この先生の話によると，女性不安度の高い男性が，最も多く座ったのはどこですか。

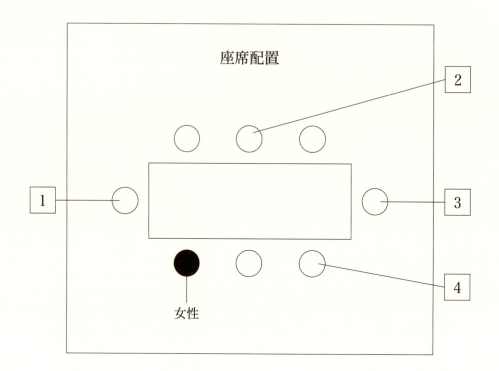

7番

生物保護施設の先生が，ウミガメの卵の人工ふ化について，資料を見ながら話しています。この先生の話によると，この施設では現在，卵の温度を何度に保っていますか。 7

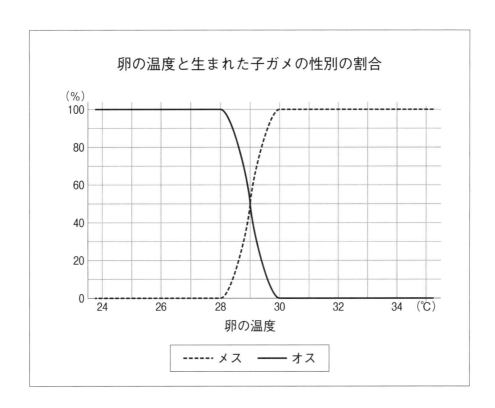

1．27度
2．28度
3．29度
4．30度

8番

先生が授業で，地層について説明しています。この先生が最後にする質問の答えはどれですか。 8

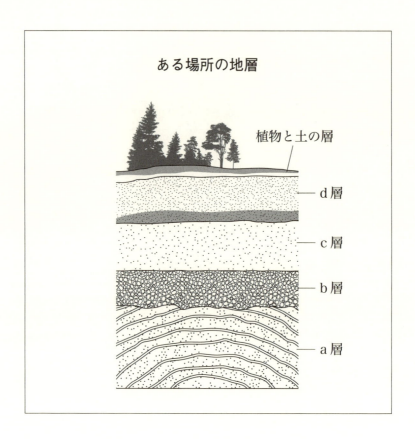

1. a, b, c
2. b, c
3. a, c, d
4. a, d

9番

女子学生と男子学生が、サークルの「活動報告会」兼「交流会」について話しています。この二人の話によると、プログラムの項目のうち、どこの時間を短くすることにしましたか。　　　　9

10番

先生が，日本と海外の労働時間について話しています。この先生が話している，各国の労働時間をグラフにしたものとして，適当なものはどれですか。　10

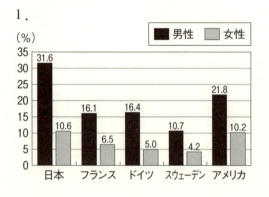

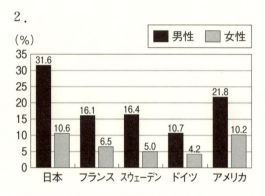

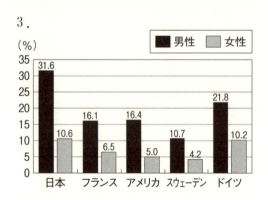

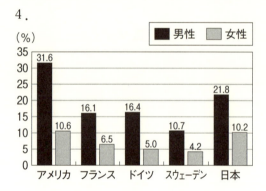

11番

歯科医の先生が，虫歯について話しています。この先生が例に挙げている患者の虫歯は，図のどの段階にありましたか。　11

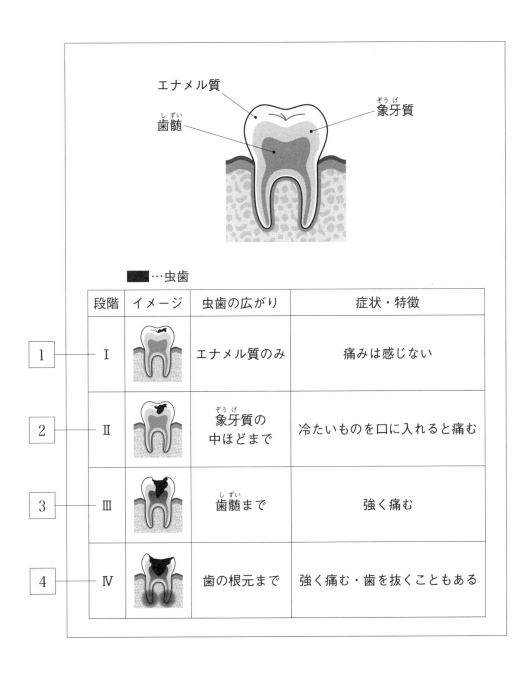

12番

先生が授業で，資料を見ながらマーケティングの考え方を説明しています。この先生が最後にする質問の答えはどれですか。　12

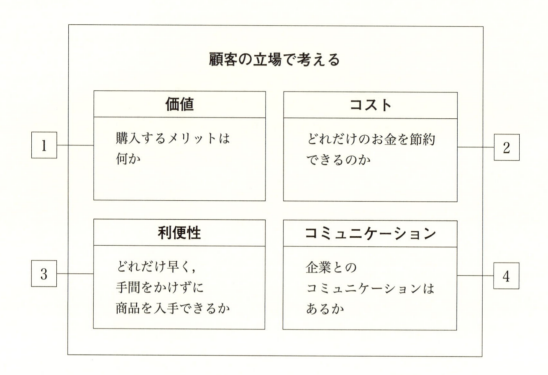

聴解問題（13番〜27番）メモ用

第 ⑤ 回 模擬試験

解答時間：55分

5

聴読解問題は，問題冊子に書かれていることを見ながら，音声を聴いて答える問題です。

問題は一度しか聴けません。

選択肢1，2，3，4の中から答えを一つだけ選び，聴読解の解答欄にマークしてください。

聴解問題は，音声を聴いて答える問題です。問題も選択肢もすべて音声で示されます。問題冊子には，何も書かれていません。

問題は一度しか聴けません。

メモ用のページが1ページあります。音声を聴きながらメモをとるのに使ってもいいです。

聴解の解答欄には，『正しい』という欄と『正しくない』という欄があります。選択肢1，2，3，4の一つ一つを聴くごとに，正しいか正しくないか，マークしてください。正しい答えは一つです。

音声ダウンロードURL

http://www.koyo-coach.com/audiodata/

聴読解問題

1番

先生が、都市社会学の授業で、「郊外」について話しています。この先生の話によると、「都心」「郊外」「農村」の関係を表す図として正しいものはどれですか。　1

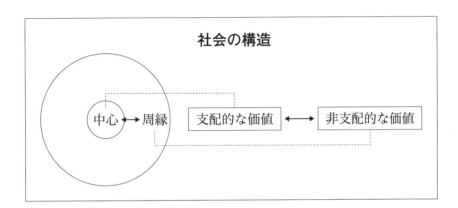

1.
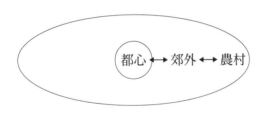

2.
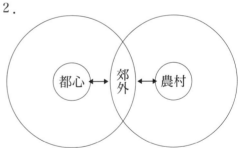

3.
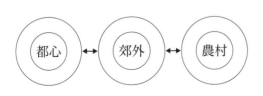

4.
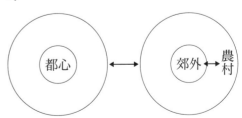

2番

先生が，植物学の授業で，バナナの実験について話しています。この先生が最後にする質問の答えはどれですか。

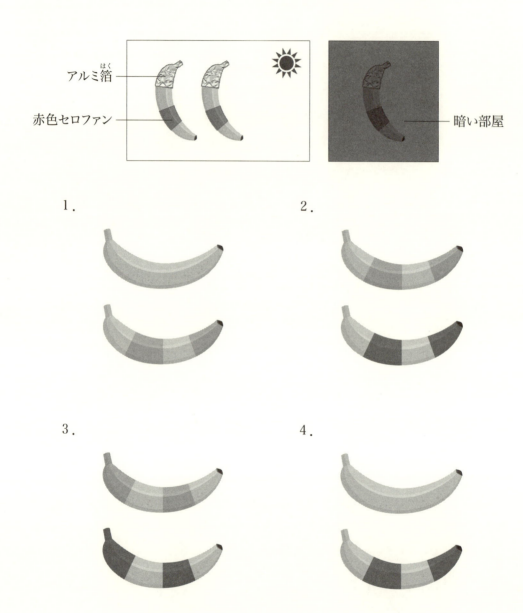

3番

先生が，片づけのクセと仕事力との関係について話しています。この先生は，時間配分の仕方を改善すべきなのは，どのタイプの人だと言っていますか。

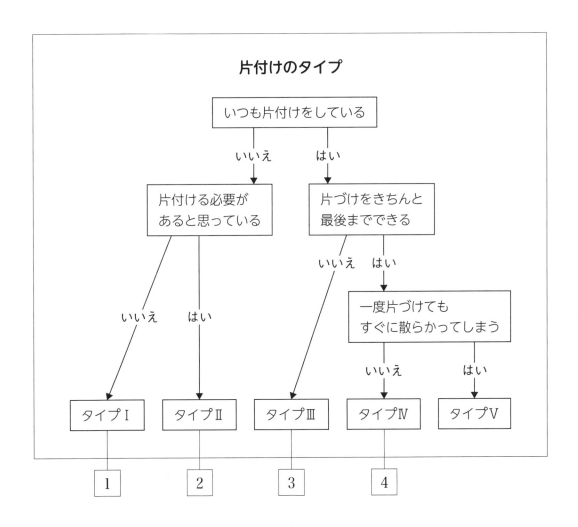

4番

女子学生と男子学生が話しています。この女子学生が所属する学部の建物内に置かれた自動販売機はどれですか。

1.

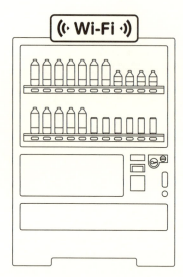

2.

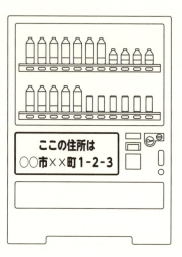

3.

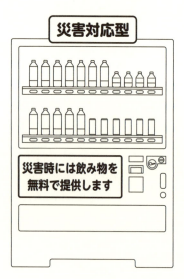

4.

5番

先生が，グラフを見ながら話しています。この先生は，これからどの部門について説明しますか。　　5

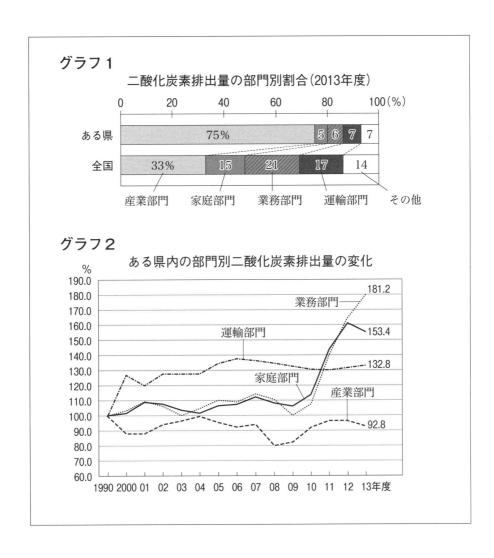

1．産業部門と家庭部門
2．家庭部門と業務部門
3．運輸部門と家庭部門
4．業務部門と産業部門

6番

先生が，教育学の授業で，いじめの構造について話しています。この先生は，中学校におけるいじめの構造は，どのようなものだと言っていますか。　6

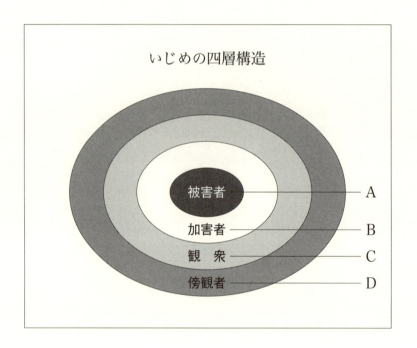

1．「C・D」は「A」に味方する。
2．「C・D」は「B」に加担する。
3．「C・D」は「A・B」に無関心である。
4．「C・D」は「A・B」を排除する。

7番

先生が授業で，慣性という性質について話しています。この先生が最後にする質問の答えはどれですか。　　　　　　　　　　　　　　　　　　　　　　　7

1.
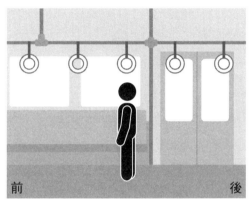

2.
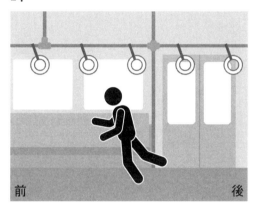

3.

4.

8番

先生が，生態学の授業で，生態系の順応的管理について話しています。この先生の話によると，順応的管理が科学の実験と異なるのは，図のどの部分ですか。 8

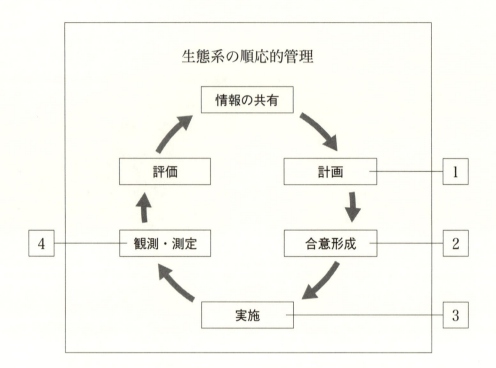

9番

男子学生と女子学生が、受験の時期に家族に望むサポートについての調査結果を見ながら話しています。女子学生が意外だと言っているのは、グラフのどの項目についてですか。

9

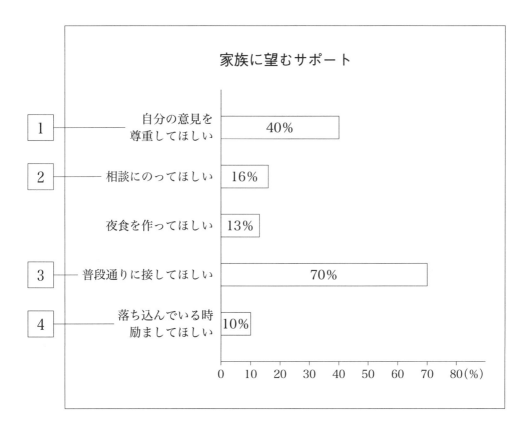

10番

先生が，経営学の授業で，仕事の優先順位について話しています。この先生が最後にする質問の答えはどれですか。　10

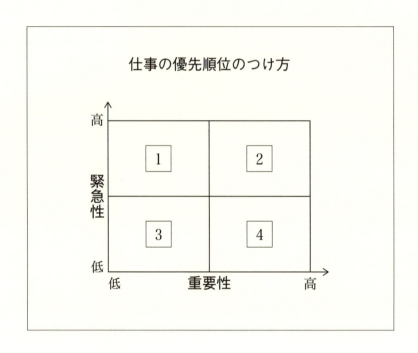

11番

先生が、図を見ながらニホンウナギという魚について話しています。この先生は、このあと図の中のどの部分を詳しく説明しますか。 11

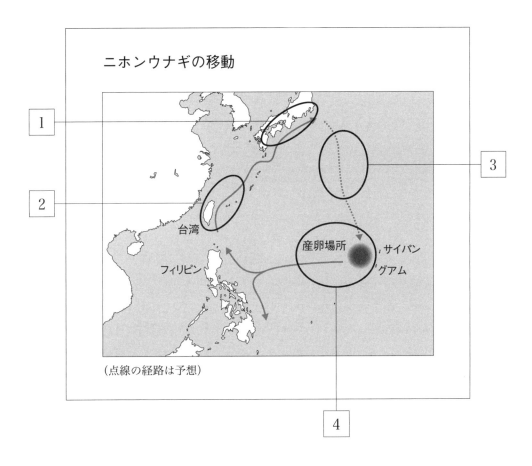

12番

学生支援の専門家が，奨学金制度について話しています。この専門家が，新聞奨学金制度の利点のうち最も注目しているのはどの点ですか。 12

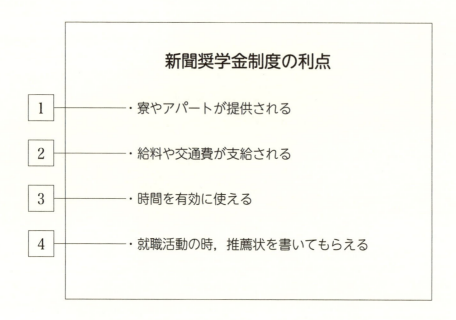

聴解問題（13番〜27番）メモ用

第 ⑥ 回 模擬試験

解答時間：55分

6

聴読解問題は，問題冊子に書かれていることを見ながら，音声を聴いて答える問題です。

問題は一度しか聴けません。

選択肢1，2，3，4の中から答えを一つだけ選び，聴読解の解答欄にマークしてください。

聴解問題は，音声を聴いて答える問題です。問題も選択肢もすべて音声で示されます。問題冊子には，何も書かれていません。

問題は一度しか聴けません。

メモ用のページが1ページあります。音声を聴きながらメモをとるのに使ってもいいです。

聴解の解答欄には，『正しい』という欄と『正しくない』という欄があります。選択肢1，2，3，4の一つ一つを聴くごとに，正しいか正しくないか，マークしてください。正しい答えは一つです。

音声ダウンロードURL

http://www.koyo-coach.com/audiodata/

聴読解問題

1番

　先生が授業で，課題設定の仕方について話しています。この先生の話によると，この表のデータから課題を設定する場合，どのような課題にするのがよいでしょうか。　　1

データ（月間訪問件数）

担当者（経験年数）	4月	5月	6月
A（12年）	110件	100件	105件
B（5年）	65件	55件	60件
C（8年）	105件	100件	100件
D（2年）	50件	45件	55件
E（15年）	110件	105件	120件
F（3年）	55件	60件	50件

1．ベテランは若手に仕事を譲るべきである。

2．なぜ訪問が売り上げにつながらないのか。

3．若手の再教育が急務である。

4．なぜ経験の浅い担当者の訪問件数が少ないのか。

2番

先生が，犯罪心理学の授業で，「景色読解力」について話しています。この先生が最後にする質問の答えはどれですか。

1.

2.

3.

4.

3番

先生が，日本人女性の体形の変化について話しています。この先生がこのあと詳しく説明するのは，グラフの中のどれですか。

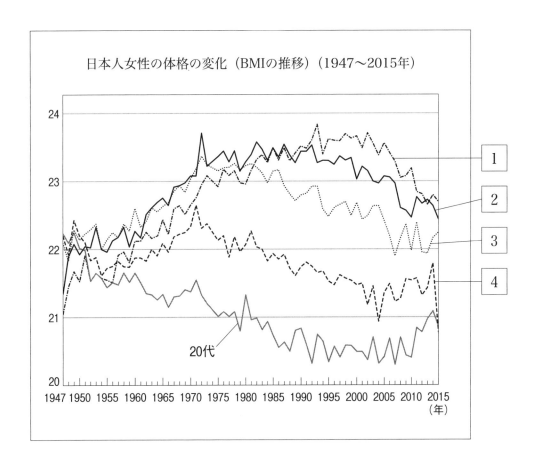

4番

女子学生と男子学生が,「フリーアドレス制」という制度について話しています。この女子学生は,アンケートの中のどの意見に賛同していますか。

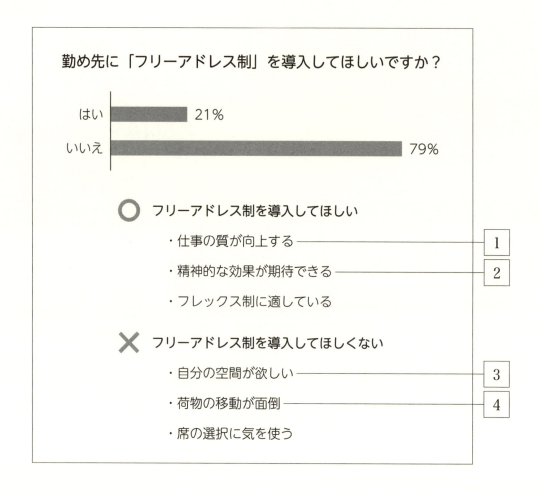

5番

先生が，生物学の授業で，ワモンゴキブリの逃避行動について話しています。この先生が最後にする質問の答えはどれですか。　　5

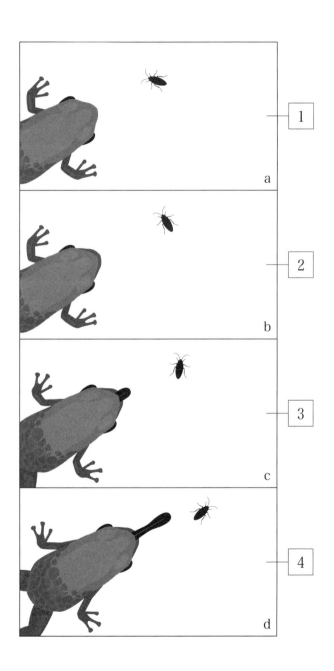

6番

先生が，アンケートの実施の仕方を説明しています。この先生の話によると，今回の調査ではどのようなアンケートにするのがよいですか。 6

1.

アンケート対象者：女性

アンケート数　　：200

アンケート方法　：インターネット

お礼の品　　　　：図書カード
　　　　　　　　　（500円分）

2.

アンケート対象者：女性

アンケート数　　：100

アンケート方法　：郵送

お礼の品　　　　：なし

3.

アンケート対象者：女性

アンケート数　　：200

アンケート方法　：郵送

お礼の品　　　　：図書カード
　　　　　　　　　（500円分）

4.

アンケート対象者：女性

アンケート数　　：300

アンケート方法　：インターネット

お礼の品　　　　：なし

7番

先生が，日本刀について話しています。この先生は，馬に乗らずに戦う「徒歩戦」で有利な刀はどれだと言っていますか。　　　　　　　　　　　　　　　　　　　7

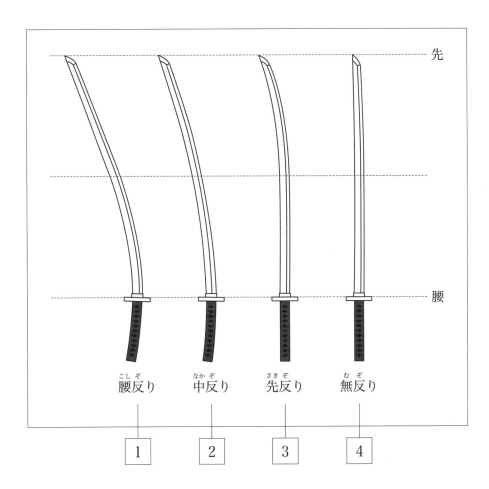

8番

先生が授業で,人間の知能の発達について話しています。この先生の話の内容をグラフに表したものはどれですか。

8

1.
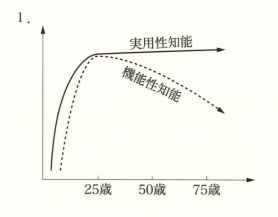

2.
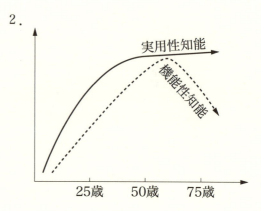

3.
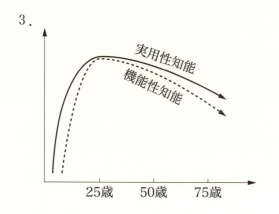

4.
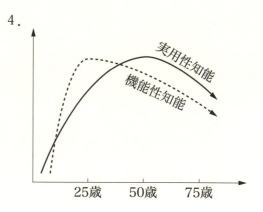

9番

男子学生と女子学生が，健康診断について話しています。この女子学生は，いつ健康診断を受けることにしましたか。　　　9

健康診断実施日			相談窓口（希望者のみ）		
			午前	午後	
4月	24日	月	心理相談	栄養相談	1
	25日	火			
	26日	水		心理相談	2
	27日	木			
	28日	金	心理相談	栄養相談	3

健康診断実施日			相談窓口（希望者のみ）		
			午前	午後	
5月	8日	月	心理相談	栄養相談	
	9日	火	栄養相談		4
	10日	水		心理相談	

第6回　模擬試験　**99**

10番

先生が，経営学の授業で，企業の経営戦略について話しています。この先生が最後にする質問の答えはどれですか。

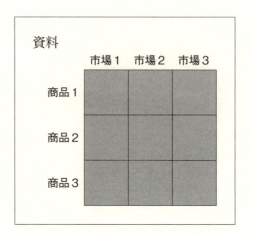

1.
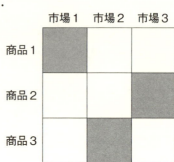

2.
3.
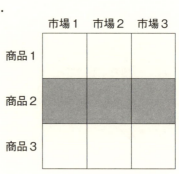

4.

11番

先生が，生態学の授業で，生態系の実験について話しています。この先生の話によると，この実験の結果として正しいのはどれですか。 11

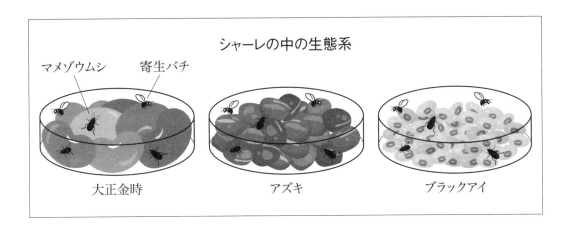

※○は繁殖，×は絶滅を意味する。

1.

	大正金時	アズキ	ブラックアイ
マメゾウムシ	○	○	×
寄生バチ	×	○	○

2.

	大正金時	アズキ	ブラックアイ
マメゾウムシ	○	○	×
寄生バチ	○	×	×

3.

	大正金時	アズキ	ブラックアイ
マメゾウムシ	×	○	×
寄生バチ	○	○	○

4.

	大正金時	アズキ	ブラックアイ
マメゾウムシ	○	○	×
寄生バチ	×	○	×

12番

先生が，経営学の授業で，コスト削減について話しています。この先生が最後にする質問の答えはどれですか。 12

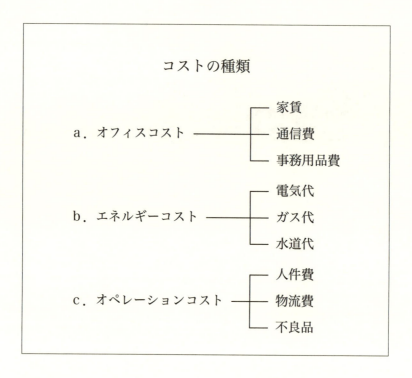

1．aとb
2．bとc
3．aとc
4．aとbとc

聴解問題（13番〜27番）メモ用

第 ⑦ 回　模擬試験

解答時間：55分

7

聴読解問題は，問題冊子に書かれていることを見ながら，音声を聴いて答える問題です。

　問題は一度しか聴けません。

　選択肢1，2，3，4の中から答えを一つだけ選び，聴読解の解答欄にマークしてください。

　聴解問題は，音声を聴いて答える問題です。問題も選択肢もすべて音声で示されます。問題冊子には，何も書かれていません。

　問題は一度しか聴けません。

　メモ用のページが1ページあります。音声を聴きながらメモをとるのに使ってもいいです。

　聴解の解答欄には，『正しい』という欄と『正しくない』という欄があります。選択肢1，2，3，4の一つ一つを聴くごとに，正しいか正しくないか，マークしてください。正しい答えは一つです。

音声ダウンロード URL

http://www.koyo-coach.com/audiodata/

聴読解問題

1番

先生が、納豆の製造方法について話しています。この先生の話によると、納豆菌をかけるのは、図のどの部分ですか。

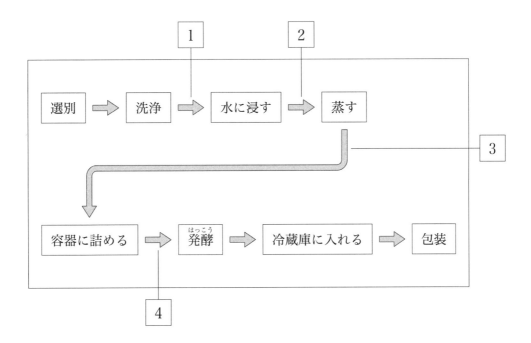

2番

講師が，資格試験対策セミナーで，資格試験の勉強について話しています。この講師が最も重要だと言っている項目はどれですか。

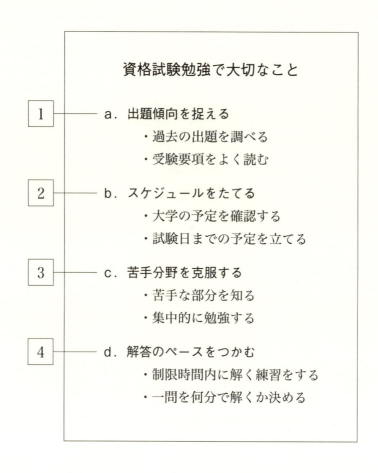

3番

先生が、気圧と風向きについて話しています。この先生が最後にする質問の答えはどれですか。　　　3

図1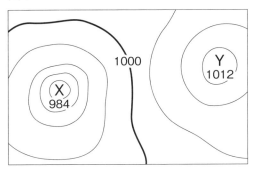

図2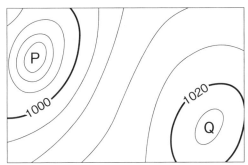

細い線＝4ヘクトパスカルごと　太い線＝20ヘクトパスカルごと

1.

2.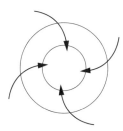

3.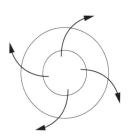

4.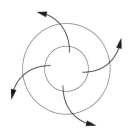

4番

先生が授業で，企業の海外進出の段階について話しています。この先生が例に挙げている企業は，現在，表のどの段階にありますか。　　　　　　　　　　　　4

段階	形態	例	
第一段階	間接輸出	代理業者を使う	1
第二段階	直接輸出	海外での自社販路の開拓，現地販売のための子会社設立	2
第三段階	現地生産	部品の組み立て等	3
第四段階	現地生産	新製品の現地生産等	4
第五段階	地域・グローバル統合	本国と現地の相互依存関係	

企業の海外進出の段階

5番

先生が授業で，ヒトやサルの仲間に対して行った実験について話しています。この先生の話す実験結果を表すグラフとして正しいものはどれですか。　5

6番

先生が，心理学の授業で，「ヒューリスティクス」という方法について説明しています。この先生が挙げている例は，どれについて説明したものですか。　6

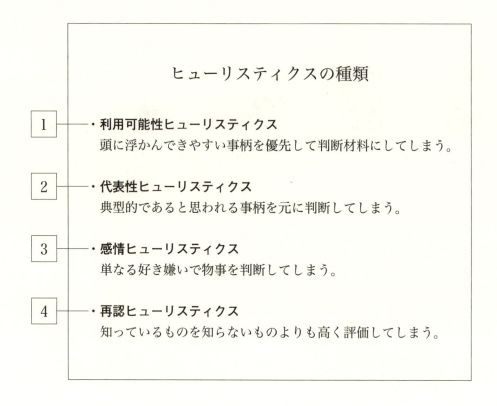

7番

女子学生と男子学生が，図を見ながらサークルの旅行について話し合っています。この二人はどの図のタイプで観光することに決めましたか。　　　　　　　　　　　　7

1.
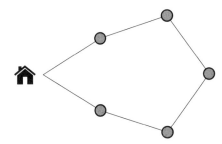

2.
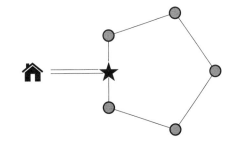

3.
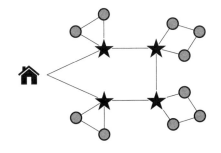

4.

🏠 居住地　　● 観光地　　★ 観光拠点

8番

先生が，コミュニケーション手段と情報量の関係について話しています。この先生が最後にする質問の答えはどれですか。

8

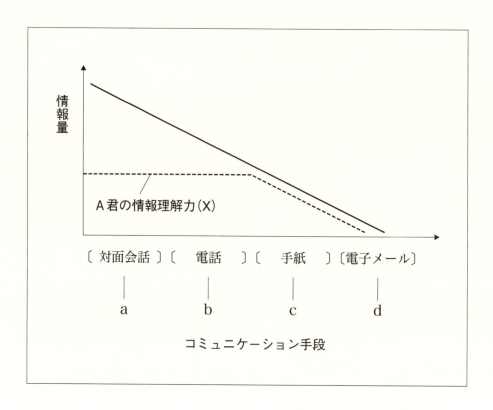

1．Xの値を下げる。
2．右肩上がりの情報理解力直線にする。
3．a・bにおける情報理解量を増やす。
4．c・dにおける情報理解量を増やす。

9番

　男子学生と女子学生が，世界史の試験について，教科書の目次を見ながら話しています。
この男子学生が，試験のために勉強するのは，目次のどの部分ですか。　　　　9

目　次

〜〜〜〜〜〜〜〜〜〜〜〜〜〜〜〜〜〜〜〜〜〜〜〜〜〜〜〜〜〜〜

2-5　15〜17世紀の東南アジア・・・・・・・・・・・・・・・・・・・・・・　85　　a

3章

3-1　西アジアと南アジア・・・・・・・・・・・・・・・・・・・・・・・・　90　　b

3-2　東アジアの海域貿易・・・・・・・・・・・・・・・・・・・・・・・・　115　　c

3-3　世界に向かうヨーロッパとアメリカ大陸発見・・・・・・・　121　　d

3-4　ヨーロッパとアメリカの諸革命・・・・・・・・・・・・・・・・　143　　e

3-5　イギリスの産業革命・・・・・・・・・・・・・・・・・・・・・・・・　178　　f

3-6　資本主義経済の発達・・・・・・・・・・・・・・・・・・・・・・・・　182　　g

1．a，b，c

2．b，d，e

3．b，d，f

4．d，f，g

10番

先生が，経営学の授業で，商品価値について話しています。この先生が最後にする質問の答えはどれですか。

10

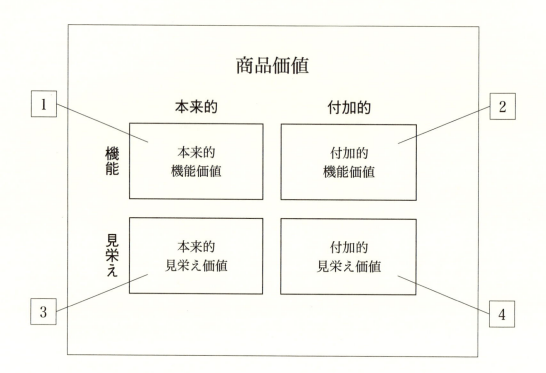

11番

先生が，アメリカで行われた睡眠に関する調査について話しています。この先生の話によると，「睡眠時間ごとの死亡危険率」についての調査結果を表すグラフとして正しいものはどれですか。　11

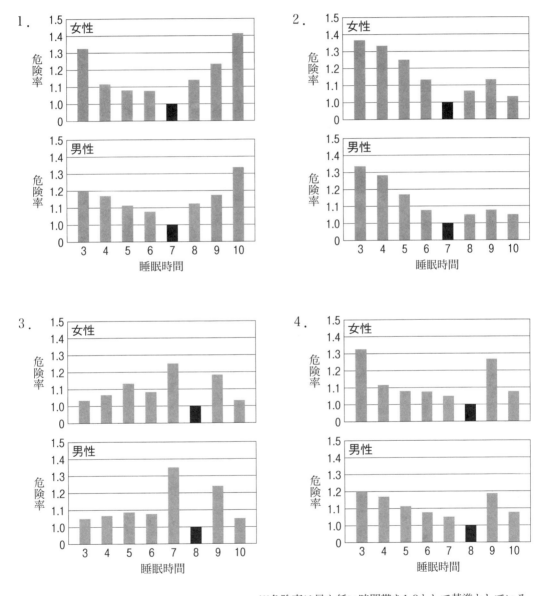

※危険率は最も低い時間帯を1.0として基準としている。

12番

先生が，社会学の授業で，行為の四類型について話しています。この先生が最後にする質問の答えはどれですか。　12

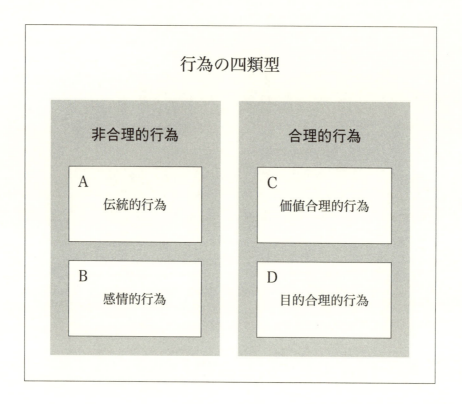

1．AからCへ
2．BからCへ
3．BからDへ
4．CからDへ

聴解問題（13番～27番）メモ用

第 ⑧ 回　模擬試験

解答時間：55分

8

聴読解問題は，問題冊子に書かれていることを見ながら，音声を聴いて答える問題です。

　問題は一度しか聴けません。

　選択肢1，2，3，4の中から答えを一つだけ選び，聴読解の解答欄にマークしてください。

　聴解問題は，音声を聴いて答える問題です。問題も選択肢もすべて音声で示されます。問題冊子には，何も書かれていません。

　問題は一度しか聴けません。

　メモ用のページが1ページあります。音声を聴きながらメモをとるのに使ってもいいです。

　聴解の解答欄には，『正しい』という欄と『正しくない』という欄があります。選択肢1，2，3，4の一つ一つを聴くごとに，正しいか正しくないか，マークしてください。正しい答えは一つです。

音声ダウンロード URL

http://www.koyo-coach.com/audiodata/

聴読解問題

1番

博物館の人が，古い文書の修復について資料を見ながら話しています。この人が話しているのはどの部分ですか。

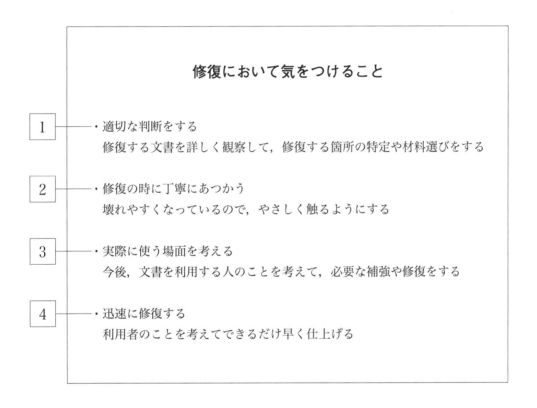

2番

先生がポスターについて話しています。この先生の話によると，どれが最も望ましいポスターですか。　2

1.

2.

3.

4.

3番

先生が，ある地域の植物の分布図を見ながら話しています。この先生が問題視しているサルの行動は，この分布図でいうと，どこで起きていますか。　　　3

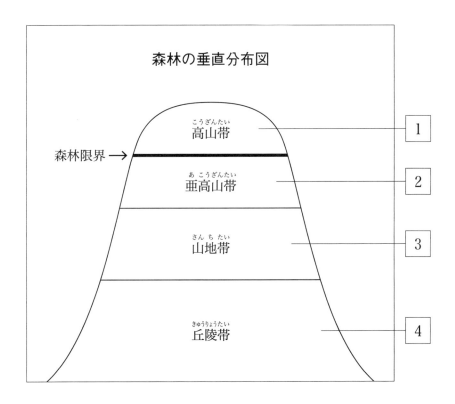

4番

女子学生と男子学生が，学食でメニューについて話しています。この男子学生がこのあと注文するのはどれですか。 $\boxed{4}$

学食メニュー表

a	ごはん	200 kcal
b	野菜サラダ	100 kcal
c	野菜スープ	150 kcal
d	お味噌汁	80 kcal
e	ハンバーグ	400 kcal
f	焼き魚	350 kcal
g	プリン	200 kcal
h	果物	100 kcal

1. a, c, e, g
2. a, c, e, h
3. b, c, g
4. c, e, g

5番

先生が、気圧と空気の動きの関係について話しています。この先生が最後にする質問の答えはどれですか。　　　　　5

1.
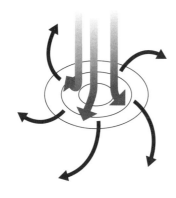

2.
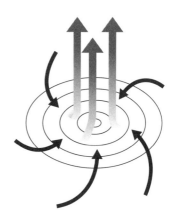

3.
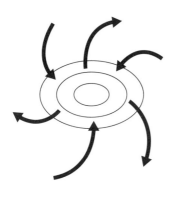

4.
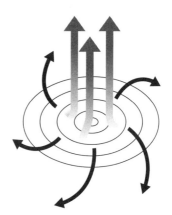

6番

先生が，経営について話しています。この先生が話の中で例に挙げている企業は，図の中のどこに位置すると考えられますか。 6

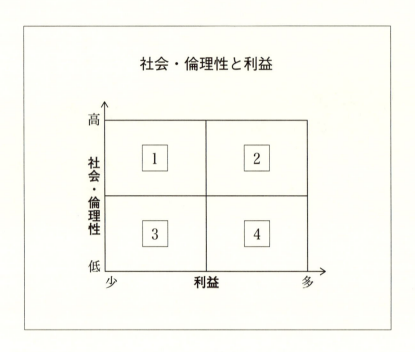

7番

先生が、経営学の授業で、商品の売り方について話しています。この先生が最後に書いた図はどれですか。 7

1.
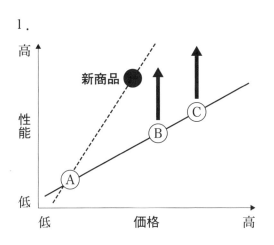

2.
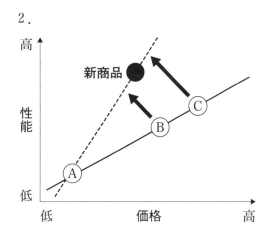

3.
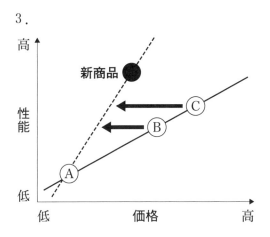

4.
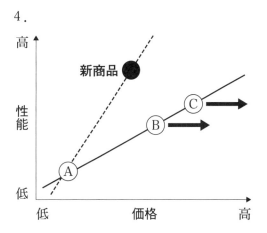

8番

男子学生と女子学生が、高校生を対象に行ったサークル説明会についての反省をしています。二人が所属するサークルが行った説明会は、図のどこに当たりますか。　8

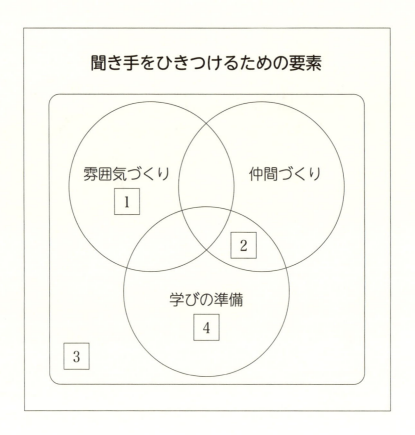

9番

生活科の先生が，包丁の扱い方について話しています。この先生の話によると，去年けがをした生徒は，注意事項の中のどれが原因でけがをしましたか。 9

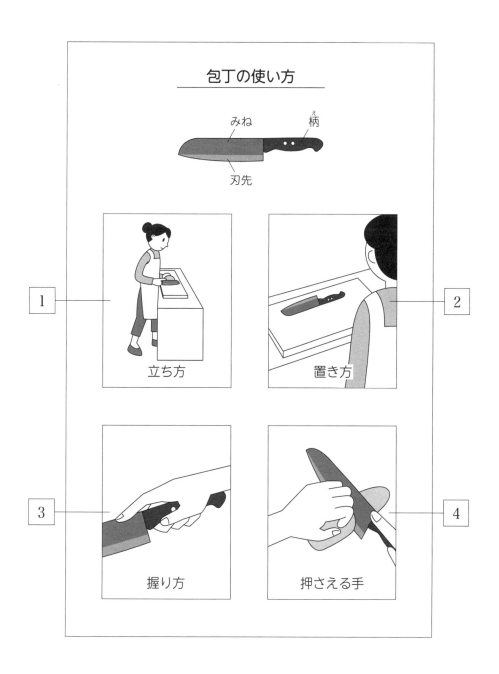

10番

先生が，星の動きについて話しています。この先生が最後にする質問の答えはどれですか。　　10

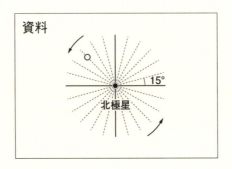

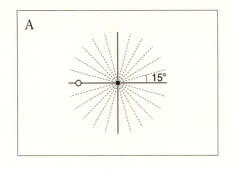

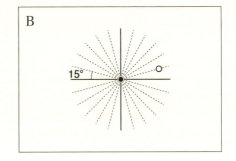

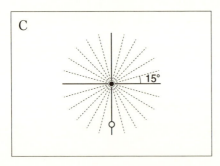

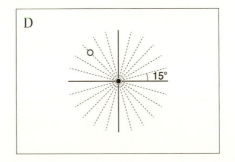

1．8月15日23時＝A，8月16日20時＝B
2．8月15日23時＝C，8月16日20時＝B
3．8月15日23時＝A，8月16日20時＝D
4．8月15日23時＝C，8月16日20時＝D

11番

先生が、森林の植物の移り変わりを説明しています。この先生が最後にする質問の答えはどれですか。　　　11

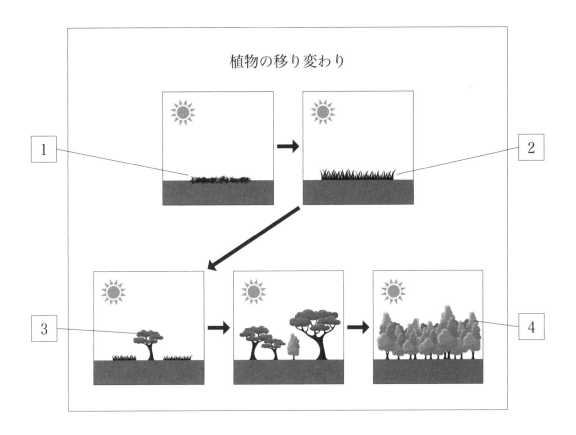

12番

先生が，人間の心理について話しています。この先生が最後にする質問の答えはどれですか。

12

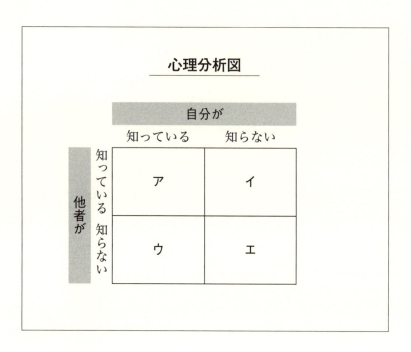

1．Aさん―ア，Bさん―イ
2．Aさん―ウ，Bさん―イ
3．Aさん―ウ，Bさん―エ
4．Aさん―イ，Bさん―ウ

聴解問題（13番〜27番）メモ用

第 ⑨ 回　模擬試験

解答時間：55分

9

聴読解問題は，問題冊子に書かれていることを見ながら，音声を聴いて答える問題です。

　問題は一度しか聴けません。

　選択肢1，2，3，4の中から答えを一つだけ選び，聴読解の解答欄にマークしてください。

　聴解問題は，音声を聴いて答える問題です。問題も選択肢もすべて音声で示されます。問題冊子には，何も書かれていません。

　問題は一度しか聴けません。

　メモ用のページが1ページあります。音声を聴きながらメモをとるのに使ってもいいです。

　聴解の解答欄には，『正しい』という欄と『正しくない』という欄があります。選択肢1，2，3，4の一つ一つを聴くごとに，正しいか正しくないか，マークしてください。正しい答えは一つです。

音声ダウンロードURL

http://www.koyo-coach.com/audiodata/

聴読解問題

1番

先生が，表を見せながら学生支援について話しています。この先生の話によると，今年から始まるのは表の中のどの項目ですか。　　1

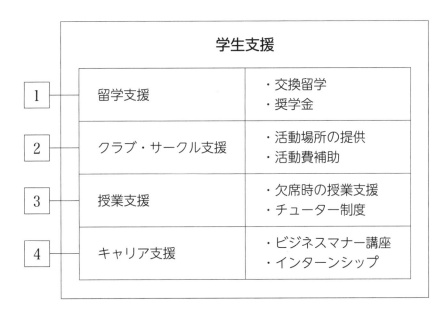

2番

先生が授業で、光と快適性の関係について話しています。この先生が最後にする質問の答えはどれですか。 2

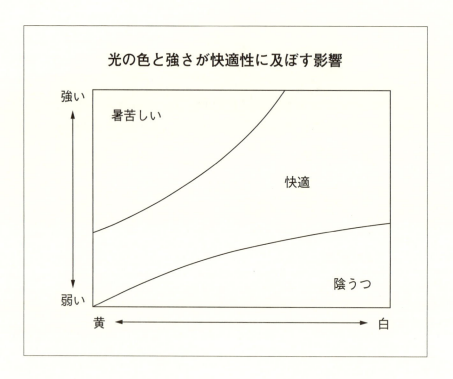

1. 白くて弱い光
2. 白くて強い光
3. 黄色くて弱い光
4. 黄色くて強い光

3番

先生が，さまざまな漁法について話しています。この先生が問題があるといっている漁法はどれですか。 ３

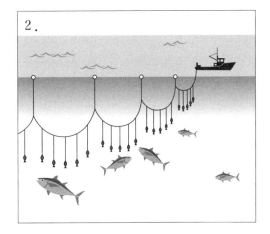
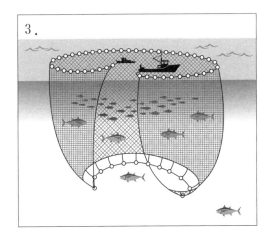
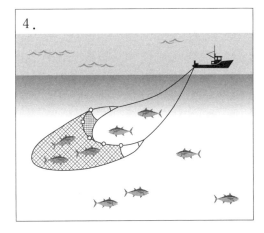

4番

　先生が，虫の鳴き方と気温の関係について話しています。この先生が最後にする質問の答えはどれですか。

4

（式）
$$(x + 8) \times 5 \div 9 = 気温$$

（表）

鳴いた回数	計算上の気温	実際の気温
ほとんど鳴かない		10度
100回／分	18.3度	19度
130回／分	22.5度	23.5度
160回／分		26.5度
ほとんど鳴かない		34度

1．$x = 40$

2．$x = 60$

3．$x = 80$

4．$x = 160$

5番

女子学生と男子学生が，アンケート結果を見ながら話しています。この女子学生が，結果に疑問を持っている項目は，どれとどれですか。 5

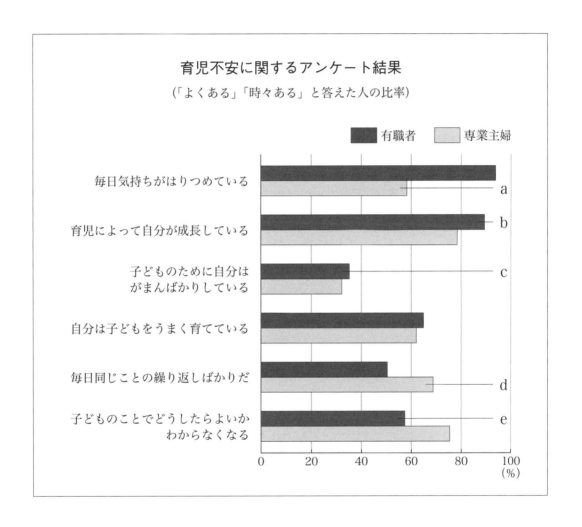

1. aとc
2. bとc
3. bとe
4. dとe

6番

学生課の先生が，服装について説明しています。この先生がこのあと見せる写真は，図のどの部分に当てはまりますか。

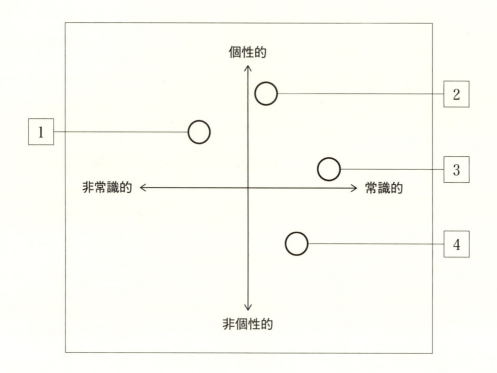

7番

先生が，植物の光合成の速度について話しています。この先生が最後にする質問の答えはどれですか。　7

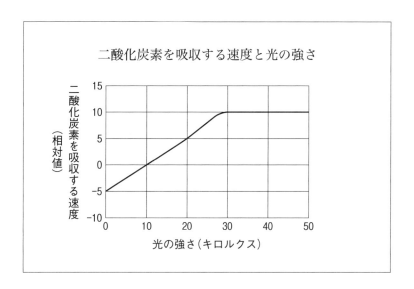

1．0
2．5
3．10
4．15

8番

先生が，建築学の授業で，建物の地震対策技術について話しています。この先生の話によると，建物の揺れを抑える技術が使われているのはどれですか。

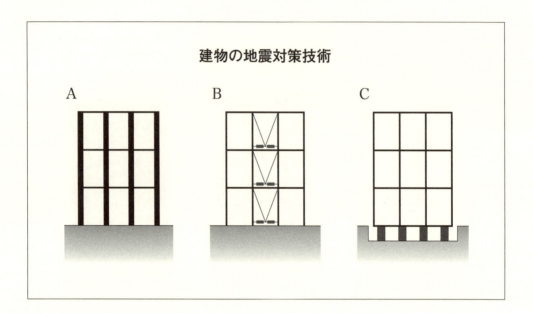

1. A・B
2. B
3. C
4. B・C

9番

男子学生と茶道教室の講師が話しています。この男子学生は，茶道教室で習うことのうち，どの部分に最も興味を持っていますか。

10番

先生が，経営学の授業で，「バリュープロポジション」という価値について話しています。この先生の話によると，バリュープロポジションは，図のどの部分ですか。　10

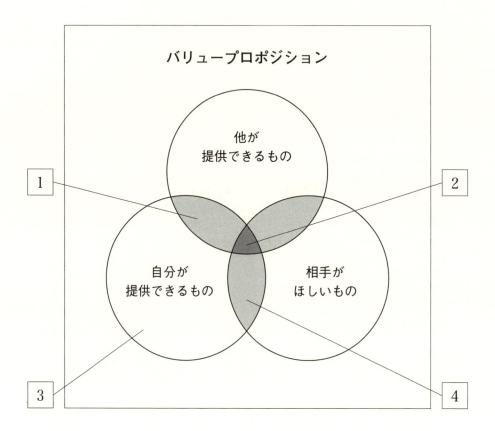

11番

先生が，成績の相関関係について話しています。この先生が最後にする質問の答えはどれですか。　　　　　　　　　　　　　　　　　　　　　　　　　　　　　| 11 |

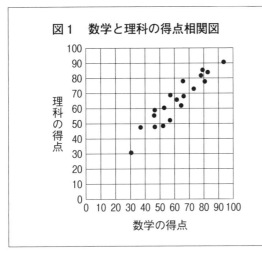
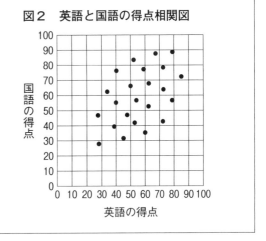

1. 相関関係がない

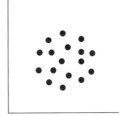

2. 強い負の相関関係がある

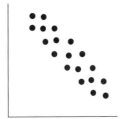

3. 弱い負の相関関係がある

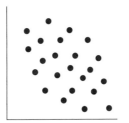

4. 強い正の相関関係がある

12番

先生が,「プロフェッショナル」という概念について話しています。この先生が考えるプロフェッショナルの本質はどれですか。

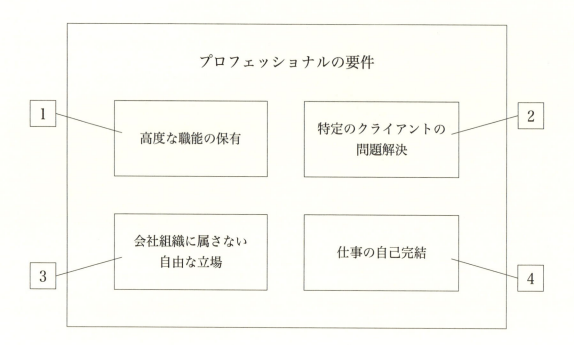

聴解問題（13番〜27番）メモ用

第⑩回 模擬試験

解答時間：55分

10

聴読解問題は，問題冊子に書かれていることを見ながら，音声を聴いて答える問題です。

問題は一度しか聴けません。

　選択肢1，2，3，4の中から答えを一つだけ選び，聴読解の解答欄にマークしてください。

　聴解問題は，音声を聴いて答える問題です。問題も選択肢もすべて音声で示されます。問題冊子には，何も書かれていません。

問題は一度しか聴けません。

　メモ用のページが1ページあります。音声を聴きながらメモをとるのに使ってもいいです。

　聴解の解答欄には，『正しい』という欄と『正しくない』という欄があります。選択肢1，2，3，4の一つ一つを聴くごとに，正しいか正しくないか，マークしてください。正しい答えは一つです。

音声ダウンロードURL

http://www.koyo-coach.com/audiodata/

聴読解問題

1番

　先生が，経営学の授業で，企業の成長に必要なことについて書いた表を見ながら話しています。この先生は，これからの時代に最も必要なのは，どの点だと言っていますか。

1

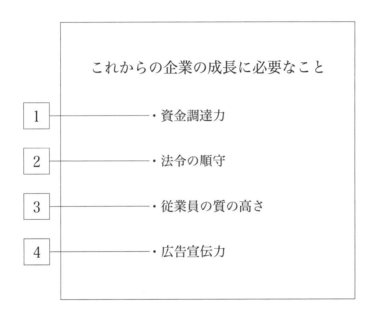

2番

先生が授業で，ヘリコプターについて話しています。この先生が最後にする質問の答えはどれですか。

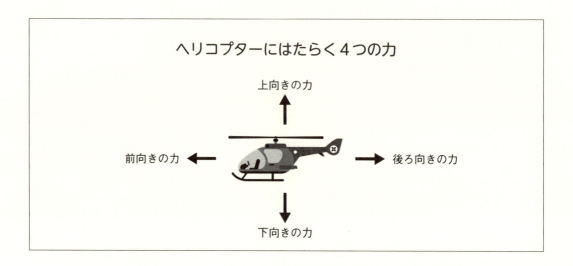

1.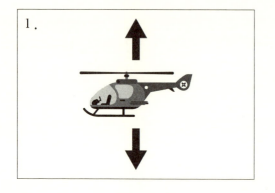

2.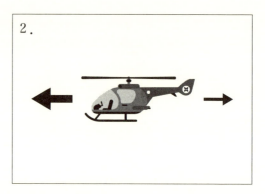

3.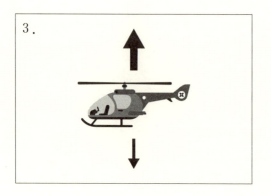

4.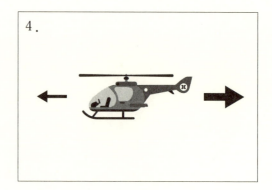

3番

先生が，広告の授業で，フリーマガジンという印刷メディアについて説明しています。この先生は，近年増加傾向にあるフリーマガジンは，どのカテゴリーをターゲットにしたものだと言っていますか。

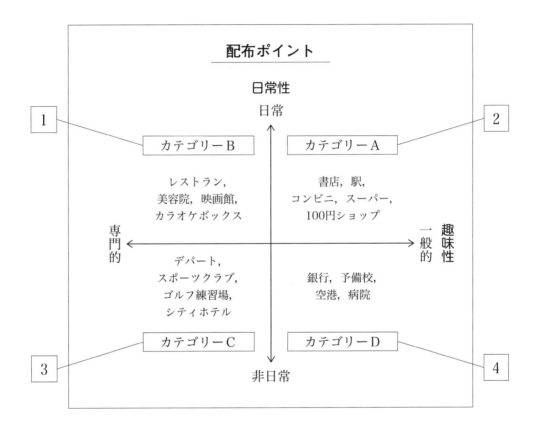

4番

女子学生と留学生の男子学生が，ある部屋で先生の到着を待っています。男子学生がはじめに座ろうとした場所と，最終的に座ることにした場所の組み合わせとして正しいのはどれですか。

4

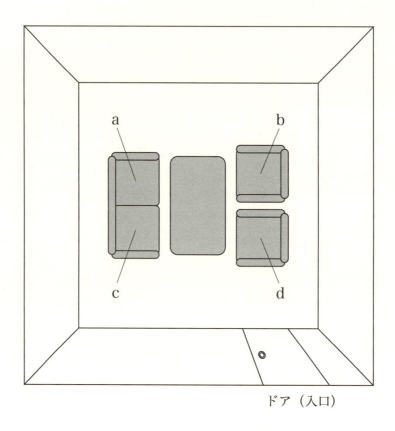

1. a → b
2. a → d
3. b → c
4. b → d

5番

栄養士の先生が話しています。この先生の話によると，最近流行しているダイエット法で，積極的に食べるべきだとされている食品群の組み合わせはどれですか。　5

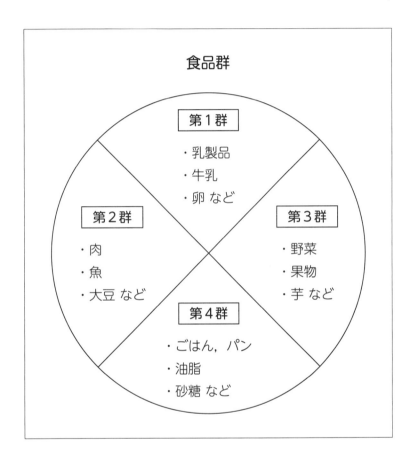

1．第1群と第2群
2．第2群と第3群
3．第2群と第4群
4．第1群と第3群

6番

先生が，生物学の授業で，クモの糸について話しています。この先生の話によると，虫を捕らえるための糸はどれですか。

7番

先生が，経営学の授業で，リーダーのタイプについて話しています。この先生が最後にする質問の答えはどれですか。　7

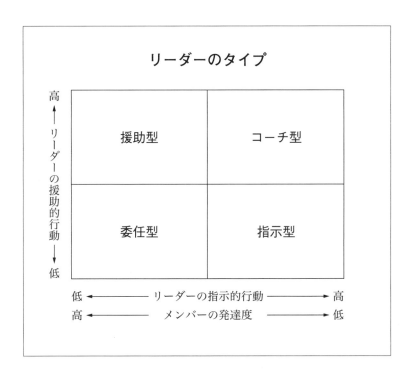

1．援助型
2．コーチ型
3．委任型
4．指示型

8番

先生が，マンションの価格について話しています。この先生の話の内容をグラフにしたものとして正しいものはどれですか。

8

1.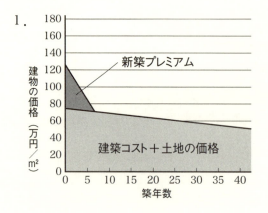

2.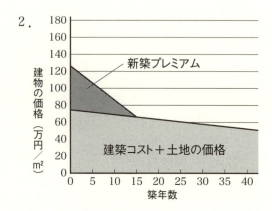

3.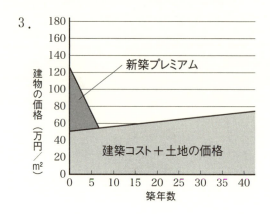

4.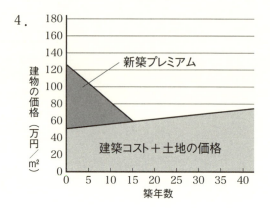

9番

男子学生と女子学生が食料自給率について話しています。女子学生がレポートの題材にする食品はどれですか。

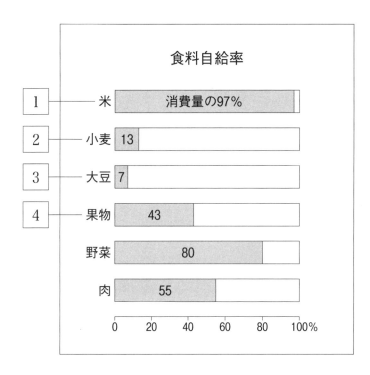

10番

男子学生が，社会学の授業で，ペットに関する意識調査について話しています。この学生が説明している，猫を飼う理由の調査結果として適当なものはどれですか。　　10

1.

1	しぐさが可愛いから	70%
2	鳴き声がうるさくないから	60%
3	しつけが楽だから	55%
4	留守番ができるから	50%
5	散歩がいらないから	35%
6	偶然拾ったから	20%
7	集合住宅でも飼いやすいから	15%

2.

1	しぐさが可愛いから	70%
2	留守番ができるから	60%
3	しつけが楽だから	55%
4	鳴き声がうるさくないから	50%
5	散歩がいらないから	35%
6	偶然拾ったから	20%
7	集合住宅でも飼いやすいから	15%

3.

1	しぐさが可愛いから	70%
2	集合住宅でも飼いやすいから	60%
3	散歩がいらないから	55%
4	鳴き声がうるさくないから	50%
5	偶然拾ったから	35%
6	留守番ができるから	20%
7	しつけが楽だから	15%

4.

1	鳴き声がうるさくないから	70%
2	しつけが楽だから	60%
3	しぐさが可愛いから	55%
4	散歩がいらないから	50%
5	偶然拾ったから	35%
6	留守番ができるから	20%
7	集合住宅でも飼いやすいから	15%

11番

先生が，細菌学の授業で，細菌による感染症などに対して使用される，抗生物質という物質について話しています。この先生の話によると，抗生物質による治療を途中で中断した場合の過程を表しているものはどれですか。　　　11

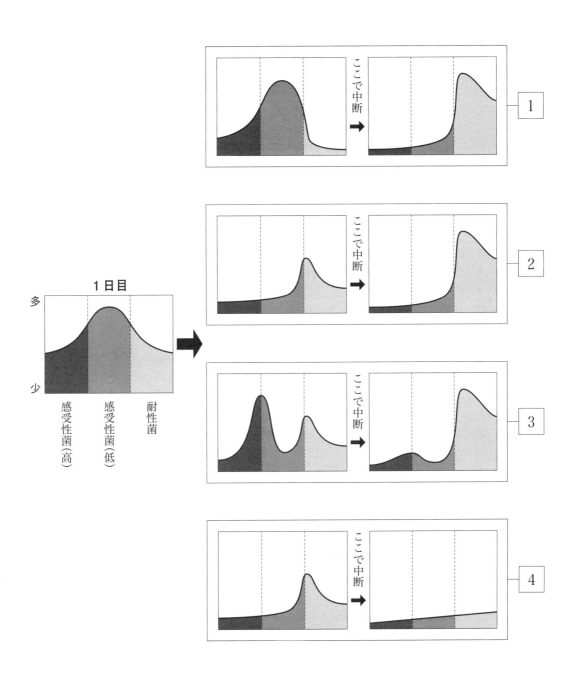

12番

先生がソナタ形式という,クラシックの曲の形式について説明しています。この先生が例に挙げている,ある作曲家が書いた曲の形式はどれですか。

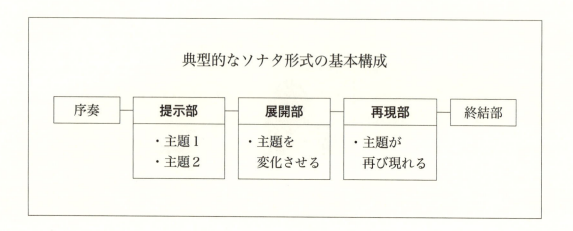

1. 序奏 — 提示部 — 展開部 — 第二展開部 — 終結部
2. 序奏 — 展開部 — 第二展開部 — 提示部 — 終結部
3. 序奏 — 展開部 — 提示部 — 第二展開部 — 終結部
4. 序奏 — 提示部 — 再現部 — 展開部 — 終結部

聴解問題（13番〜27番）メモ用

スクリプト

第1回　スクリプト　🔊 bm01

1番　先生が授業で，犯罪抑止（よくし）の3要素（ようそ）について話しています。この先生が最後にする質問の答えはどれですか。

　今日は，犯罪を抑止するための3つの要素についてお話しします。犯罪を起こさせないためには，まず犯罪者を近づけないことが大切です。そこが「入りやすい場所」である場合，犯罪者は，怪（あや）しまれることなく，安心して犯行対象に近づくことができてしまいます。次に，犯罪が可能な領域内に入って来た者に対する対策（たいさく）です。領域への侵入（しんにゅう）に成功（せいこう）したとしても，犯罪行為（こうい）が誰（だれ）かに見られる可能性が高い場合，そう簡単には犯罪行為を始めることはできません。ガラス張（ば）りにしたり，監視（かんし）カメラを設置するなどして，人の目にふれる可能性を高めることが有力な対策となります。最後に，実際に犯罪行為が行われたとしても，それをはね返すことができれば，被害に遭（あ）わずに済みます。オートロック，強化ガラス，防犯ブザーなどが抵抗（ていこう）性を高める代表的な手段です。

　さて，かつて，日本のある都市で，新幹線（しんかんせん）の駅ができてから空き巣（あきす）の被害件数が急に増えたということがありました。今まで説明してきたことを踏（ふ）まえると，なぜこのようなことになったと考えられますか。

2番　先生が，中学生・高校生を対象に，読むべき本について話しています。この先生が，中学生・高校生に読んでほしいと思っているのは，どの種類の本ですか。

　今日は，大学生になる前に読んでおいてほしい本についてお話しします。本には，図のように，大きく分けて3種類の本があります。まず，歴史によって積み上げられた膨大（ぼうだい）な「古典（こてん）」が，知的財産の基礎（きそ）として存在しています。次に，その古典を分野ごとに分かりやすく，簡潔（かんけつ）に解説した「入門書」があり，さらにその上に各分野の研究成果である「専門書」があります。

　専門書を読むのは大学生になってからでも遅くはありませんが，皆さんは，自分の興味（きょうみ）のある分野だけでも構いませんので，ぜひ入門書を読んでください。そうすれば，大学に入ってからの勉強について，具体的なイメージを持つことができます。ただし，欲を言えば，古典にも挑戦（ちょうせん）してほしいと思っています。古典であるということは，それだけで，時代の選抜をくぐり抜けてきた素晴（すば）らしい著作であるということを意味します。現代の知識から見ると，間違ったことが書かれていることもありますが，人類の重ねてきた知的な挑戦の過程を知るためにも，古典を読んでほしいと思います。

3番　先生が，生物学の授業で，ミツバチのコミュニケーションについて話しています。この先生の話によると，「シマリング」は，どのタイプのコミュニケーションになりますか。

　ミツバチの個体間には，音や振動（しんどう）を利用した，さまざまなコミュニケーション・システムがあります。一方通行的なコミュニケーションが基本（きほん）ですが，ミツバチの集団全体の体内時計を調整（ちょうせい）するために，多数の間で双方向的に行われるコミュニケーションもあります。このうち，今日は一方通行的なコミュニケーションについてお話しします。

　一方通行的なコミュニケーションには，相手に蜜（みつ）をねだるときにするような1対1のもの，また1匹から複数個体へのもの，そしてリレーのように個体から次の個体へと連鎖（れんさ）していくものがあります。個から複数へのコミュニケーションの中には，えさの場所を教えるダンスのように少数が対象のコミュニケーションもあれば，新しい女王バチが歌によって集団全体に自分の誕生（たんじょう）を知らせる「クイーン・パイピング」のような，多数が対象のものもあります。また，連鎖型の例としては，クマ

などの外敵(がいてき)に対する警戒(けいかい)音と考えられている「シマリング」が有名です。シマリングは，ニホンミツバチ独特(どくとく)のもので，巣(す)が物理的な衝撃(しょうげき)を受けると，多数のハチが次から次へと連鎖的に反応(はんのう)して，「シューッ」という音を発します。

4番　男子学生が女子学生に，自分たちで企画(きかく)した講演会のタイムテーブルについて相談しています。この男子学生は，講演をどのような順番に変えることにしましたか。

男子学生：今度の講演会のタイムテーブルを作ったんだけど，こんな感じでどうだろう？
女子学生：講演の時間とか，休憩の入れ方はこれでいいんじゃない。講演の順番はどうやって決めたの？
男子学生：いやー，単純に，午前は外国，午後は日本っていうことにしたんだけど，普通すぎるかな？
女子学生：まあ，それでもいいけど，テーマを見ると，二つに分けられそうよ。
男子学生：ああ，確かに，恋愛詩(れんあいし)と社会詩に分けられるね。
女子学生：だから，午前は恋愛詩，午後は社会詩っていうのはどう？
男子学生：それはいいアイデアだね。それぞれの順番はどうしよう？
女子学生：それはあなたに任せるわ。
男子学生：じゃあ，どっちも，外国，日本の順番にしておくよ。

5番　先生が，女性研究者の割合について話しています。この先生が説明しているグラフはどれですか。

　各国における女性研究者の割合について調べるために，2011年から2015年の間に発表されたすべての学術論文のうち，女性研究者のものが何割を占めるのか，調査しました。
　世界的に見ても女性の研究者は男性より少ないのですが，特に日本では女性が少なく，全体の2割ほどしかいません。なかでも工学系(けい)の女性研究者が少なくなっています。これは大学の工学部で特に，女子学生の比率(ひりつ)が低いためです。グラフを見ると女性研究者の比率が高めなのはブラジルで，全体の半数に迫(せま)る勢いです。アメリカはそれよりは低いのですが，それでも日本の2倍です。日本の他にも，女性研究者の割合が4割を切っているのはメキシコですが，それでも日本よりも18パーセントも高くなっています。

6番　先生が授業で，日本の出版物について話しています。この先生が「消費財」と言っているのは，どのタイプの出版物ですか。

　図は，出版物を「実売部数」と「価値(かち)」によって分類したものです。実売部数というのは，実際に売れた部数のことを意味します。グループAには，古典(こてん)的な名作や，普遍(ふへん)的なテーマを扱(あつか)った出版物などが入ります。グループBには，専門書や，珍しいテーマを扱った出版物が入ります。グループCには，タレント本，ビジネス書，ゲームの攻略(こうりゃく)本などが入ります。グループDは，ほとんど顧(かえり)みられることのない本と言ってよいでしょう。
　さて，現代の日本では，新しい出版物がどんどん増え続けていますが，よいことばかりではありません。というのも，書店に置ける本の数には限りがあるため，書店は売り上げを確保(かくほ)するために，より売れる出版物を店頭に置くようにしてしまいがちです。その結果(けっか)，価値の高い「文化財」としての要素(ようそ)が強い出版物が，利益(りえき)を出すための「消費財」としての要素が強い出版物によって店頭から追い出されてしまうのです。

7番　先生が，一日の気温と湿度の変化について話しています。この先生がこれから描くグラフはどれですか。

スクリプト　171

今日は気温と湿度の関係について説明します。晴れた日には，気温が高いと湿度が低くなるというように，気温と湿度は逆の動きをします。気温は太陽が出る前の朝方が最も低くなります。太陽が昇り始めると地面が温められ，その熱が空気を暖（あたた）めることで，気温が上がります。空気が暖まるまで時間がかかるので，気温は午後２時くらいが最も高くなります。

太陽が出ない雨の日は，太陽が雨雲に覆（おお）われ，地面を温めることがないため，気温は一日中上がらず気温変化も少なくなります。一方，湿度だけは上がります。

では，先週末の気温と湿度をグラフに描いてみましょう。最近は雨の日が続いていますが先週末はよく晴れていましたね。気温は実線で，湿度は点線で示します。

8番 男子学生と女子学生が，デジタル教科書導入に関するアンケートを見ながら話しています。この男子学生が賛成している意見はどれですか。

男子学生：結構（けっこう）いろいろな反対意見があるんだね。

女子学生：そうね。でも確かに，学習にとって「書く」ことって大事よね。デジタル教科書だと，記憶（きおく）の定着が弱くなるだけじゃなくて，書く力そのものも低下してしまうかもしれないわね。

男子学生：でもそれは，デジタル学習とは別に，書く機会もきちんと確保（かくほ）すればいいだけの話だから問題ないと思うね。

女子学生：じゃあ，あなたは賛成なのね？

男子学生：うん。分からないことがあったときに，すぐに調べられるっていうのはデジタルの大きな強みだと思うよ。本で調べることが大事だっていう意見もあるかもしれないけど，ちょっと調べたいってときは，デジタル端末（たんまつ）の方が便利だからね。

9番 先生が，経営学の授業で，「ファイブ・フォース」という考え方について説明しています。先生はこのあと，どの項目（こうもく）について説明しますか。

皆さんがある会社に勤めていると考えてください。皆さんの会社は，図の中央の「競争業者」の中の一つです。この中央の枠（わく）の中の会社は，周りの四つの要素（ようそ），および同じ枠の中にいる同業者から圧力をかけられています。このように，ある一つの会社には，五つの要素から圧力がかかっています。これを「ファイブ・フォース」といいます。では，この五つの要素について一つずつ見ていきましょう。

まず，最も分かりやすいのは競争業者です。当然のことながら，同じ分野での競争が激（はげ）しい業界で生き残るのは大変なことです。次に，今ある企業（きぎょう）だけでなく，新しく参入してくる新規参入業者もあなたの会社を脅（おびや）かす存在になり得ます。新規参入が容易な業界では，その分，競争も激しくなります。他にも，あなたの会社が属（ぞく）する業界にとって，買い手も圧力となります。買い手の力が強いと，業界の競争は自（おの）ずと激しくなります。そして，あなたの業界に製品（せいひん）やサービスを提供（ていきょう）する人々，例えば，パソコン製造（せいぞう）業者にとってのシステム供給業者ですが，この供給業者の力も無視（むし）できません。売り手の力が強くなるほど，業界の競争は激しくなります。では，最後に残った項目について，これから説明します。

10番 先生が，子どもが言葉を覚えていく過程について話しています。この先生の話によると，小さな男の子が「イヌ」と何度も言いながら母親の反応（はんのう）を見るという行動は，どの項目（こうもく）に入ると言えますか。

先日，近くの公園を歩いていると，小さな男の子が茶色の大きな犬を指して「ウマ」と言っている場面に出会いました。一緒にいたお母さんは「あれは，馬じゃなくて，犬よ」と教えていました。子どもは何

度かその犬を指差して、今度は「イヌ、イヌ」と何度も言いながら、母親の返事を待っているようでした。そして、「そうね、イヌだね」と言ってうなずく母親を見て、これは犬なのだと納得（なっとく）したようでした。

　子どもが言葉を覚えていく過程には、経験と推測（すいそく）、修正（しゅうせい）と確認というものがあります。私が見た子どもは、過去に「ウマ」と呼ぶ、大きくて茶色い、四本足の生き物を見ていて、それを思い出して「ウマ」と言ったのでしょう。しかし母親から「イヌ」と言われ、自分の考えが間違いだと気づいたのです。そして自分の考えを修正し、確認をしていたのですね。

11番　先生が授業で、チンパンジーの観察結果（けっか）について話しています。この先生の話によると、チンパンジーの行動を表したグラフとして正しいものはどれですか。

　チンパンジーが一時的に過密（かみつ）状態（じょうたい）、つまり狭（せま）い場所に多数の個体がいる状態に置かれたときに、どのような行動をとるのかを観察しました。今日はその結果を紹介します。

　過密状態は、チンパンジーにとっても苦痛であるようで、ストレスの目印である「自分をひっかく行動」が増加しました。しかしその一方、積極的に攻撃（こうげき）行動を抑制（よくせい）する様子が見られました。つまり、チンパンジーは、ストレスのかかる状況においても、感情を抑制することができるということです。過密状態で攻撃的になることは、群れ全体にとって好ましくない結果をもたらすということが分かっているのでしょう。

　感情や行動を抑（おさ）える能力が低い動物は、過密状態では攻撃的になりがちですが、ヒトの祖先は、このように感情や行動を抑える能力を進化させてきたのです。

12番　学生が、食品の管理について発表しています。この学生の話を図で表すと、どのようになりますか。

　消費者に安全な食品を届けるための方法として、食品トレーサビリティという考え方が生まれました。これは、食品の生産、加工、流通など、食品が消費者の手に届くまでの状況を記録して、確認できるようにしておこうというものです。

　このトレーサビリティですが、記録や確認にはコストがかかり、このコストを誰（だれ）が負担するべきなのかという問題が出てきます。トレーサビリティの考え方に基（もと）づく表示には、法律によって決められた義務（ぎむ）的なものと、決められていない任意のものがあります。まず義務的表示についてですが、義務付けるからには政府が積極的に関わるべきだと思います。特に安全面は民間に任せずに政府が取り組み、コストも負担すべきです。それに対して、品質面は民間も含めて双方がコスト負担をすればよいのではないでしょうか。

　次に任意の表示についてですが、任意とはいえ安全面は健康（けんこう）に直接関わるものなので、民間だけでなく政府も負担すべきだと思います。一方、品質については消費者のこだわりに答えるという意味合いが強いので、政府ではなく民間で対応（たいおう）すべき問題だと思います。

13番　女子学生が男子学生に学食の使い方を教わっています。この女子学生は、このあとどうしますか。

女子学生：学食使うの初めてなんだけど、どうすればいいか教えてくれない？
男子学生：いいよ。まず、このメニューの中からメインの料理を選んで、向こうの料理カウンターで受け取るんだ。
女子学生：うん、それから？
男子学生：おかずコーナーで、好きなおかずを皿に取って、メインの料理と一緒にレジカウンターで会計すれば完了だよ。おかずはどれだけ取ったかによって料金が変わるから、レジカウンターで計

スクリプト　**173**

量するんだ。

女子学生：へえ。でも，今日はメインの料理だけにしておくわ。

男子学生：じゃあ，またあとで。

女子学生：ありがとう。

この女子学生は，このあとどうしますか。

1．料理カウンターで料理を受け取って，そこで会計をする。

2．メインの料理とおかずを取って，レジカウンターで会計する。

3．メインの料理だけ受け取って，レジカウンターで会計する。

4．メインの料理とおかずを計量して，レジカウンターで会計する。

14番　先生が，人間の悩みについて話しています。この先生は，悩みとはどのようなものだと言っていますか。

　皆さんは，悩みなんて一つもない方がいいと思っていませんか？　しかし，人間が生きている以上，悩みを持つのは当然です。遺伝（いでん）情報に生き方が縛（しば）られている動物に比べ，人間の生き方はさまざまです。つまり，生きていく上で，選択（せんたく）の幅が広いということです。そして，選択の幅が広ければ広いほど，悩みも大きくなります。例えば，レストランのメニューが一つしかなければ悩む必要はありませんが，100個もあればどれにするか悩んでしまいますね。

　生き方の選択肢（せんたくし）が多いということは，いろいろなことを成し遂（と）げたいという思いが強いということです。だからこそ悩むのです。今の生き方をずっと続けていればいい，と考えている人には悩みはありません。このように，悩みを持っている方が，人間らしいとも言えるのです。皆さんにはぜひ，悩みをポジティブに捉（とら）えてほしいと思います。

この先生は，悩みとはどのようなものだと言っていますか。

1．向上心があることの証（あかし）となるもの

2．心に害を及（およ）ぼすので排除（はいじょ）すべきもの

3．生き方の選択肢が少ないために生じるもの

4．人間を精神的に鍛（きた）えるもの

15番　先生が，生物学の授業で，スズメという鳥の群れについて話しています。この先生の話によると，冬でも比較（ひかく）的温暖（おんだん）な地域において，数千羽の群れが維持（いじ）されることがあるのはなぜだと考えられますか。

　スズメは基本（きほん）的に夫婦で行動しますが，夏の終わり頃（ごろ）になると繁殖（はんしょく）が終わるので，巣（す）を捨てて，群れるようになります。時には，数千羽の群れになって，街路樹（がいろじゅ）などで眠ります。皆さんも見たことがあるのではないでしょうか。

　秋や冬になると，スズメの群れは，町の中よりも田園地帯でよく見られるようになります。そちらの方がエサが多いからです。また，群れの大きさは，冬になると次第（しだい）に小さくなる傾向があります。冬は一定の面積当たりのエサが少なくなるので，群れがあまりに大きいと全員分のエサをまかなえなくなるからです。しかし，冬でも比較的温暖な地域では，数千羽の群れが維持されることがあります。

この先生の話によると，冬でも比較的温暖な地域において，数千羽の群れが維持されることがあるのはなぜだと考えられますか。

1．繁殖のために仲間が必要であるから

２．エサの量が十分にあるから
３．天敵(てんてき)が多く危険だから
４．密着(みっちゃく)して寒さをしのごうとするから

16番　女子学生が男子学生に，夏休みに親子料理教室を開いたことを話しています。この女子学生が，親子料理教室を開いたねらいは何ですか。

女子学生：夏休みに，大学の友達と一緒に，親子料理教室を開いたの。
男子学生：へー，すごいね。普段，親子で料理なんかしないだろうから，子どもたちにとってはいい機会かもしれないね。
女子学生：うん。みんな楽しそうに料理を作っていたわ。
男子学生：君は，小さい頃(ころ)どうだったの？
女子学生：私は小さい頃からお母さんの料理の手伝いをしていたわよ。今料理が好きなのも，そのおかげだと思うわ。
男子学生：ということは，子どもたちにも料理が好きになってほしくて，料理教室を開いたわけだね。
女子学生：うん，でもそこに１番の目的があるわけじゃないんだけどね。ほら，手伝いをすると，自然と親子の会話が増えるでしょ。それってとても大切なことだと思ったから，親子料理教室を企画(きかく)したのよ。
男子学生：そうなんだ。僕(ぼく)ももっと手伝いをしておくべきだったな。

この女子学生が，親子料理教室を開いたねらいは何ですか。
１．家庭における料理の幅が広がること
２．子どもの生活力が高まること
３．家庭が教育の場になること
４．親子のコミュニケーションが増えること

17番　先生が，教育学の授業で，家庭での子どもの教育について話しています。この先生は，子どもの教育で一番大切なことは何だと言っていますか。

　子どもは成長期に入ると，いろいろなものに興味(きょうみ)を持ち始めます。ゲームやおもちゃなど，大人の目から見て，あまりためにならないようなものに興味を示すことも多々あるでしょう。しかし，親は子どもが興味を持っているものを否定してはいけません。今，子どもが興味を持っていることが，将来，いろいろなものに対する興味へと発展(はってん)していく可能性があるからです。
　このように，子どもの興味を妨(さまた)げないというのは当然のこととして，それ以上に重要なのは，好きなことに対して「集中する」という経験を子どもに積ませることです。好きなものについて熱中しながら調べる，あるいは研究する，ということを繰(く)り返すことによって，自然と集中力が向上しますし，何より「学ぶ喜び」を知ることができます。これはとても重要なことです。小さい頃(ころ)に，「学ぶ喜び」を知った子どもは，親が言わなくても自ら進んで勉強をするようになるのです。

この先生は，子どもの教育で一番大切なことは何だと言っていますか。
１．好きなことに集中する経験をさせること
２．教材に関しては買い惜(お)しみをしないこと
３．子どもが興味を持ったことを否定しないこと
４．小さいうちから高度な学習をさせること

18番　先生が，「蒸す」という調理法について話しています。この先生は，「蒸す」調理法の味覚的な利点は何だと言っていますか。

　「蒸す」という調理法は，水蒸気の持つ熱を利用して食材を加熱する方法です。水蒸気で加熱するため，水分が偏(かたよ)りなく食材の周りにつきます。ですから，食材が乾燥したり，焦(こ)げたりといったことを心配する必要がありません。
　また味覚の面から見ても，蒸す調理は，煮(に)たり茹(ゆ)でたりするのとは違って，食材が持っているうまみ成分が水の中に溶け出すことがありません。そのため，食材自体が持っている味を味わうには最適な調理法と言えます。さらに，同様の理由から，栄養(えいよう)分の損失が少ないという利点もあります。

この先生は，「蒸す」調理法の味覚的な利点は何だと言っていますか。
１．食材の栄養分が水に溶け出さない。
２．食材そのものの味が保存(ほぞん)される。
３．食材が焦げることがない。
４．食材が柔らかくなる。

19番　先生が，学生たちに発表の仕方について話しています。この先生は，どのようなアドバイスをしていますか。

　来週から実際に皆さんに発表をしてもらうにあたって，発表の仕方について少しアドバイスをしておきたいと思います。発表の際には，あらかじめ作成しておいた配布資料を読み上げるだけ，ということにならないように注意しましょう。それなら，「資料を読んでおいてください」と言えば済むことです。聞き手は，資料に書かれている以上のことを説明してほしいと思っているのです。
　そのようなことにならないためには，配布資料は簡条(かじょう)書きのメモ程度のものにしておくのがよいでしょう。その方が，資料の内容が整理(せいり)されてすっきりしますし，聞き手も資料に書かれていないことを聞き取ってやろうと積極的に話を聞くようになるのです。

この先生は，どのようなアドバイスをしていますか。
１．聞き手の質問はメモに書き留める。
２．配布資料は簡潔(かんけつ)なものにしておく。
３．聞き取りやすいスピードで話す。
４．配布資料は正確に読み上げる。

20番　女子学生と男子学生が，サボテンという植物の葉について話しています。この女子学生の話によると，サボテンの葉が平たくないのはなぜだと考えられますか。

女子学生：サボテンの葉っぱって，あのトゲの部分だって知ってた？
男子学生：ああ，それは聞いたことがあるよ。
女子学生：でも，葉っぱって，光合成のために光を集めないといけないんだから，平たくないと意味がないと思わない？
男子学生：言われてみれば，確かにそうだね。
女子学生：実は，サボテンは茎(くき)の部分で光合成をしているんだよ。
男子学生：茎ってあの平たい部分？
女子学生：そう。丸いサボテンもあるけど，とにかく他の植物に比べて，サボテンは茎の表面積が広いの。
男子学生：だったら，葉っぱが平たい必要はないね。

この女子学生の話によると，サボテンの葉が平たくないのはなぜだと考えられますか。
1．葉で光を集める必要がないため
2．体の表面積を大きくするため
3．光合成を効率(こうりつ)よく行うため
4．水分の蒸発量を少なくするため

21番　先生が，経営学の授業で，店の立地について話しています。この先生は，好立地とはどのような場所のことだと言っていますか。

　「店は立地が大切だ」と言われます。立地とは店を経営する場所のことで，一般的に，人通りの多いところや，駅から近いところなどが，店の立地に向いている，つまり「好立地」だと言われていますが，必ずしもそうとは限りません。実は，その店の業種や方向性によって，「好立地」の定義(ていぎ)は変わってくるのです。
　例えば，駅前の人通りの多い場所で，ラーメン屋さんや定食屋さんなどが並んでいるところに，ポツンと高級(こうきゅう)フランス料理店があっても，なかなか入りづらいのではないでしょうか。このように，店によっては，表通りよりも裏通りにあった方が，お客さんが入りやすいということがあるのです。

この先生は，好立地とはどのような場所のことだと言っていますか。
1．近くにライバル店がない場所
2．駅から近く，人通りが多い場所
3．観光地として有名な場所
4．店の方向性に合った客が訪れやすい場所

22番　先生が，人の話を聞くということについて話しています。この先生は，人の話を聞くときに，やってはいけないことは何だと言っていますか。

　人の話を聞くというのは，相手の言おうとしていることを理解しようと努めることです。ただし，私たちは，相手の話している言葉を一語一語，理解しながら聞いているわけではありません。ある程度，話の内容や流れを予測しながら聞いているのです。特に，話の内容が，自分の詳(くわ)しい分野のものであった場合に，その傾向は大きくなります。予測しながら聞くことができると，時間の余裕(よゆう)ができますから，その間にそれまでの話の整理(せいり)ができます。整理した上で話を聞くと，そのあとの内容に対する理解力も高まります。
　このように，予測しながら聞くというのは，話の理解度を高める上で大いに役立つものですが，時間の余裕ができると，つい話の内容とは関係のないことを考えてしまいがちです。そうすると，いつの間にか相手が何を言っているのか分からなくなっていた，ということにもなりかねません。この点には注意しましょう。

この先生は，人の話を聞くときに，やってはいけないことは何だと言っていますか。
1．予測しながら話を聞くこと
2．話の途中で質問すること
3．話と無関係なことを考えること
4．内容を整理しながら話を聞くこと

23番　男子学生が，図書館職員の女性に，図書館の本の購入(こうにゅう)について質問しています。この

スクリプト　177

女性が，図書館の本を購入する際に，最も大切にしていることは何ですか。

男子学生：図書館の方は，どのように図書館で購入する本を選んでいるのかについて，お聞かせください。
　　職員：はい。決められた予算の中で，できるだけ利用者の皆様のお役に立てるように本を選んでいます。
男子学生：具体的な選定基準（きじゅん）などはあるんですか？
　　職員：一般向けに書かれたものでよく利用されそうなものや，世間で話題になっていて購入のリクエストが出ているものなどは，内容を吟味（ぎんみ）した上で，優先的に購入するようにしています。
男子学生：そうなんですね。
　　職員：でも，図書館としては，そういった新刊本や人気のある本だけではなく，個人ではあまり持っていないような本を確保（かくほ）しておくことが大事だと私は考えています。専門的で高価（こうか）な本は，個人で持っている人は少なく，図書館での利用も一年に数回あるかどうかです。しかし，そのような本が置いてあるというところに，図書館の意味があると思うのです。

この女性が，図書館の本を購入する際に，最も大切にしていることは何ですか。
１．利用が多そうな本だけを購入すること
２．個人では手に入れにくい本を購入すること
３．ベストセラーを優先的に購入すること
４．リクエストがある本はすべて購入すること

24番　先生が，流し網漁（あみりょう）という漁業の方法について話しています。この先生は，大規模（だいきぼ）な流し網の使用が全面的に禁止になった理由は何だと言っていますか。

　流し網漁とは，一枚の大きな網をカーテンのように海中に張（は）り巡（めぐ）らせ，そこを横切ろうとして網に絡んだ魚をあとで引き揚（あ）げる漁のことです。サケやマスあるいはマグロといった魚を獲（と）るために多く使われた方法ですが，現在では大規模な流し網の使用は全面的に禁止されています。
　というのも，漁の対象となる魚だけでなく，イルカ，オットセイ，ウミガメといった他の海の生物も網に絡まり，命を落とすというケースが多く見られたのです。そのため，このような無駄（むだ）な死をこれ以上増やしてはならないということで，大規模な流し網の使用は全面的に禁止となりました。

この先生は，大規模な流し網の使用が全面的に禁止になった理由は何だと言っていますか。
１．網が食い破られて漁にならないから
２．さまざまな生物が巻き添（ぞ）えになるから
３．魚を獲りすぎてしまうから
４．生きたまま魚を獲ることができないから

25番　女子学生と男子学生が，プレハブ工法という建築方法について話しています。この男子学生は，プレハブ工法が他の工業生産と異（こと）なる点は何だと言っていますか。

女子学生：「プレハブ工法」っていうのをよく聞くんだけど，何だか知ってる？
男子学生：ああ，建物の壁（かべ）とか屋根をあらかじめ工場で作って，それを現場で組み立てる方法を「プレハブ工法」って言うんだよ。
女子学生：へー。何か工業製品（せいひん）みたいね。
男子学生：うん。まさに，工業製品みたいに建物を作ろうという発想で生み出された方法だからね。建物

の部品を工場で，大量にかつ一定の品質で作ることによって，工事期間の短縮(たんしゅく)とコストの削減(さくげん)を図っているわけ。

女子学生：なるほどね。

男子学生：でも，工業製品と違って，建物は土地に固定する必要があるから，ただ部品を組み立てればいいっていうわけにはいかないんだ。建物を支えるための工事，つまり基礎(きそ)工事がどうしても必要になるんだよ。

女子学生：勉強になったわ。ありがとう。

この男子学生は，プレハブ工法が他の工業生産と異なる点は何だと言っていますか。
１．基礎工事が不可欠であること
２．部品を現場で作ること
３．大量生産ができないこと
４．画一的なものしか作れないこと

26番　先生が，生物学の授業で，草食動物の生態(せいたい)について話しています。この先生の話によると，草食動物はどのような生き方をしていると言えますか。

　草食動物は，群れの仲間の間で，お互いに「敵(てき)が近づいてきたぞ，逃げろ」といったサインを出し合っているのでしょうか。確かに，群れの中のある一頭が，敵の接近に対して緊張(きんちょう)する態度をとったり，実際に走り出したりするのをきっかけとして，他の個体が一斉(いっせい)に逃げ出すといった場面をよく見ます。しかし，これは仲間に危険を知らせているのではなく，ただ単に，自分に迫(せま)る危険から逃れようとしているにすぎません。

　異(こと)なる種類同士(どうし)でも同じことが言えます。キリンとシマウマが，同じ場所で群れていることがありますが，お互いに危険を知らせ合うために，同じ場所にいるのではありません。キリンは遠くの敵を，シマウマは近くの敵を察知しやすいといったように，お互いの生存にとって有利なので，同じ場所で群れているだけなのです。

この先生の話によると，草食動物はどのような生き方をしていると言えますか。
１．仲間と助け合って生きている。
２．敵に対して勇敢(ゆうかん)に生きている。
３．自分本位に生きている。
４．異なる種と敵対しながら生きている。

27番　先生が，歩道橋について話しています。この先生の言う「歩道橋文化」とは，どのようなものだと考えられますか。

　大きな道路のあるところには，大抵(たいてい)の場合，歩道橋が設置されています。歩道橋を使えば，横断歩道のあるところまで行かずとも道路の向こう側に渡れますし，車の方もスムーズな走行が可能となります。その意味では，歩道橋は大変便利なものと言えます。しかし，歩道橋を利用する人は，わざわざ階段を上り下りしなければなりません。健康(けんこう)で若い人であれば大丈夫(だいじょうぶ)かもしれませんが，体の不自由な人や高齢者などは，歩道橋を使うのはとても困難です。

　歩道橋ではなく，横断歩道をたくさん作ると車のスムーズな走行が妨(さまた)げられ，輸送効率(こうりつ)が低下します。それでは困るということで，歩行者に不便を強いてきたわけです。同じような例は歩道橋以外にも数多く見られますが，代表的なものということで，このような文化を私は「歩道橋文化」と呼んでいます。

スクリプト　**179**

この先生の言う「歩道橋文化」とは，どのようなものだと考えられますか。
1．経済効率を最も大事なものと考える。
2．高齢者にやさしい町づくりをする。
3．人々の生活の利便性を向上させる。
4．たくさん物を作って経済を活性化する。

第2回　スクリプト　　🔊 bm02

1番　先生が，社会保障(ほしょう)制度について説明しています。この先生がこれから詳(くわ)しく説明
　　するのは，表のどの部分ですか。

　日本の社会保障制度は，この表のように四つの要素(ようそ)から成り立っています。まず「社会保険(しゃかいほけん)」とは病気やけが，老後の介護(かいご)に備えたもの，失業に備えたものです。次に「社会福祉(しゃかいふくし)」とは障(しょう)がいを持った人や母子家庭など，社会的に弱い立場にある人を助け，支援(しえん)するものです。「公的扶助(こうてきふじょ)」とは経済的に苦しい人たちに，お金を支給して最低限の生活を保障するというものです。そして「公衆衛生(こうしゅうえいせい)」とは人々が暮らす社会を衛生的に保(たも)つための取り組みをするものです。
　今日は，四つのうち，ここを詳しく見ていきます。この保障制度は仕事の有無に関係なく，経済的に苦しい人々の生活を助けるというとても大切なものです。しかし一方で，働かなくても一定の収入が得られるようになるため，働く意欲を失わせるものだとして批判(ひはん)をされることもあります。

2番　先生が，考古学の授業で，古墳(こふん)という大きな墓(はか)について話しています。この先生の
　　話によると今回発見された古墳はどれですか。

　日本の古代の一時期，支配階級(かいきゅう)の中のある人々は，「古墳」という，土を高く盛(も)ったお墓に葬(ほうむ)られました。古墳は，上から見たときの形の違いでいくつかの種類に分けられます。最も基本(きほん)的なものは，古墳時代を通じて造られた円墳(えんふん)という古墳です。上から見たときに円い形をしています。他にも古墳時代のどの時期にも見られるものとしては，正方形に近い形の方墳(ほうふん)もあります。古墳時代の前期から中期には円い形と四角い形を組み合わせた前方後円墳(ぜんぽうこうえんふん)が造られ始め，古墳の大型化が進みました。古墳時代の終わりごろには前方後円墳は見られなくなり，八角形をした八角墳(はっかくふん)などが造られました。
　ところで，最近新しい古墳が発見されてニュースになったのを，皆さん知っていますか。今回発見されたのは，古墳時代の中期に造られたもので，鍵穴(かぎあな)のような形をしている大きな古墳でした。

3番　女子学生と男子学生が，サークルの新入生歓迎(かんげい)会のプログラムについて相談しています。
　　この二人は，自己(じこ)紹介，顧問(こもん)の先生の話，サークル紹介をそれぞれ，どの部分です
　　ることにしましたか。

女子学生：新入生歓迎会のプログラムを作ってみたんだけど。こんな感じでどう？
男子学生：だいたい，いいんじゃない。でも，もうちょっと具体的にした方がいいな。顧問の先生の話を
　　　　　どこに入れるのか，とかさ。
女子学生：ああ，時間のことばっかり気にしてたわ。自己紹介もあるわよね。
男子学生：うん。サークルの紹介もあるよ。
女子学生：まず，自己紹介は昼食の時でどうかしら？

180

男子学生：いや，そこは貸切じゃないから，難しいんじゃないかな。ちょっとやりにくいけど，行きのバスでやるしかないだろうね。

女子学生：じゃあ，先生の話も，行きのバス？

男子学生：そうだね。

女子学生：サークル紹介はどうする？

男子学生：パーティの時間は長くとりたいから，帰りのバスにしようか。

女子学生：でも，みんな眠たいんじゃない？

男子学生：それもそうだね。じゃあ，パーティの時にしよう。

4番　先生が，人間の脳の働きについて話しています。この先生が最後にする質問の答えは図のどこですか。

　人間が，見る，聞く，考える，話すといったことをするときには脳を使います。脳は部分ごとに担当する役割が違います。この図を見てください。前頭葉（ぜんとうよう）と呼ばれる，一番大きな部分は，考えたり話したりという言語活動や運動に関係する部分です。その横の頭頂葉（とうちょうよう）と呼ばれる部分は，手触りや熱さや寒さなどの感覚，そして下の方にある側頭葉（そくとうよう）は音を聞くことや，記憶（きおく）に関係する部分です。また，後頭葉（こうとうよう）という部分は見ることに関わる部分です。

　ここで，友達と会って話をするときのことを考えてみましょう。「会話」というと，一見，簡単な行為（こうい）のようにも思えますが，実際には，友達の顔を見る，声を聞く，考える，そして話すというように，そこにはさまざまな活動が含まれています。そして，それぞれの活動に対応（たいおう）して，脳の各部分が休みなく働いています。ではその中で，友達の顔を見るという動作に直接関係しているのは，脳のどの部分ですか。

5番　先生が，留学について話しています。この先生は，これからどの要因に基（もと）づいて新しい取り組みをしていくつもりだと言っていますか。

　これは，大学生が留学先を決めるときに重要視（じゅうようし）していることについて調査したときの，調査結果（けっか）です。主な要因として，このような項目（こうもく）がありました。

　結果を見て私が意外に思ったのは，この項目です。普通，留学をする場合，通っている大学をいったん休学することになるので，在学期間が延びることになります。私はこれまで，それは大した問題ではないと思っていました。留学によって得られる経験は，それ以上に価値（かち）があると考えていたからです。

　ところが，多くの学生にとって，留学によって卒業が遅れることは，困った問題であるということが今回の調査で分かりました。卒業が遅れれば，就職（しゅうしょく）や，その後の人生設計にも影響（えいきょう）が出ます。学生はそれを心配しているのでしょう。

　我（わ）が大学では，学生の経済的負担を減らすために，返す必要のない奨学金（しょうがくきん）を出すなどの取り組みを行ってきました。しかし，今求められているのは，休学しなくても留学できる仕組みづくりだと分かり，大学側も前向きに取り組んでいこうと思っています。

6番　先生が，生物学の授業で，動物が移動運動中に使うエネルギーの量について話しています。この先生が話している調査結果（けっか）を表しているグラフはどれですか。

　動物の移動運動には，どのくらいのエネルギーが使われているのか，またそれが動物の体重によってどう変わるのかということについてお話ししましょう。

　まず，動物を「飛ぶ動物」，「走る動物」，「泳ぐ動物」の三種類に分け，その動物が普通の速度で動き回

るときに使うエネルギーを，動いていないときの標準（ひょうじゅん）エネルギー使用量と比較（ひかく）しました。

　結果は，まず「飛ぶ」ということはやはり大変なことだということが分かりました。飛んでいるときは，飛んでいないときの四倍から何十倍ものエネルギーを使っており，体重が増せば増すほど，エネルギー消費量は大きく増えます。次に，「走る」動物ですが，走行中，エネルギー消費量はおよそ二倍から四倍になりました。これも体重が重くなるにつれてエネルギー消費量は増えますが，その変化率（りつ）は「飛ぶ」動物ほどではありません。最後に，「泳ぐ」動物ですが，泳ぐことに使うエネルギーは泳いでいないときに比べてそれほど大きくはならず，また，体重が変わっても一定であることが分かりました。これは，泳ぐことが，そもそもあまりエネルギーを使わない移動運動法であることに加え，水中では水の力によって体重が支えられているためと考えられます。

7番　先生が，経営学の授業で，お店の営業活動のステップについて話しています。この先生が最後にする質問の答えはどれですか。

　図は，あるお店がお客さんを獲得（かくとく）するために行う営業活動の流れをまとめたものです。いわば，お店にとっての「集客ストーリー」のようなものと言っていいでしょう。では，各ステップについて簡単にお話ししていきましょう。

　まず，「入店」のステップまでは，看板（かんばん）が大きな効果を発揮（はっき）します。初めてのお客さんにお店に入ってもらうには，看板を発見してもらわなければなりません。しかし，看板が発見されたとしても，それに魅力（みりょく）を感じてもらえなければお客さんは呼び込めません。「本当に営業しているのだろうか？」という不安もあるので，それを解消してくれるような看板にする必要があります。これが「魅力」というステップです。次の入店誘導（ゆうどう）というのは，お店に興味（きょうみ）を持った人に対する，最後の一押しです。ここでは入り口を広くするなど，入りやすさを演出する必要があります。そして実際に入店してくれたお客さんに対しては，均一的な商品およびサービスを提供（ていきょう）し続けることによって，再来店，そしてお店のファンになってもらうように努めなければなりません。

　では確認です。お店の前に旗（はた）などを出して，お店がちゃんと営業している感じ，あるいはお店の人気が高く，お客が多い感じを出すことを目指すのは，どのステップでしょうか。

8番　男子学生が駅の案内所（あんないじょ）の人と話しています。この男子学生は，このあと現在地から遺跡（いせき）までの往復（おうふく）にいくら払いますか。

男子学生：すみません，発掘調査のために富士川（ふじがわ）遺跡に行きたいんですが，ここからだとどうやって行けばいいですか。

案内所の人：バスが便利ですよ。ここから出ていますし，遺跡のすぐそばに止まります。これが時刻表です。

男子学生：便利ですね。でも次にバスが来るまでに１時間以上もあるんですね。歩いて行こうかなあ。

案内所の人：歩くと大変ですよ。それに歩くんだったら，ここじゃなくて，隣（となり）駅からのほうがいいですね。でも電車で隣駅まで行って歩くにしても，30分くらいかかります。隣駅からタクシーに乗るんだったら……片道800円くらいかかりますね。

男子学生：高いなあ。

案内所の人：そういえば，隣駅のそばに自転車の貸し出しサービスをやっているところがありますよ。３時間500円です。

男子学生：いいですね。３時間あれば駅から遺跡まで行って帰って来られます。それを使ってみます。

9番　先生が，音に関するグラフの説明をしています。この先生が最後にする質問の答えはどれですか。

　音とは，物体の振動（しんどう）のことです。例えば，太鼓（たいこ）をイメージしてください。たたくと表面が震えて音が出ますが，表面を抑（おさ）えると，音が出にくくなりますね。音には，大きな音，小さな音という区別の他にも，高い音，低い音があります。資料のグラフは，音の振動の波を表したものです。グラフの波の高さが，音の大きさを表しています。これに対して，波の数は振動の回数を表していて，高い音のときは振動の回数が多くなります。

　では質問です。この楽器（がっき）はとても高い音が出るのですが，その音の大きさはとても小さいです。では，この楽器の音を表しているグラフはどれでしょうか。

10番　先生が，発達心理学の授業で，赤ちゃんに関する実験について話しています。この先生の話によると，赤ちゃんが最も好むのはどれですか。

　赤ちゃんが，他者のやり取りをどのように認識しているかを調べた実験について紹介します。実験では，まず赤ちゃんに，図の上段に示されている二つの動画を見せました。黒い丸のキャラクターが，丘（おか）のふもとから出発して頂上まで登ろうとしています。そこに，坂の上から押さえつけて邪魔（じゃま）をする四角のキャラクターと，逆に坂の下から押し上げてくれる三角のキャラクターが登場します。この動画を何度も見せたあと，邪魔者のキャラクターの人形と，助けてくれるキャラクターの人形を同時に赤ちゃんに差し出したところ，赤ちゃんたちは皆，助けてくれるキャラクターの方を取りました。

　次に，図の下段に示した動画を赤ちゃんに見せました。こちらは，丸いキャラクター以外には目がなく，単なる物体になっています。先ほどと同様，赤ちゃんに二つの物体を選択（せんたく）させましたが，結果（けっか）はバラバラでした。

11番　先生が，経済学の授業で，「スマイルカーブ」という曲線について説明しています。この先生の話によると，2000年代のスマイルカーブを加えたグラフはどれになりますか。

　企業（きぎょう）が行う経済活動の中の，どの部分で付加価値（かち）が生み出されているのかということについて，図で表したものを「スマイルカーブ」と言います。付加価値とは，その活動によって新しく加えられた価値のことです。図の点線は1970年代のスマイルカーブを表しています。

　1970年代において，製造（せいぞう）部門から生み出される付加価値は，一連の経済活動の中で一番低いとはいえ，他の部門と比較（ひかく）してそれほど差はありませんでした。研究開発からサービスまでの全体で，ほぼ均一的に付加価値が生み出されていたのです。

　それが2000年代に入って，ＩＴ革命が起こると，研究開発とデザイン，そしてマーケティングとサービスの部分がより高い価値を生み出すようになり，相対的に製造部門が生み出す付加価値が下がりました。このことから，経済活動が，量の重視（じゅうし）から質の重視に移ったということが言えるでしょう。

12番　先生が授業で，顔の表情，身振（ぶ）り，手振りなどの身体動作について話しています。この先生が最後にする質問の答えはどれですか。

　身体動作には，例えば，あくびや，足の組み替えなど，特に自己（じこ）表現をしようという意図（いと）なしに行われるものがありますが，一方，言葉に代わる効果的なコミュニケーション手段として使われるものもあります。表は，それらの機能をまとめたものです。

　まず，「表象」は，身振り手振りによって何か物事を表すということです。次の「例示動作」は，何かを描写（びょうしゃ）するために使われるもので，大抵（たいてい），言葉と同時に使われます。「感情表出」

スクリプト　　183

は，泣（な）く，笑うといった感情や気分を表す動作のことです。「レギュレーター」というのは，相手の行動を制したり調整（ちょうせい）したりする動作のことで，最も文化的な要素（ようそ）が強いと言えます。最後の「適応（てきおう）動作」というのは，状況に適応するために身につけた動作で，多くの場合，習慣化しています。例えば，口がかわいたときに，唇（くちびる）をなめるといったもので，五つの中で文化的要素は最も低いと言えます。

　それでは，例えば，視線（しせん）を合わせることによって相手の会話をさらに促（うなが）したり，遮（さえぎ）ったりするのは，どの機能に当てはまるでしょうか。

13番　女子学生が，記者の男性に，ニュース原稿（げんこう）の書き方について質問しています。この男性は，ニュース原稿を書くときに大事なことは何だと言っていますか。

女子学生：ニュース原稿の書き方について教えてください。
　　記者：はい。視聴（しちょう）者の頭にニュースの内容がすっと入っていくような書き方が望ましいですね。
女子学生：あまり難しい表現を使わない，ということでしょうか？
　　記者：もちろんそれも大事なことですが，政治や経済など難しい内容のニュースとなると，難しい言葉を使わざるを得ないということもあります。私がここで言いたいのは，そういった言葉レベルの話ではなく，形式レベルのことです。
女子学生：具体的にはどういうことでしょうか？
　　記者：今からこういうニュースをお伝えします，という短い文章から始めるのです。これを私たちは「リード文」と呼んでいます。導入文ということですね。
女子学生：なるほど。大事なことを先に言ってしまうわけですね。
　　記者：そういうことです。リード文によって，聞く人のいわば「話を聞くスイッチ」がオンになるわけです。

この男性は，ニュース原稿を書くときに大事なことは何だと言っていますか。
１．一文一文を短く書くこと
２．難しい言葉を使わないこと
３．書き手の主観を交えないこと
４．内容の要点を先に伝えること

14番　先生が，経営学の授業で，企業（きぎょう）理念について話しています。この先生は，企業理念にとって最も大切なことは何だと言っていますか。

　どんな会社にも，企業理念というものがあります。企業理念とは，「こういった会社にしたい」であるとか，「商品やサービスを通してこういう社会を作りたい」といった会社としての哲学（てつがく）のことです。安定的な業績を上げている企業は，まず例外なく企業理念がしっかりしていると言えます。
　企業理念は，「外」つまり消費者に向かって，積極的に宣言（せんげん）していくことも重要ですが，実はそれ以上に，「内」つまり社員のやる気にとって非常に重要な意味を持ちます。企業理念と，実際の企業経営とが大きくかけ離（はな）れていると，社員は会社に対する信頼を失い，やる気も失います。逆に，企業理念通りの経営がなされていれば，社員のやる気は高まります。

この先生は，企業理念にとって最も大切なことは何だと言っていますか。
１．内容が明確であること
２．多くの人に知られていること

３．経営の方針となっていること

４．新しい時代に対応(たいおう)していること

15番　先生が，生物学の授業で，サルの尻尾(しっぽ)について話しています。この先生の話によると，ア
　　　カゲザルの尻尾がニホンザルの尻尾よりも長いのはなぜだと考えられますか。

　アカゲザルという，ニホンザルに大変よく似た猿(さる)がいます。ぱっと見ただけでは区別がつかない
ほどです。しかし，この二つの猿の間には，決定的な違いがあります。それは尻尾の長さです。アカゲザ
ルもニホンザルも体の大きさは同じくらいですが，ニホンザルの尻尾が体の約5分の1程度しかないのに
対して，アカゲザルは体の約半分あります。

　これはなぜでしょうか。暑(あつ)さが厳(きび)しいところで生活している動物は，体から熱を効率(こ
うりつ)よく放出させるため，尻尾などを長くして体の出っ張(ぱ)りを増やすことで，表面積を大きく
しようとします。一方，寒さに対しては，尻尾などの出っ張りを少なくして，丸い体形にすることによって，
熱の放出を抑(おさ)えようとします。このように，動物は，それぞれの気候条件(じょうけん)に適応(て
きおう)するために，自身の体形を変化させるのです。

この先生の話によると，アカゲザルの尻尾がニホンザルの尻尾よりも長いのはなぜだと考えられますか。

１．アカゲザルは，ニホンザルよりも体が大きいから

２．アカゲザルは，ニホンザルよりも進化が進んでいるから

３．アカゲザルは，ニホンザルよりも温暖(おんだん)な土地で生活しているから

４．アカゲザルは，ニホンザルよりも寒さに強いから

16番　先生が，「もう分かったよ」という言葉について話しています。この先生は，「もう分かったよ」と
　　　言われると不愉快(ふゆかい)になるのは，なぜだと言っていますか。

　人と会話しているときに，「もう分かったよ」と言われると，不愉快になることがあります。これはな
ぜでしょうか。

　人を，他人とコミュニケーションをしたいという気持ちにさせるのは，「相手と理解し合いたい」とい
う欲望です。ですから，「もう分かったよ」と相手から言われることは，自分が相手に理解されたという
ことですから，本来，喜ばしいことであるはずです。それなのに不愉快になるというのは，少しおかしな
気もしますね。しかし，コミュニケーションの目的は，話している内容を正確に理解し合うことだけでは
なく，話すことそれ自体にもあるのではないかと考えると，この矛盾(むじゅん)は解消できるのではない
でしょうか。つまり，「もう分かったよ」という言葉は，話すことをやめるという宣言(せんげん)になっ
ているので，言われた方は不愉快になるのです。

この先生は，「もう分かったよ」と言われると不愉快になるのは，なぜだと言っていますか。

１．これ以上話す意思がないことを表しているから

２．明らかに嘘(うそ)が含まれているから

３．相手を理解したということを意味しているから

４．見下されている感じがするから

17番　男子学生と女子学生が，文化祭の出し物の決め方について話しています。この男子学生は，このあ
　　　と何をしますか。

スクリプト　　**185**

男子学生：文化祭の出し物だけど，来週みんなで集まって決めればいいよね？

女子学生：いいけど，どうやって決めるの？

男子学生：お互いに意見やアイデアを出し合って，その中からいいのを選べばいいんじゃないかって思ってるんだけど。

女子学生：みんなで意見を出し合うのはいいけど，その場で考えるよりも，あらかじめ考えておいたアイデアを持ち寄って議論した方が，質の高いアイデアが生まれるって，この前本で読んだわよ。

男子学生：そうなの？　じゃあ，来週までまだ時間があるし，それぞれでアイデアを考えておくことにしようか。

女子学生：そうしましょう。みんなには，私からメールで連絡しておくわ。

男子学生：ありがとう。よろしくね。

この男子学生は，このあと何をしますか。

1．女子学生と一緒にアイデアを出し合う。

2．メールで，みんなにアイデアを考えてくるように言う。

3．来週の集まりに備えて，アイデアを考えておく。

4．メールでみんなのアイデアを集める。

18番　先生が，人間が栽培(さいばい)する植物について話しています。この先生は，人間が栽培する植物に求められることは何だと言っていますか。

　野生の植物は，さまざまな性質を持った子孫を残そうとします。そうしておかないと，環境(かんきょう)が変化したときに，その変化に対応(たいおう)しきれず全滅(ぜんめつ)してしまうかもしれないからです。

　しかし，人間が栽培する植物にとって，野生植物のようにバラエティに富むことは，あまり望ましいことではありません。例えば，大きいダイコンを作りたい人がいたとして，まいた種から小さいダイコンが出てきたら困りますね。そのためには，毎年，収穫(しゅうかく)したダイコンの中から大きいものを選び，そこから種を取ってまく，ということを繰(く)り返していく必要があります。そうすることによって，次第(しだい)に，大きいダイコンだけを作ることができるようになるのです。

この先生は，人間が栽培する植物に求められることは何だと言っていますか。

1．性質が同じであること

2．サイズが大きいこと

3．毎年収穫できること

4．全滅しないこと

19番　先生が，女子学生が提出(ていしゅつ)したレポートに対してコメントをしています。この先生は，女子学生にレポートをどのように書き直すように言いましたか。

　　先生：今回，君が提出したレポートのことなんだけど。

女子学生：はい，何でしょうか。

　　先生：君の言いたいことは何となく分かるんだけど，書き方がちょっとよくないね。

女子学生：分かりにくかったですか？

　　先生：うん。レポートのはじめで，自分は何について書くのか，ということが明確にされていないので，読み手は文章の方向性が見えないまま読んでいくことになるわけだ。小説ならそれでいいかもしれないけれど，レポートとしてはよくない書き方だね。その点を改めて，もう一度書いてきてもらえるかな。

女子学生：はい，分かりました。

この先生は，女子学生にレポートをどのように書き直すように言いましたか。
１．レポートのテーマを変える。
２．文章のはじめにテーマを明示する。
３．小説のように読んで面白(おもしろ)いものにする。
４．自分の言いたいこと以外は書かない。

20番　先生が，芸術とは何かということについて話しています。この先生は，芸術についてどのように言っていますか。

　芸術とは何か，ということを考えるときに，芸術を娯楽(ごらく)と比べてみると，芸術の特質がはっきりします。マンガやテレビ番組といった娯楽，つまり，エンターテイメントというものは，見ている人に，その場で面白(おもしろ)いと思ってもらう必要があります。そうでなければ，あとから顧(かえり)みられることはほとんどありません。
　一方，芸術は，理解したり，そこから何かを感じるためには時間がかかります。この時間をかけて評価(ひょうか)していく，というところに芸術の楽しみがあります。実際，作者が生きていた間は評価されなかったけれど，死後何年かたってからその作品が評価されるということもあります。すぐには評価できないからこそ，芸術作品は永遠の価値を持つことができるのではないかと，私は考えています。

この先生は，芸術についてどのように言っていますか。
１．知識がなければ理解することはできない。
２．楽しむためには時間がかかる。
３．娯楽よりも面白さには欠ける。
４．その場での感動に価値を置いている。

21番　先生が，質の高いスポーツ指導者の見分け方について話しています。この先生は，質の高いスポーツ指導者を見分ける方法として，どのような方法を勧(すす)めていますか。

　質の高いスポーツ指導者を見分ける判断基準(きじゅん)には，どのようなものがあるでしょうか。その前にまず，質の高いスポーツ指導者の条件(じょうけん)について説明しておきますと，私は「人間性が豊かであること」と「スポーツに関する専門的なスキルを持っていること」の二つが重要だと考えています。しかし，この二つを，指導を受けようと思っている人が，あらかじめ知ることはなかなか難しいでしょう。そこで，一つの方法として，その人の資格の有無を判断基準としてみたらいかがでしょう。資格の有無は，単純に，一定の知識や指導スキルを持っているかいないかの判断材料になります。スポーツの指導は，医師や教師とは違って，必ずしも資格を持っていなくてもできます。だからこそ，資格の有無が重要な意味を持ってくるのです。

この先生は，質の高いスポーツ指導者を見分ける方法として，どのような方法を勧めていますか。
１．専門的な知識を持っているかどうか，質問する。
２．人間性が優れているかどうか，会話してみる。
３．指導を受けたことのある人に評価(ひょうか)を聞く。
４．資格を持っているかどうかを調べる。

スクリプト　**187**

22番 男子学生と女子学生が，公園にいる鳥について話しています。この女子学生の話によると，春から夏の間，この公園にいる鳥の種類が少ないのはなぜだと言えますか。

男子学生：夏の頃(ころ)に比べると，この公園にいる鳥の種類が増えたように思うんだけど，気のせいかな。

女子学生：ううん，気のせいじゃないよ。確かに増えてる。

男子学生：なんでだろう？

女子学生：生物の授業で教わったんだけど，春から夏って，鳥たちにとっては子育ての季節(きせつ)でしょ。ということは，その間は「巣(す)が作れて，えさも十分にある」環境(かんきょう)で生活する必要があるわけ。

男子学生：なるほど。この公園は小さいから，それには適してないってことか。

女子学生：そう。でも，冬になれば，巣作りや子育てという制約がなくなるから，自分だけのエサを取るために，こんな小さな公園にも鳥たちがやってくるっていうことなのよ。

この女子学生の話によると，春から夏の間，この公園にいる鳥の種類が少ないのはなぜだと言えますか。
1．天敵(てんてき)がたくさんいるから
2．緑が多く周囲より気温が低いから
3．子育てに適さない場所だから
4．人気(ひとけ)が多すぎるから

23番 先生が，人を励(はげ)ます方法について話しています。この先生は，人を励ますときにはどうするのがよいと言っていますか。

　人を励ますときに，「頑張(がんば)れ」という言葉をよく使いますが，教育上，この言葉を使うのはあまりよくないと私は考えています。すでに頑張っている人に向かって「頑張れ」と言っても，あまり意味がありません。「頑張れ」という言葉には，何ら具体的な内容が伴(ともな)わないからです。「無責任なことを言っているな」という印象を相手に与えてしまうことにもなりかねません。
　ですから，「頑張れ」ではなく，それぞれの相手の状況に応(おう)じて，適切なアドバイスをした方が効果的です。その上で，「頑張れ」と励ますのであれば問題はありません。

この先生は，人を励ますときにはどうするのがよいと言っていますか。
1．具体的な助言を与える。
2．自分が応援(おうえん)していることを伝える。
3．あえて厳(きび)しい言葉をかける。
4．「頑張れ」と言い続ける。

24番 先生が，洗濯機について話しています。この先生は，近年の洗濯機の機能の向上は，何を目的としたものだと言っていますか。

　洗濯機のない時代，人々は，大量の水の中に手を入れ，衣服を揉(も)んで汚れを取っていました。洗濯機は，この洗濯という重労働を軽減するために発明された家電製品(せいひん)です。つまり，「人間の手間を省くこと」が，洗濯機の主な機能です。
　最近では，こういった機能に加え，「省資源(しょうしげん)」が洗濯機に求められるようになってきました。具体的に言うと，できるだけ少ない電気と水で洗濯をすることが望ましいと考えられるようになったのです。節約(せつやく)を実現するには，ただ「揉んで洗ってすすぐ」のではなく，機械による精密(せ

いみつ)なコントロールが必要になります。このような目的を達するために，近年の洗濯機は，どんどん機能の向上が進んでいます。

この先生は，近年の洗濯機の機能の向上は，何を目的としたものだと言っていますか。
1．洗濯の失敗を減らすこと
2．洗濯をより楽にすること
3．販売競争を勝ち抜くこと
4．省資源を実現すること

25番 女子学生と男子学生が「飽(あ)きる」という感情について話しています。この男子学生は，「飽きる」という感情は，何を意味していると言っていますか。

女子学生：同じ科目ばっかり勉強してると，飽きてくることない？
男子学生：ああ，そんなのしょっちゅうだよ。
女子学生：そういうときは，どうしてるの？
男子学生：とりあえず，その科目の勉強はやめるね。
女子学生：どうして？
男子学生：「飽きる」っていう感情は，「同じ脳細胞(のうさいぼう)ばかり使うことで疲れてしまったから，別の脳細胞を使ってくれ」っていう脳からのサインなんだよ。そういうときは，それ以上やっても，脳のパフォーマンスが落ちるだけだから，休んだ方がいいね。でも，他の科目だったら大丈夫(だいじょうぶ)ってこともあるんだけどね。
女子学生：へー。要するに，「飽きた」と感じたら，休むか気分転換すればいいわけね。
男子学生：そういうこと。

この男子学生は，「飽きる」という感情は，何を意味していると言っていますか。
1．脳細胞が活性化していること
2．脳が疲労していること
3．やる気が足りないこと
4．脳が快感を感じていること

26番 先生が，人間の記憶(きおく)について話しています。この先生は，嫌(いや)な記憶の印象を薄めるにはどうすればいいと言っていますか。

　人間は「忘れることができるから生きていられる」と言われます。確かに，嫌なことを全部覚えていたら生きているのが辛くなってしまうでしょう。しかし，そううまいこと，嫌なことだけを忘れることができるのでしょうか。残念ながら，人間はそこまで記憶をコントロールすることはできません。ですが，方法がないわけではありません。
　例えば，友達とケンカをして仲が悪くなってしまったとしましょう。そのままでは，嫌な出来事として記憶に残ってしまいます。しかし，その後，仲直りをして，嫌な出来事を上回る良い経験を共有できれば，先の嫌な記憶を消すことはできませんが，薄めることはできます。

この先生は，嫌な記憶の印象を薄めるにはどうすればいいと言っていますか。
1．嫌な記憶の上に良い記憶を加える。
2．嫌な出来事はなかったことにする。
3．現在や将来のことだけを考えて生きる。

スクリプト　**189**

４．嫌な記憶を良い記憶に書き換える。

27番　先生が，地域の活性化について話しています。この先生は，地域活性化のために大切なことは何だと言っていますか。

　地域の活性化において大きな障害（しょうがい）となるのが，実は，地元の「良識的な声」です。例えば，田舎（いなか）の小さな町で，古民家を改装して，イタリアンレストランを出そうというプロジェクトがあったとします。そうすると，「客が来るわけがない」「どうせ失敗するからやめておけ」といったような意見が必ず出てきます。本人たちはよかれと思って助言しているのかもしれませんが，このような消極的な発言により，チャレンジしようと思っていた人たちが遠慮（えんりょ）したり，やる気を削（そ）がれて，結局（けっきょく）何もしなくなったりしてしまうということがあります。
　あまりに無謀（むぼう）な巨大プロジェクトであれば，始めるのに慎重（しんちょう）であった方がよいでしょうが，イタリアンレストラン程度の小さなプロジェクトであれば，積極的にチャレンジすべきです。何もしなければ，その町が衰退（すいたい）していく一方なのであれば，やってみる価値（かち）はあります。小さいことから始めて，それが成功（せいこう）すれば，地域活性化のきっかけになるかもしれません。チャレンジの芽（め）を，「良識的な声」によって摘（つ）み取るべきではないのです。

この先生は，地域活性化のために大切なことは何だと言っていますか。
１．地域の特色が生かせるような計画を立てること
２．企画（きかく）者が地元の声によく耳を傾けること
３．計画に対する財政的な援助（えんじょ）を惜（お）しまないこと
４．小さな挑戦（ちょうせん）を地域で許容していくこと

第3回　スクリプト　🔊 bm03

1番　先生が，不登校の原因について話しています。この先生は，表の中のどの項目（こうもく）について，これから改善（かいぜん）していくべきだと言っていますか。

　不登校，つまり学校に行くことができない状態（じょうたい）にある子どもの増加が社会問題になっています。昔は，それは子ども自身の性格の問題だと思われていました。しかし最近では，家庭や学校などの，子どもを取り巻く環境（かんきょう），あるいは社会の仕組みそのものが不登校の原因として指摘（してき）されるようになりました。
　日本には行き過ぎた受験競争があります。常に競争することを強いられる現在の仕組みは，子どもの心にとって大きな負担となります。不登校をなくす取り組みはさまざまですが，まずはこの仕組みを変えていけば，子どもたちは今よりものびのびとした気持ちで暮らすことができ，不登校も減るのではないでしょうか。不登校の問題を家庭の問題とみなしたり，子どもに精神的に強くなれと言ったりしても不登校の問題は解決しないのです。

2番　先生が授業で，デパートの売り場におけるディスプレイについて話しています。この先生の話によると，最適な売り場の入り口はどれですか。

　より多くのお客さんに売り場に入ってもらうためには，売り場の導入部，つまり売り場の入り口を，お客さんが心理的に入りやすくなるような環境（かんきょう）にしなければなりません。そのためにはまず，入り口を広くする必要があります。入り口が狭（せま）いと，お客さんは，他の人とすれ違うときに体が触

れるのではないかと考えて，売り場に入るのをためらってしまいます。ただし，入り口が広いだけでは不十分で，入り口にある陳列棚（ちんれつだな）の高さも重要な要素（ようそ）です。これが高いと，見通しが悪く，また圧迫（あっぱく）感もあり，心理的に入りにくくなります。前の方の棚は低く，壁（かべ）の方に近づくにしたがって高くするというのが原則です。また，セットバックも大切です。セットバックというのは，直訳（ちょくやく）すると「後ろに引っ込める」という意味ですが，通路ぎりぎりまで陳列棚があると，お客さんは入りにくいと感じてしまい，売り場の中への一歩を踏（ふ）み出してくれません。陳列棚がセットバックしていると，通路を歩く延長で，自然と売り場内に入っていけるのです。

3番　先生が，動物が聞き取れる音について話しています。この先生は，このあと，どの動物の話をしますか。

　世の中には多くの音がありますが，人間が聞き分けられるのはその一部です。音の単位の一つであるHz（ヘルツ）は，音の波が一秒間に振動（しんどう）する回数を表す単位で，一般には，数値が小さいと低い音，数値が大きいと高い音と言われています。聞き取ることができる音は動物によって違います。ヒトの耳が聞くことができるのは，年齢によっても異（こと）なりますが，20Hzから20,000Hzです。ゾウは，この図の中では一番低い音まで聞くことができますが，逆に高い音は，ヒトよりも聞こえにくいようです。ニホンザルは人間と近いですね。コウモリやイルカは非常に高い音まで聞こえていて，人間には聞き取れない高い音で仲間と連絡を取り合うことが分かっています。このようにヒトには聞こえない高い音を超音波と表現することもあります。
　今日は，超音波を利用している動物のうち，こちらの動物について詳（くわ）しく見ていきます。イルカも超音波を利用しますが，イルカの方が，より低い音まで聞こえていますね。

4番　先生が，観光学の授業で，観光施設（しせつ）の分類について説明しています。この先生が最後にする質問の答えはどれですか。

　一般的に，私たちが観光をするとき，そこには，何かを見たい，あるいは何かを体験したいといった目的があります。このように私たちの観光意欲をかきたてるものを「観光対象」と言います。この観光対象には「観光資源（しげん）」と「観光施設」の二つがあります。観光資源とは，自然，景色，歴史的な建物など，その土地そのものが持っている素材（そざい）のことです。また観光施設とは，レストラン，ホテル，遊園地，博物館（はくぶつかん）など，その土地にある施設のことを意味します。
　さて，観光施設は，「観光施設そのものが持つ誘引力（ゆういんりょく）」，つまり，人を引き寄せる魅力（みりょく）と，「その施設がある土地の観光資源が持つ誘引力」との関係によって，図のように分類することができます。例えば，図の左下のCには，「魅力のない土地にある，魅力のないレストラン」などが該当（がいとう）することになります。
　それでは，次のような例はどうでしょう。以前はほとんど何もなかったような土地に，遊園地や商業施設，ホテルなどを併（あわ）せもつ大型の観光施設が建てられました。現在では，年間一千万人を超える人々が訪れています。この観光施設は，図のどれにあたるでしょうか。

5番　女子学生と男子学生が，レポートについて話しています。この男子学生がこのあと詳（くわ）しく調べようとしているのは，表のどの項目（こうもく）ですか。

女子学生：子どもの教育に関するレポート課題だけど，テーマは決めた？
男子学生：うん。この前，こういうアンケートを見つけたんだ。だから，「子どもの教育についての父親と母親の考え方の違い」っていうのをテーマにしようと思ってる。

女子学生：へえ。ちょっと見せて。

男子学生：どうぞ。

女子学生：うーん。母親の方が教育への関心が高いっていう現状を，そのまま表したような結果(けっか)ね。

男子学生：うん。基本(きほん)的にはそうなんだけど，父親の方が，子どもを厳(きび)しく育てたいって考える傾向があるみたいだし，体罰(たいばつ)にも肯定的だよ。

女子学生：確かに。でも意外と体罰肯定派(は)の人って多いんだね。

男子学生：君もそう思った？　でも，この調査は2007年のものだからね。現在ではどうなっているのか，調べてみようと思ってるんだ。

女子学生：たぶん減ってるんじゃないかとは思うけど，その理由をきちんと調べて考えれば，きっといいレポートになるわよ。

6番　先生が，経営学の授業で，「ダイバーシティ・マネジメント」という経営方法について話しています。この先生は，ダイバーシティ・マネジメントにおいて何に注意すべきだと言っていますか。

　今日は，「ダイバーシティ・マネジメント」についてお話しします。まず，ダイバーシティ・マネジメントとは，一言で言えば，多様性を生かした企業(きぎょう)経営のことです。つまり，年齢や性別や国籍などの違いを超え，さまざまな個性を持った人材を活用することによって，組織(そしき)を強化することを意味します。では，次に，ダイバーシティ・マネジメントによって組織を進化させる方法について説明しましょう。

　図を見てください。多様性に対して企業がとる行動には，図のように四つの段階があります。現状，多くの企業は，違いを認めない，あるいは違いを認めても無視(むし)したり，違いをなくすことによって同化させたりする段階にあります。しかし，これでは組織の活性化は望めません。組織の活性化のためには，まず，違いを認める「分離(ぶんり)」から始める必要があります。この「分離」段階から，多様性を組織のパフォーマンスの向上につなげる「統合(とうごう)」という段階に進むことを目指すのですが，急いで「統合」の段階に進もうとしてはいけません。多様性の良さを失って，結局(けっきょく)「同化」の段階に戻ってしまうことがあるからです。

7番　先生が，動物の発生について話しています。この先生が最後にする質問の答えは図のどこですか。

　動物が生まれるには，卵子と精子が必要です。卵子と精子が結合(けつごう)することを受精といい，受精した卵は受精卵と呼ばれます。受精卵は，はじめは一個の細胞(さいぼう)ですが，細胞分裂(ぶんれつ)を繰(く)り返して細胞の数を増やしていきます。

　この図を見てください。これはカエルの発生の過程を図で示したものです。受精卵の細胞の数がどんどん増えていく様子が分かりますね。受精卵が細胞分裂を始めてから，自分の口から栄養(えいよう)を摂(と)れるようになるまでの個体を「胚(はい)」と呼びます。ある程度まで細胞の数が増えると，受精卵は動物の形になっていきます。この図の場合は，オタマジャクシになっていますね。オタマジャクシになると口がありますから自分でエサをとって食べることができます。

　では復習しておきましょう。この図の中で，「胚」と呼ばれる段階はどこからどこまでですか。

8番　先生が，日本の人口グラフを見ながら話しています。この先生が説明しているグラフはどれですか。

　このグラフは，日本の総人口と人口増加率(りつ)を示したものです。これを見ると，1870年代初めには3500万人ほどであった人口は，平均して1パーセント前後の増加率を保(たも)ちながら増え続け，約50年

後の1920年には5600万人ほどになっていることが分かります。その後も総人口は増えていますが2000年代に入ると横ばいになり，2010年から緩(ゆる)やかに減少しています。

　一方，人口の増加率は，1940年代に一度大きく減り，そのあと急激(きゅうげき)に跳(は)ね上がっています。これは，戦争の影響(えいきょう)によるものです。いったん跳ね上がった人口増加率は，その後元に戻り，1970年代に少しだけ上がったものの，緩やかに低下しています。

9番　男子学生と女子学生が，資料を見ながら話しています。この二人の話によると，男子学生が一年間で節約(せつやく)できる金額はいくらになりますか。

男子学生：僕(ぼく)，家で省エネ生活にチャレンジしてみようと思うんだ。電気代の節約にもなるし。
女子学生：へえ，どんなことをやるつもりなの？
男子学生：エアコンの使い方に気をつけようと思う。これ見て。環境(かんきょう)学の授業で配られた資料なんだけど，エアコンの省エネで，一年間にどれくらい電気代が節約できるかが，これを見れば分かるんだ。
女子学生：へえ，面白(おもしろ)いね。
男子学生：僕はけっこうエアコンを使ってるんだけど，これからは設定温度に気をつけようと思う。冬の設定温度を，いつもは21度だったけど20度にするよ。暖房(だんぼう)を使う時間も，1日1時間，短くしようと思う。
女子学生：夏はどうするの？
男子学生：僕，暑(あつ)がりだから，夏は今までどおりがいいなあ。
女子学生：じゃあ，この表で言うと……年間2100円の節約になるね。
男子学生：うん。でもそれだけじゃないよ，毎月フィルターの掃除もするつもり。だから，この金額もプラスできるよ。

10番　先生が，本を読んでいるときの眼(め)の動きについて話しています。この先生の話によると，速読が得意な人が速く読んでいるときの，眼の動きを表したグラフはどれですか。

　速読とは，本を速く読むための技術です。速いスピードで文字を追っていくためには，それなりの眼の動かし方が必要になります。そこで，実際に，速読が得意な人と，速読ができない人の眼の動かし方がどのように異(こと)なっているのかを調べてみました。
　速読が得意な人と，できない人に，それぞれ縦(たて)書きの文章を読んでもらい，その上下方向の眼の動きを図に表しました。
　ゆっくり読んでいるときは，速読が得意な人もできない人も，眼は大きく動きます。しかし，速く読んでいるときは，速読ができない人の上下運動が激(はげ)しくなるのに対して，速読が得意な人はごくわずかにしか上下に動きません。ここに速読の秘密(ひみつ)があるのですが，速読を可能とする眼の動きは，訓練によって開発することができます。

11番　先生が授業で，「ハンバーガー・モデル」という考え方について話しています。この先生が最後にする質問の答えはどれですか。

　今日は，ベン・シャハーという人が考案(こうあん)した「ハンバーガー・モデル」について紹介したいと思います。ハンバーガー・モデルというのは，人の生き方を四種類のハンバーガーにたとえて分類したものです。図を見てください。横軸(よこじく)に「おいしさ」，縦軸(たてじく)に「健康(けんこう)志向(しこう)性」をとり，ハンバーガーを四つに分類しています。例えば，右上は「おいしくて健康的」なので「理

想的なハンバーガー」となります。

さて，ここで，図の横軸を「現在の利益(りえき)」，縦軸を「未来の利益」に置き換えてみましょう。つまり，「おいしい」を「現在の利益」，「まずい」を「現在の不利益」，また「健康的」を「未来の利益」，「健康に悪い」を「未来の不利益」と考えるのです。そうすると，人の生き方は「現在の利益」と「未来の利益」という二つの軸によって，四つに分類できることになります。

それでは，自分の現在の楽しみを犠牲(ぎせい)にしながら必死に働いて，将来の成功(せいこう)を目指す生き方は図のどれに当てはまるでしょうか。

12番　先生が，教育学の授業で，ストレスと子どもの成長の関係について話しています。この先生が理想的と考えている成長の過程を表しているのはどれですか。

ストレスはパフォーマンスに影響(えいきょう)します。多少のストレスはパフォーマンスを向上させますが，強すぎるストレスはパフォーマンスを下げます。パフォーマンスが高くなるときのストレスが，適度なストレスといえます。子どもの教育にあたっては，このストレスを，うまくコントロールしながらかけていくということが大切です。

小学一年生のときには，通常，適度なストレス強度は低めです。これは，例えば，親が少し家を空ける程度のストレスでも泣(な)いてしまうということを意味します。しかし，六年生になってもこれでは困ります。つまり，パフォーマンスの向上を可能にする，適度なストレスの強度を上げていかなければならないのです。ただし，ストレスの強度を上げるだけでは不十分です。パフォーマンス自体も高くする必要があります。そのためには，子どもの年齢に応(おう)じて，大きすぎない程度のストレスをかけていく必要があります。私としては，まずストレスに対する抵抗力(ていこうりょく)を上げ，その後パフォーマンスを上げていくのが，理想的な教育であり，また理想的な人間の成長だと考えています。

13番　女子学生と男子学生が科目の登録について話しています。この女子学生は，男子学生にどのようにアドバイスしましたか。

女子学生：1学期の科目の登録，もう終わった？
男子学生：いや，まだだよ。なるべく早いうちに単位を取っておきたいから，たくさんの科目を登録しようと思ってるんだけど，数えてみたら30単位もあったよ。
女子学生：ちょっと，それは多すぎるんじゃない？　うちの大学は，4年間で124単位取ればいいんだから。
男子学生：でも，4年生になったら卒業論文があるから，今のうちって思ったんだよね。それでも多いかな？
女子学生：うん，多いと思う。あんまり授業を詰め込み過ぎても，消化しきれないよ，きっと。大学の試験とかレポートは大変だって聞いてるよ。
男子学生：それもそうだね。じゃあ，もうちょっと余裕(よゆう)のある時間割にするよ。

この女子学生は，男子学生にどのようにアドバイスしましたか。
1．登録科目数の限度を超えているので，科目数を減らした方がいい。
2．卒業論文に備え，なるべく早く単位を取っておいた方がいい。
3．各科目の学習に十分時間を使えるように，科目数を減らした方がいい。
4．卒業論文を書くために必要な科目は，どんどん登録した方がいい。

14番　先生が，生物学の授業で，サメという魚について話しています。この先生は，サメの体の感触が，なでる方向によって変わるのはなぜだと言っていますか。

サメの体の表面は「鮫(さめ)肌」とも言われるように，ざらざらとしています。ただし，ざらざらの度合いは，サメの体をどちらからなでるかによって大きく変わります。頭の方から尻(しり)の方にかけてなでると，それほどざらざらした感じはなく，むしろなめらかな感触があります。一方，尻の方から頭の方へなでると，手を進めることができないくらいにざらざらしています。これは，サメの体を覆(おお)っている，たくさんの小さなウロコが，頭の方から尻の方に向かって並んでいるためです。水の流れに逆らわないよう，一方向にウロコが並ぶことによって，サメは水の抵抗(ていこう)を最小限に抑(おさ)えることに成功(せいこう)しているのです。

この先生は，サメの体の感触が，なでる方向によって変わるのはなぜだと言っていますか。
1．一つの方向に向かってウロコが並んでいるから
2．頭の方と尻の方とではウロコの大きさが違うから
3．尻の方は頭の方に比べ傷(きず)がつきやすいから
4．頭の方と尻の方とでは体の硬さが異(こと)なるから

15番　先生が，お店の看板(かんばん)について話しています。この先生は，お店から中くらいの距離(きょり)にある看板の目的は何だと言っていますか。

　お店の看板は，お店からの距離によって使い分ける必要があります。ここでは，次のように3つに分類します。お店から「遠い場所」，「近い場所」，「その中間」の3つです。
　まず，お店から遠いところにある看板は，「こんなお店がありますよ」というメッセージを込めた看板にします。これは，お店の存在を知ってもらうのが目的です。次に，お店が見える距離にある看板では，「お店はここですよ」ということを知らせます。お客さんに実際に店まで来てもらうための看板です。そして，お店の近くにある看板，基本(きほん)的には店頭の看板ですが，ここでは，お店の売りを文字を中心に示し，入店するための最後の一押しをします。

この先生は，お店から中くらいの距離にある看板の目的は何だと言っていますか。
1．店の特徴(とくちょう)を説明する。
2．客を店まで誘導(ゆうどう)する。
3．店のイメージをよくする。
4．店の存在を知らせる。

16番　男子学生と先輩(せんぱい)の女子学生が，女子学生の発表について話しています。この女子学生が，発表の際に使うキーワードを考えるときに，重視(じゅうし)している点は何ですか。

男子学生：発表お疲れさまです。先輩の発表，素晴(すば)らしかったです。最後まで飽(あ)きずに聞くことができました。
女子学生：ありがとう。準備していたことがうまくいったみたいね。
男子学生：何を準備していたんですか？
女子学生：キーワードを用意しておいたの。
男子学生：キーワードですか。あっ，「やさしさの罠(わな)」っていうやつですね？
女子学生：そうよ。
男子学生：キーワードを考える際に気をつけていることは何かあるんですか？
女子学生：そうね。分かりやすすぎず，かつ難しすぎないキーワードにするっていうことかな。
男子学生：なるほど。先輩のキーワードは，まさにそのとおりでしたね。とても参考になりました。

スクリプト　**195**

この女子学生が，発表の際に使うキーワードを考えるときに，重視している点は何ですか。

1．キーワードの意外性
2．キーワードの覚えやすさ
3．キーワードの抽象（ちゅうしょう）度
4．キーワードを言うタイミング

17番　先生が，植物学の授業で，草原の植物の生存戦略について話しています。この先生は，イネが生き
　　　残ってきたのは，イネのどのような性質によるものだと言っていますか。

　草原の植物は，常に，動物に食べ尽（つ）くされてしまう危険にさらされています。そのため，草原の植
物たちは，自分の身を守る方法をさまざまに進化させてきました。毒で身を守るというのもその一つです。
しかし，毒を作るために必要な栄養（えいよう）分が草原では不足しがちなため，毒を作るのは簡単ではあ
りません。また，動物の方も毒に対する手段を発達させてきます。
　その点，イネの進化は非常に特殊（とくしゅ）なものでした。普通の植物は，茎（くき）の先の方に「成長
点」というものがあります。つまり，茎の先の方に，新しい細胞（さいぼう）を積み上げながら，上へ上へ
と伸びていくのです。しかし，イネの成長点は地面すれすれのところにあります。茎を伸ばすのではなく，
成長点から葉を上へ上へと押し上げるのです。そのため，葉を動物に食べられても，成長点は無事ですか
ら，また成長することができます。このようにして，イネは，動物に食べ尽くされることなく，生き残っ
てきたのです。

この先生は，イネが生き残ってきたのは，イネのどのような性質によるものだと言っていますか。

1．茎が上の方へ伸びること
2．葉に毒が含まれていること
3．群れを作って生えること
4．成長点が低い位置にあること

18番　先生が，教育学の授業で話しています。この先生は，勉強をしなければならない一番の理由は何だ
　　　と言っていますか。

　教師になる皆さんは，勉強をしなければならない理由について自分なりの考えを持っていなければなり
ません。ちなみに私は，「面白（おもしろ）い人間」になるためにこそ，勉強が必要だと考えています。「面
白い人間」というのは，一言で言えば，知識をたくさん持っている人ということです。しかし，知識は持っ
ているだけでは意味がありません。知識は使うものです。身近なところで言えば，知識が豊富な人の話は
面白いですよね。それは，その人の人間的な魅力（みりょく）だと思います。ただし，話が面白いというと
ころに止まっていてはいけません。ゆくゆくは，蓄（たくわ）えた知識を，新たなものの創造（そうぞう）へ
と高めていく。最終的には，ここを目指さなければなりません。そのためには，勉強が不可欠です。

この先生は，勉強をしなければならない一番の理由は何だと言っていますか。

1．知的に面白い話をするため
2．たくさんの知識を身につけるため
3．試験でいい成績を取るため
4．新しいものを生み出すため

19番　先生が，生物学の授業で，キジバトという鳥について話しています。この先生の話によると，なぜ

196

キジバトは植物にとって迷惑(めいわく)な鳥であると言えるのですか。

　一般に鳥は，小さな果実であれば丸ごと食べて，種の部分は消化せずに糞(ふん)として出します。これは植物にとってはありがたいことです。種をいろいろなところに運んでもらえるからです。

　ところがキジバトは，種までも消化してしまいます。通常，鳥は，消化液で消化するだけでなく，堅(かた)い胃の中に小石などを入れておいて，物理的にすり潰(つぶ)すのですが，キジバトはこの力がとても強く，種まですり潰してしまうのです。これでは植物としては，果実を食べられただけということになってしまいます。このように，キジバトは植物にとっては迷惑な鳥なのです。

この先生の話によると，なぜキジバトは植物にとって迷惑な鳥であると言えるのですか。
1．果実を食べ尽(つ)くしてしまうから
2．果実を食べたその場所で糞をするから
3．葉を枯らしてしまうから
4．種の部分も消化してしまうから

20番　男子学生と図書館職員が，本の貸出延長の件で話しています。この男子学生は，このあとどうしますか。

男子学生：すいません。この本の貸出を延長してほしいんですけど。
　　職員：はい，かしこまりました。あ，お客様，すでに一度，貸出の延長をなさっていますね？
男子学生：はい。2回目はダメなんですか？
　　職員：申し訳(わけ)ございません。当館は，貸出の延長は1回までとさせていただいております。
男子学生：1回返却(へんきゃく)して，もう一度借り直すというのもダメですか？
　　職員：はい，他のお客様がご覧(らん)になる機会を設けるため，本日より3日間は本棚(ほんだな)に
　　　　　戻させていただく決まりになっておりますので，申し訳ないのですが……。
男子学生：分かりました。その期間が終わって，誰(だれ)も借りていなければ，また借りられるんですか？
　　職員：はい。お電話していただければ，こちらの方で確認することも可能です。
男子学生：では，そうします。

この男子学生は，このあとどうしますか。
1．その場で一度返却し，もう一度借り直す。
2．2回目の貸出延長をして借りる。
3．3日後に確認の電話をかける。
4．3日後にまた借りに行く。

21番　先生が，動物の発する音声について話しています。この先生は，動物の発する音声は，人間の言語とどのように異(こと)なると言っていますか。

　動物の中には，音声を使ってコミュニケーションをとっているものがいます。特に哺乳類(ほにゅうるい)の中には，いろいろな音声を使い分け，複雑なメッセージを発信していると考えられているものもいます。例えば，ザトウクジラは，長いと30分にも及(およ)ぶ，変化に富んだ音声を出しますが，これは研究者の間では，異性へのラブソングではないかと考えられているほどです。

　このように，動物も音声によってコミュニケーションを図りますが，人間の言語と同じものと考えることはできません。人間の言語の大きな特徴(とくちょう)は，今ここで起きていること以外のことを表現できるというところにあります。しかし，動物の発する音声には，このようなことは表現できないだろうと

スクリプト　**197**

考えられています。

この先生は，動物の発する音声は，人間の言語とどのように異なると言っていますか。
１．長時間のコミュニケーションはとれない。
２．目の前のことしか表現できない。
３．一つの音しか使うことができない。
４．音にメッセージを込められない。

22番　女子学生と男子学生が，日本の水の輸入量について話しています。この女子学生は，日本の水の輸入量が多いのはなぜだと言っていますか。

女子学生：ねえ，日本って，実はたくさん水を輸入してるって知ってた？
男子学生：え？　確かに，雨が少なくて水不足になったっていうニュースはよく耳にするけど，そこまで深刻だったの？
女子学生：ううん，正確に言うと，「バーチャル・ウォーター」の輸入量がとても多いのよ。
男子学生：バーチャル・ウォーターって何だい？
女子学生：日本って，多くの農産物を海外から輸入しているでしょ？
男子学生：うん。
女子学生：農産物って生産するのにたくさんの水を使うから，農産物を輸入するってことは，間接的に大量の水を輸入してることになるのよ。
男子学生：なるほど。実際に水そのものを輸入してるわけじゃないから，バーチャル・ウォーターなのか。
女子学生：そういうこと。

この女子学生は，日本の水の輸入量が多いのはなぜだと言っていますか。
１．国民の水の使用量が増えているから
２．たくさんの農産物を輸入しているから
３．雨があまり降らなくなっているから
４．農業生産が盛(さか)んになってきたから

23番　先生が，新聞とネットについて話しています。この先生は，新聞のメリットは何だと言っていますか。

　　最近，新聞を取る家庭が減っています。ネットを見れば無料ですぐさま情報を得ることができますから，それは仕方のないことかもしれません。しかし，ネットにもデメリットはあります。ネットの場合，文字をサーッと流し読みしてしまいがちです。それは，全部の見出しが横書きの同じパターンで出てくるためです。サーッと読めることは一面ではメリットとも言えますが，反面，記憶(きおく)に残りにくいというデメリットがあります。
　　一方，新聞の紙面は，見出しやレイアウトのバリエーションが豊富です。そのため，それぞれの記事にいわば「個性」が生まれます。そうすると，「あの記事は紙面の右上に，横長のレイアウトで書かれていたな」というように，記事の内容と記事の形式を関連づけて記憶することが可能になります。これがネットにはない，新聞のメリットです。

この先生は，新聞のメリットは何だと言っていますか。
１．記事の内容が正確である。
２．記事の流し読みが可能である。

3．記事の内容を記憶しやすい。

4．記事が皆同じ形式で書かれている。

24番　先生が，昔話について話しています。この先生は，昔話が複数の結末(けつまつ)を持つことがあるのはなぜだと言っていますか。

　昔話の中には，複数の結末を持ったものがたくさんあります。現代の著作物では考えられないことです。では，なぜこのようなことが起こるのでしょうか。

　昔話は，文字ではなく，人から人へ，口伝えで伝えられてきました。口伝えであると，どうしても語り手の創作(そうさく)がそこに入り込んでしまいがちです。例えば，聞き手の反応(はんのう)が悪かった場合，もっと面白(おもしろ)い話に変えてしまうかもしれません。あるいは，聞き手自身が，こっちの方が面白いのではないか，と話に割り込んで来るかもしれません。このようなことを世代を超えて繰(く)り返しているうちに，複数の結末を持った話が存在する，ということになるのです。

この先生は，昔話が複数の結末を持つことがあるのはなぜだと言っていますか。

1．口伝えの過程で話が作り直されていくから

2．口伝えの場では必ず聞き間違いが生じるから

3．複数の書き手が元の話からそれぞれに話を展開(てんかい)させるから

4．時代に合うように話が書き換えられるから

25番　女子学生が，動物園の飼育(しいく)員の男性に話を聞いています。この男性が，動物を飼育する上で気をつけていることは何ですか。

女子学生：動物を飼育する上で，何か気をつけていらっしゃることはありますか？

　　男性：動物と一定の距離(きょり)を保(たも)つようにしています。動物が私に甘えたりしてきたら，当然うれしいんですが，そこはぐっと我慢(がまん)して，なでたりはしません。

女子学生：なぜそのようにするんですか？

　　男性：動物は特定の人間に慣れすぎると，飼育の担当が変わったときに，調子を崩(くず)してしまいがちなんです。

女子学生：そうなんですか。飼育員さんというと，もっと動物と仲良くしてかわいがっているというイメージだったんですが，そういうわけではないんですね。

　　男性：もちろん，愛情を持って接してはいますが，かわいがるというよりは，お世話をするという感じですね。飼育体験に来た人でも，エサやりと掃除ばかりなので，イメージとのギャップに驚(おどろ)かれる方がたくさんいますよ。

この男性が，動物を飼育する上で気をつけていることは何ですか。

1．動物と過剰(かじょう)に馴(な)れ合わないこと

2．動物の睡眠(すいみん)時間を確保(かくほ)すること

3．常にエサがある状態(じょうたい)にしておくこと

4．動物とのスキンシップを欠かさないこと

26番　先生が，お店の味の感じ方について話しています。この先生は，一度目はおいしく感じたのに，二度目はおいしく感じられないということがある理由について何と言っていますか。

スクリプト　**199**

グルメ本に紹介されていたお店に行ってみたら，確かにおいしかった。しかし，二度目はそれほどおいしく感じなかった，といった経験をしたことのある人はいませんか。そんなとき，グルメ本に載(の)って少しいい気になったんじゃないか，だから味が落ちたんじゃないか，というように考えるかもしれません。

実際にそのようなこともあるかもしれませんが，私は「自己(じこ)暗示」というものが大きく関わっているのではないかと考えています。自分が本を見て選んで行った店なのだからおいしいに決まっている，おいしくないと困る，というように自分に言い聞かせてしまうこと，これを「自己暗示」と言います。一度目の来店のときは，この自己暗示に強くかかっていると言えます。そうすると，実際以上においしく感じてしまうものなのです。逆に言えば，二度目以降もおいしく感じたら，そのおいしさは本物と考えてよいでしょう。

この先生は，一度目はおいしく感じたのに，二度目はおいしく感じられないということがある理由について何と言っていますか。
１．二度目だと，一度目に味わった新鮮(しんせん)な感動がないから
２．二度目では，おいしいはずだという思い込みが解けているから
３．二度目は一度目に比べて，実際にお店の味が落ちているから
４．二度目では，要求する味のレベルが上がっているから

27番　先生が，心理学の授業で，ターゲッティングという手法について話しています。この先生の話によると，授業中，学生に積極的に発言をさせるには，どのように呼びかければよいと考えられますか。

人は集団になると「自分はやらなくてもいいか」という気持ちになりがちです。これを，社会的手抜きと言いますが，この現象を防ぐテクニックがあります。例えば，生命保険(ほけん)のコマーシャルなどでよく見かけるものですが，「皆さん，ぜひこの機会にご加入ください」とは言わずに，「40代の女性のための保険」とか「65歳から入れる保険」といったように，あえて客層を絞(しぼ)った勧誘(かんゆう)の仕方をするのです。こうすることによって，その年代や性別に当てはまる人が，その保険に入らなければならないような気持ちになるように促(うなが)しているのです。

この「ターゲッティング」という手法を用いると，授業のとき，学生に積極的に発言をさせるということもできます。

この先生の話によると，授業中，学生に積極的に発言をさせるには，どのように呼びかければよいと考えられますか。
１．「意見を言ってくれた人は，テストの点数をアップしますよ」
２．「皆さん，どんどん自由に意見を出してください」
３．「ぜひ女性の意見が聞きたいのですが，どうですか？」
４．「間違えても構いませんから意見を聞かせてください」

第4回　スクリプト　🔊 bm04

1番　先生が，ダイレクトメールという，商品案内(あんない)やカタログをメールや郵便で送付する広告の方法について説明しています。この先生は，家に届いたダイレクトメールについて，どの要素(ようそ)に問題があると考えていますか。

広告の要素について，私の家に届いたダイレクトメールを例にして説明をします。
内容は小学生用の通学バッグについてのものでした。うちには小学生の息子がいるので，ターゲットをうまく絞(しぼ)り込んで送って来ていますね。

また，このダイレクトメールを持参すれば5パーセントの割引があるそうで，買いたい気持ちを刺激(しげき)する工夫もしてあります。しかし，通学バッグの買い替えは，普通四月の新学期が始まるころだと思うのですが，このダイレクトメールは六月に届きました。これはちょっと問題ですね。

　見た感じは，ごく普通の商品広告入りの封筒という感じでした。最近の広告は，パッと見て印象に残るようなデザインのものが多いですが，これでは興味(きょうみ)を引きにくいですね。ただ，ダイレクトメールの場合は，ポスターやテレビCMと違い，数あるライバルの中から一つを選んでもらうという性質のものではないので，デザインが印象的でないのは特に問題にはならないでしょう。

2番　先生が，SNS(ソーシャル・ネットワーキング・サービス)について話しています。この先生が最後にする質問の答えはどれですか。

　現在，SNS(エス・エヌ・エス)を利用する人が急増しています。SNSとはソーシャル・ネットワーキング・サービスのことです。SNSには，お互いに情報をやり取りできる双方向性のあるものから，情報を一方的に発信するだけのものまでいろいろあります。では，SNSを目的と機能によって分類したこの表を見てください。縦軸(たてじく)は，SNSで使用する情報の内容が，文字を使った文章重視(じゅうし)のものなのか，写真や動画重視のものなのかを示しています。横軸は，テレビなどのような公開型の情報媒体(ばいたい)を目指すのか，それとも仲間同士(どうし)でのコミュニケーション手段になることを目指すのか，その目的の方向性を示しています。例えば，仲間同士で文字によるメッセージを送り合うようなSNSの機能は，文字型かつコミュニケーション型，つまり表の左下になります。

　では，質問です。最近利用者が増えているこのSNSはどうでしょうか。このSNSは，写真や動画を撮(と)って特定の友達に送り，それを一緒に楽しむというものです。

3番　作曲の先生と学生が，グラフを見ながら話しています。この先生の話によると，この学生の成長段階は現在，グラフのどの部分ですか。

先生：最近，メロディが似たような感じのものばかりになってますね。
学生：分かりますか。ちょっとスランプなのかもしれません。
先生：うーん。言葉の問題ではありますが，あなたが今，調子が上がらないのはスランプではありません。これは，私自身が経験した作曲の成長モデルですが，あなたがいる地点はまだここです。スランプというのは，もっと成長してから経験する一時的な落ち込み，つまり，マイナス成長のことを言うのです。
学生：まだ，ここですか……。
先生：誰(だれ)でも経験することですから，気にすることはありません。しかし，ここでやめてしまう人が多いのも事実です。あなたは，しっかり努力して克服(こくふく)してください。
学生：はい。その先には，またプラスの成長が待っているんですよね。
先生：そのとおりです。

4番　先生が，ある学生のプレゼンテーションについてアドバイスをしています。この先生の話によると，ある学生のプレゼンテーションの評価(ひょうか)はどのようになりますか。

　発表お疲れさま。よく頑張(がんば)ったね。君の選んだテーマは，私が出した課題にしっかり沿(そ)ったものだったよ。それに他の人が目をつけていない具体例を見つけてきた点がとても良かった。テーマも具体例もとても良かったんだけど，残念ながらまとまりが悪かった。構成を工夫するべきだったね。相手に伝わりやすいよう，要点をまとめて，まず結果(けっか)から話すといいよ。言葉遣(づか)いは，平均的

スクリプト　**201**

な出来だったけど，文末に「と思いました」「と感じました」という表現を使うのは，できれば避(さ)けたほうがいい。プレゼンテーションでは，君の感想を言う必要がなくて，事実をしっかりと伝えることが大切なんだ。それから，発表態度(たいど)は，話すスピードが速くて声も小さかった。後ろの方の人には聞こえなかったようだよ。これは良くないね。聞いている人の方を見て，しっかりとした声で話すことが必要だよ。次回の発表では，今言ったところに注意してみよう。

5番 先生が授業で，高いところの温度について話しています。この先生が守らなければならないと言っているものは，図のどこにありますか。

　皆さんは山登りをしたときに，山の上の方がふもとより寒かったという経験はありませんか。温度は100m高くなるごとに大体0.6℃ずつ下がっていきます。では，そのまま高度を上げて宇宙(うちゅう)まで行くとすると，宇宙ではマイナス何度になるのでしょうか。

　実は，上空12kmくらいまでは，温度はどんどん下がってマイナス50℃以下になりますが，高さが20kmくらいになると逆に温度は上がり始めて，50kmくらいでは 0 ℃になります。なぜ温度が上がるかというと，この辺りにあるオゾン層が紫外線(しがいせん)を吸収して，熱を持つからです。紫外線は生物にとって害があるものなので，オゾン層がこれを吸収してくれるのは，我々(われわれ)にとってもありがたいことなのです。ですから，フロンガスなどによって破壊(はかい)されないように守らないといけません。

　そこからは上空90kmくらいまでまた温度は下がり続け，そこから再び上がり始めます。上空100kmから120kmくらいのところは流れ星やオーロラができるところなのですが，この辺りで 0 ℃に戻り，ここからさらに上がり続けます。

6番 先生が，心理学の授業で，座席配置の実験について話しています。この先生の話によると，女性不安度の高い男性が，最も多く座ったのはどこですか。

　性格によって座席配置がどのように異(こと)なるのかということを調べました。図のように机と椅子(いす)を配置し，黒丸のところに女性が座っている状態(じょうたい)で，女性に対する不安の程度が低い男性と，不安の程度が高い男性が，それぞれどこに座るかを観察しました。

　まず両者に共通に見られる点として，女性から非常に近い距離(きょり)にある 2 カ所と，一番遠い箇所(かしょ)には誰(だれ)も座りませんでした。近い距離に座ることは，見知らぬ女性の個人空間に立ち入ることになるので，よほどの理由がない限り避(さ)けられます。

　次に個別の特徴(とくちょう)としては，女性不安度の高い男性は，女性と向かい合わないところに過半数が座りました。一方，女性不安度の低い男性は，女性と向かい合わないところに座る人はごく少数で，90パーセントの人が，女性と向かい合う位置に座りました。

7番 生物保護(ほご)施設(しせつ)の先生が，ウミガメの卵の人工ふ化について，資料を見ながら話しています。この先生の話によると，この施設では現在，卵の温度を何度に保(たも)っていますか。

　ウミガメは，自然界では砂浜(すなはま)に穴(あな)を掘って卵を産み，その上に砂をかけることで卵を温めます。生まれる子ガメの性別は，この資料にあるように，卵が何度に保たれたかによって決まります。

　ある種類のウミガメは近年，人間によって大量に捕獲(ほかく)され，数が急激(きゅうげき)に減ってしまいました。それに加えて，地球温暖化(おんだんか)の影響(えいきょう)で産卵場所の温度が上がったため，メスばかりが生まれるという状況になってしまい，絶滅(ぜつめつ)が心配されています。

　このような現状を踏(ふ)まえ，この保護施設では，そのウミガメを人工的に増やすことを試みています。その方法は，ウミガメの卵を人工的に保温(ほおん)してふ化させ，その子ガメを海に戻すというものです。

オスが生まれにくくなっているのだからオスが多く生まれるように温度を調節(ちょうせつ)すればよいという考え方もあります。しかし，自然界では本来，オスとメスは半々の割合で生まれます。この施設では現在，できるだけ自然に近い割合でオスとメスが生まれるように卵の温度を管理しています。

8番　先生が授業で，地層について説明しています。この先生が最後にする質問の答えはどれですか。

　これはある場所の地層を表しています。その場所では，aからdの4つの地層が積み重なっていました。では，それぞれの層を見ていきましょう。

　aは砂や泥が繰(く)り返し積み重なっていました。このような砂と泥との繰り返しがあり，曲がりが見られるような地層は海底で形成されていることが多いです。bは，れきと呼ばれる小石や砂が混じっていました。このような小石は，川にあるものです。cは細かい砂でできた層で，アサリという海に住む貝や海辺によく見られる植物の化石が含まれていました。dは灰でできた層です。この地域には火山がありますから，その火山から出た灰が風で運ばれてきたのでしょう。地層を調査すれば，この場所はかつて海や川だったり陸だったりと，いろいろな時期があることが分かりますね。

　では，復習してみましょう。この地層のうち，水の働きによって形成されたと言えるのはどの部分ですか。

9番　女子学生と男子学生が，サークルの「活動報告会」兼(けん)「交流会」について話しています。この二人の話によると，プログラムの項目(こうもく)のうち，どこの時間を短くすることにしましたか。

女子学生：今度の活動報告会と交流会のプログラムを作ってみたんだけど，相談したいことがあるの。
男子学生：何？
女子学生：今年，サークルの新入生の数がすごく多いでしょ。だから，新入生の紹介にすごく時間がかかりそうで。30分じゃ終わりそうにないの。
男子学生：でも，今度の交流会って新入生を歓迎(かんげい)するのが一番の目的なんだよね？　新入生の紹介をしないわけにもいかないし，少しくらい延長してもいいんじゃない？
女子学生：それが，会場は18時までしか借りられなかったから，延長は無理なのよ。挨拶(あいさつ)のところは，顧問(こもん)の先生にわざわざ来てもらうようにお願いしたから，削(けず)れないし。うーん，リーダー紹介を削ろうかな。
男子学生：そこは必要だと思うよ。今後の活動内容やスケジュールの説明も，きちんとやっておくべきだと思うね。あ，去年の活動報告は簡単に済ませて，詳(くわ)しい内容はあとでメールで送るっていう形でいいんじゃない？　去年は，特に問題なく活動できていたし。
女子学生：そうねえ。報告するだけだものね。ありがとう，プログラムを作り直してみるわ。

10番　先生が，日本と海外の労働時間について話しています。この先生が話している，各国の労働時間をグラフにしたものとして，適当なものはどれですか。

　日本では，長時間労働が社会問題になっていますが，各国の，週に49時間以上働く人の割合をグラフにすると，このようになります。男女とも日本が一番高い数値を示しています。男性の方が女性よりも長時間働く人の割合が多いのは各国共通のようですが，日本の男性の長時間労働者の割合が非常に高いことが分かります。男女とも日本の次に長時間労働者の割合が高いアメリカと比較(ひかく)してみると，女性の割合はほぼ同じですが，男性はアメリカよりも10パーセントほど高い割合になっています。男女とも割合が低いのはスウェーデンです。フランスとドイツはほぼ同じですが，フランスのほうがやや女性の長時間

スクリプト　　203

労働者の割合が高いことが分かります。

11番　歯科医の先生が，虫歯について話しています。この先生が例に挙(あ)げている患者の虫歯は，図の
　　　どの段階にありましたか。

　歯を健康(けんこう)に保(たも)つことは，全身の健康のためにも欠かせないことです。しっかり歯を磨
いて虫歯を作らないようにすることが大切ですが，もし虫歯になってしまったら，早く治療して虫歯の進
行を止めなければなりません。
　先日私のところに来た患者さんは，歯の痛みを訴(うった)えていました。詳(くわ)しく聞いてみると，
数カ月前から冷たいものを口に入れたときに痛みがあり，それがだんだんと激(はげ)しくなって，何もし
ていないときでも痛むようになったそうです。冷たいものがしみるだけなら，一時的な症状(しょうじょう)
かもしれませんし，虫歯であってもまだ歯の表面にとどまっていることが多いです。しかし何もしていな
いのにずきずきと痛むというのは，虫歯が進んでいる可能性が高いと言えるでしょう。実際に歯を診察(し
んさつ)してみると，やはり虫歯で，虫歯は歯の中の象牙質(ぞうげしつ)というところの，さらに下まで
広がっていました。歯の根元までは広がっていなかったので歯を抜かずに済みましたが，歯を深く削(けず)っ
て詰め物をするという治療が必要でした。もっと早く病院に来ていれば，簡単な治療だけで済んだと思い
ます。皆さんも，もし歯が痛くなったらできるだけ早く歯医者に行くようにしてください。

12番　先生が授業で，資料を見ながらマーケティングの考え方を説明しています。この先生が最後にする
　　　質問の答えはどれですか。

　商品やサービスを買ってもらうためには，顧客(こきゃく)の立場に立ち，この資料にある４つの点につ
いて考えることが必要です。あなたが顧客になったつもりで考えてみてください。
　まず商品やサービスを購入(こうにゅう)するとどんな価値(かち)を得られるかという視点(してん)があ
ります。そしてそれを買うためにかかるコストですが，それは安いほうがいいでしょう。また便利に買え
ることが必要です。店の営業時間や場所，配達の有無，支払い方法などが自分にとって便利だとうれしい
ですよね。また企業(きぎょう)とのコミュニケーションがあるほうが，買いたいという意欲もわきます。
　では，あるスーパーの取り組みの例で考えてみましょう。このスーパーでは，毎週水曜日には商品を３
パーセント割引で売っていましたが，来年からは購入代金が5000円以上であれば無料で配達するサービス
を展開(てんかい)するそうです。このスーパーが来年から行う配達サービスは，資料でいうとどこに当て
はまりますか。

13番　女子学生が，先輩(せんぱい)の男子学生にレポートの書き方についてアドバイスを受けています。
　　　この男子学生は，どのようなアドバイスをしましたか。

女子学生：レポートを書くの初めてなんですが，2000字って多くないですか？
男子学生：確かに高校までだと，2000字も書く機会なんて，ほとんどないからね。
女子学生：ちゃんと書けるか不安で。
男子学生：2000字を一気に書こうと思うから，不安になるんだよ。500字くらいなら，そんなに抵抗(てい
　　　　　こう)ないよね？
女子学生：はい。それなら。
男子学生：だったら，500字を４つ書けばいいって考えればいい。例えば，最初と最後を序論(じょろん)
　　　　　と結論(けつろん)にすれば，あとは500字が２つ分だ。これなら，書けそうな気がしてこない
　　　　　かい？

女子学生：はい。

男子学生：こうすれば，文字数に対する抵抗がなくなるだけじゃなくて，レポートの筋道(すじみち)を考えることにもつながるから，とても有効な方法だよ。

女子学生：分かりました。ありがとうございました。

この男子学生は，どのようなアドバイスをしましたか。

１．レポートでは必ず自分の意見を書いた方がよい。

２．レポートは序論と結論から書いた方がよい。

３．レポートはいくつかのブロックに分けて書くとよい。

４．レポートは書き始めたら一気に書いた方がよい。

14番　先生が，心理学の授業で，心理的リアクタンスという心理現象について説明しています。この先生は，心理的リアクタンスはなぜ起きると言っていますか。

　人には，「心理的リアクタンス」というものが生まれつき備わっていると言われています。心理的リアクタンスというのは，禁止されればされるほど，その対象に興味(きょうみ)がわいてしまう現象のことを言います。

　ではなぜ人にはこのような性質が備わっているのでしょうか。人間は「自分のことは自分で決めたい」という気持ちを本能的に強く持っています。ですから，他人から禁止されることは，人間らしさの否定であり，本人にとってはストレスになります。そのような状況では，「何とか自分のことは自分で決めたい」という気持ちが自ずと強まってきます。その結果(けっか)，ムキになって「いや，私はこれが好きなんだ」というように，自己主張(じこしゅちょう)したくなってしまうのです。これが心理的リアクタンスの正体です。

この先生は，心理的リアクタンスはなぜ起きると言っていますか。

１．人はストレスが生じると周りに対して攻撃(こうげき)的になるから

２．人は自らの自立性が傷(きず)つけられることに対して反発心を抱くから

３．人は実際には他人に決められることを望んでいるから

４．人には他人が嫌(きら)うものを好きになるという本能が備わっているから

15番　先生が，生物学の授業で，動物の生存戦略について話しています。この先生は，動物が自然の中で生き抜くために最も有効な手段は何だと言っていますか。

　動物が自然の中で生き抜くために最も有効な手段は何でしょうか。まず，「強くなる」ということが考えられますね。敵(てき)にあっても，強ければ，戦って追い払うことができます。しかし，強くなって安心するためには，地上で一番強くならなければなりません。そのようなことは実際には大変難しいでしょう。

　そこで，多くの動物たちは，「逃げる」ための能力を発達させました。鋭い牙(きば)や爪(つめ)といった攻撃(こうげき)のための武器(ぶき)がなくても，逃げるための速い脚(あし)を持っていれば，生存競争を生き抜くことができます。意外に思うかもしれませんが，これが，生存のためには最良の方法なのです。

この先生は，動物が自然の中で生き抜くために最も有効な手段は何だと言っていますか。

１．群れを作って生活すること

２．強い敵にあったら逃げること

３．敵に見つからないように隠(かく)れること

4．自分の攻撃力を高めること

16番　講師が，ある会社で，上司（じょうし）の役割について話しています。この講師は，部下の「育成」とはどのようなことだと言っていますか。

　上司には，部下の「管理」と「育成」という二つの役割があります。日本のこれまでの組織（そしき）は，どちらかと言うと，部下を育成するというよりは，管理する意識の方が強かったように思います。もちろん管理することで，決まった型の中で良い成果を挙（あ）げさせることは可能ですが，管理の中で育った人は，ひとたびその管理から外れてしまうと，成果を挙げるのが難しくなります。ですから，今後はもっと「育成」に力を入れるべきでしょう。

　ただし，育成といっても，何から何まで丁寧（ていねい）に教えるということではありません。部下の成長の後押しをすることが，仕事における「育成」です。では，部下の成長とは何でしょうか。それは，部下が自立し，自分の意思で仕事に向かうようになることです。そのためには，彼らが，自分が本当にやりたい仕事を見つけ出した上で，その能力を自由に発揮（はっき）できる場が必要です。そして，その場を準備してあげることこそが，あるべき上司の役割なのです。

この講師は，部下の「育成」とはどのようなことだと言っていますか。
1．部下が困らないように，細かい指示を出すこと
2．部下に仕事の基本（きほん）を一から教え込むこと
3．時に厳（きび）しく接することによって，部下の自立を促（うなが）すこと
4．部下に，やりたい仕事が自由にできる場を提供（ていきょう）すること

17番　女子学生と男子学生が，幹（みき）の片側にしか枝がない木について話しています。この男子学生は，女子学生の疑問に対して，どのような推理（すいり）をしていますか。

女子学生：この前，幹の片側にしか枝がない木を見かけたんだけど，なんであんなふうになっちゃうのかな？　人が切っているわけでもなさそうだし。
男子学生：それは，枝のない側に光が当たっていなかったんだろうね。
女子学生：でも，光を遮（さえぎ）るものなんか何もなかったよ。
男子学生：たぶん，もともとは，隣（となり）にもう1本，木が生えていたんじゃないかな。2本の木が隣り合わせに生えている場合，それぞれがお互いの木の方向に枝を伸ばしても，すぐに枝同士（どうし）が重なってしまうよね。そうすると，光が十分に当たらなくなって，小さな枝の段階で，どちらも枯れてしまうんだよ。
女子学生：なるほど。それで，その後，1本だけが取り残されちゃったってわけね。
男子学生：そういうこと。

この男子学生は，女子学生の疑問に対して，どのような推理をしていますか。
1．木の隣にはもともとビルが建っていたが，その後取り壊（こわ）された。
2．木の片側の枝が，すべて人によって切り取られた。
3．もともとは木が2本隣り合って生えていたが，その後1本が切り倒された。
4．木の片側だけが，虫によって食い尽（つ）くされてしまった。

18番　先生が，スポーツのトレーニング法について話しています。この先生が，トレーニングについて最も言いたいことは何ですか。

206

「野球の筋肉（きんにく）は，ベンチプレスで鍛（きた）えるよりも，素振（すぶ）りで鍛えろ」というように，ある競技に必要な筋力や持久力は，その競技の練習によって鍛えるべきだという考え方があります。確かにそれでも，筋力や持久力は上がります。しかし，筋力トレーニングのような特定の部分の強化を目的としたトレーニングほど効果は高くありません。筋力をつけるには，やはり筋力トレーニングで強い負荷を筋肉に与えた方が効果的なのです。素振りだけでは限界があります。

ただし，そのような補強のためのトレーニングは，競技の練習よりも負荷の高いものである必要があります。わざわざ競技練習とは別に行うのですから，競技練習よりも負荷の低いトレーニングではやる意味がありません。

この先生が，トレーニングについて最も言いたいことは何ですか。
１．補強のトレーニングよりも，競技練習に重点を置くべきである。
２．素振りだけでなく筋力トレーニングもした方が，野球は上達する。
３．補強のトレーニングは，競技練習よりも負荷を高くしなければならない。
４．競技練習は負荷が低いので，あまりやる意味はない。

19番　女子学生と先輩（せんぱい）の男子学生が，スクラップブックについて話しています。この男子学生は，スクラップブックを作る上で，自分の意見を形成するのに一番役立つ作業は何だと言っていますか。

女子学生：先輩は授業中に意見を求められたときに，いつも的確なことを述べていて，すごいなと思っているんですけど，どうやったらあんなコメントが言えるようになるんですか？
男子学生：うーん。強いて挙（あ）げるなら，新聞記事のスクラップブックを作っていることが役に立っているかな。
女子学生：スクラップブックって，新聞の記事を切り抜いてノートに貼（は）り付けるっていう，あれですか？
男子学生：そうだよ。高校のときに，社会科の授業の課題で作ったんだけど，世の中のことを知るのにとても役に立ったから，今でも続けているんだ。
女子学生：へえ。すごいですね。スクラップブックって，新聞の記事をただ切り貼りするだけでいいんですか？
男子学生：いや。頭に残りやすくするためには，記事の内容を自分でまとめておくといいよ。あと，僕（ぼく）は必ず，記事に対する自分のコメントを書き入れるようにしているよ。意見形成には，それが一番重要なことなんじゃないかな。
女子学生：なるほど。私もスクラップブックを作ってみます。ありがとうございました。

この男子学生は，スクラップブックを作る上で，自分の意見を形成するのに一番役立つ作業は何だと言っていますか。
１．記事に対する自分の意見を書く。
２．記事の内容をまとめる。
３．複数の新聞の記事を切り貼りする。
４．記事をジャンル別に整理（せいり）する。

20番　先生が，伝書鳩（でんしょばと）について話しています。この先生の話によると，Ａ地点からＢ地点まで伝書鳩を飛ばしたい場合，どのような準備をすればよいですか。

ハトを通信のために用いること，あるいはそのハトのことを「伝書鳩」と言いますが，車も電車もなかった時代において，伝書鳩は非常に便利な通信手段でした。その歴史は古く，紀元前（きげんぜん）766年のオリンピックのとき，選手が結果（けっか）を故郷（こきょう）に知らせるために伝書鳩を使ったという話が

残っています。

　そんな伝書鳩ですが，どこにでも飛んで行ってくれるわけではありません。目的とする場所で一定期間ハトを飼(か)うと，ハトはそこを自分の家だと認識します。その後，別の地点にハトを人の手で運び，放すと，先の自分の家と認識した場所へ飛んでいくのです。放す地点がどこであっても，ちゃんと帰ってくるのですから驚(おどろ)きです。

この先生の話によると，Ａ地点からＢ地点まで伝書鳩を飛ばしたい場合，どのような準備をすればよいですか。
１．Ａ地点からＢ地点まで運び，その後Ａ地点に運んで戻す。
２．Ｂ地点からＡ地点まで運び，その後Ｂ地点に運んで戻す。
３．Ａ地点でしばらくハトを飼い，その後Ｂ地点に運ぶ。
４．Ｂ地点でしばらくハトを飼い，その後Ａ地点に運ぶ。

21番　男子学生と女子学生が，科目の登録について話しています。この男子学生は，このあとどうしますか。

男子学生：もうすぐ科目登録の締(し)め切りだけど，「図書館学Ⅰ」の授業は取った？
女子学生：ううん，私は取ってないけど。あなたは？
男子学生：僕(ぼく)はもちろん取ったよ。図書館司書(ししょ)の資格を取るには，「図書館学Ⅰ」と「Ⅱ」が必修(ひっしゅう)だからね。君は取らなくて大丈夫(だいじょうぶ)なの？
女子学生：ああ，私は，同じ時間に，他に取りたい科目があったから，夏休みの集中講義(こうぎ)を受けることにしたの。
男子学生：え，そんなのあるの？　知らなかったなあ。
女子学生：２週間で，「図書館学Ⅰ」と「Ⅱ」を一気に履修(りしゅう)できるのよ。
男子学生：そうなんだ。じゃあ，僕もそうしようかな。実は，僕も「図書館学Ⅰ」と同じ時間に開講されている「心理学概論(がいろん)」を取りたいと思ってたんだよね。

この男子学生は，このあとどうしますか。
１．「心理学概論」に代えて，「図書館学Ⅰ」を登録する。
２．「図書館学Ⅰ」に代えて，「図書館学Ⅱ」を登録する。
３．「心理学概論」に代えて，夏休みの集中講義を登録する。
４．「図書館学Ⅰ」に代えて，夏休みの集中講義を登録する。

22番　先生が，割りばしの不使用運動について話しています。この先生は，割りばしの不使用運動は，なぜ勢いを失っていったと言っていますか。

　かつて，世界中の熱帯雨林が破壊(はかい)されていることに心を痛めた人たちが，割りばしの使用をやめるよう，人々に呼びかけたということがありました。「割りばしの使用をやめれば，森林を破壊から救(すく)うことができる」というのがその主張(しゅちょう)でした。
　しかし，この割りばし不使用運動は，割りばしの作られ方をほとんど知らないままスタートしたため，割りばしを生産している人との間に大きな溝(みぞ)ができてしまいました。実際には，割りばしのほとんどは，丸い木から木材などを切り取ったあとの，余った部分を使って作られていたのです。このような割りばしの作られ方が伝わるにつれ，割りばし不使用運動は勢いがなくなっていきました。

この先生は，割りばしの不使用運動は，なぜ勢いを失っていったと言っていますか。
１．割りばしの作り方が改善(かいぜん)されたから

２．熱帯雨林の破壊が止まったから

３．割りばしの正しい作られ方が分かったから

４．実際に割りばしがほとんど使われなくなったから

23番 先生が，ニセ科学について話しています。この先生は，ニセ科学が広まっているのはなぜだと言っていますか。

　科学技術の進歩が著しい現代社会において，「ニセ科学」が広まっているのはなぜなのでしょう。私は，「科学リテラシー」の欠如（けつじょ）ということが大きいと考えています。科学リテラシーというのは，狭（せま）い意味では「科学に関する知識」を意味しますが，私がここで言いたいのは，「物事を疑う能力」ということです。現代人は，疑うことが身についていません。だから，ニセ科学にだまされてしまうのです。といっても，現在の学校教育では，疑うことの重要性があまり教えられていませんから，それは仕方のないこととも言えるでしょう。ですから，今後はもっと学校で，子どもたちに「物事を疑う」練習を積ませなければなりません。

この先生は，ニセ科学が広まっているのはなぜだと言っていますか。

１．科学の知識に関する学校教育が不十分だから

２．現代人は科学に関するニュースが理解できないから

３．忙しい現代社会では，ゆっくりと考える時間がないから

４．人々が疑問を見出す能力を育てる機会が用意されていないから

24番 インタビュアーと女性が，学芸員という仕事について話しています。この女性は，自身が美術の勉強をするのは何のためだと言っていますか。

インタビュアー：学芸員の方は，どういったお仕事をされているのでしょうか？

　　　　　女性：私の場合は，美術館で開かれる展覧会（てんらんかい）の企画（きかく）をするのがメインの仕事です。具体的には，誰（だれ）の作品展を開こうかとか，館内のレイアウトをどうしようかとか，そういうことを考えています。

インタビュアー：では，お仕事をするにあたって，大変なことは何でしょうか？

　　　　　女性：新しい展覧会を企画するときには，新たに美術の歴史や作家に関する知識を勉強する必要があります。それが大変といえば大変ですが，来館者の方たちのための勉強ですから，やりがいがあります。

インタビュアー：来館者のためとはどういうことですか？

　　　　　女性：私たちが作品に関するさまざまな面をしっかり勉強して，それをお示しすることによって，来館者の方々に，いろいろな作品の楽しみ方を提供（ていきょう）できるのではないかと思っています。

この女性は，自身が美術の勉強をするのは何のためだと言っていますか。

１．多くの展覧会を企画できるようにするため

２．来館者の作品鑑賞（かんしょう）の幅を広げるため

３．自分がより作品を楽しむため

４．展覧会に来る人を増やすため

25番 先生が，教育学の授業で，学習における目標（もくひょう）設定の仕方について話しています。この

先生の話によると，達成感を大きくするには，目標をどのように設定するのがよいと考えられますか。

　学習の効果は，目標の設定の仕方によって大きく変わってきます。このことを実際に示した次のような実験があります。

　全部で42ページある問題集を，あるグループには「1日6ページを目標に勉強しよう」と言って学習させました。また別のグループには「7日で42ページを目標に勉強しよう」と言いました。皆さん，問題集をやり終えたときに達成感が大きかったのはどっちのグループだと思いますか。

　正解は「1日6ページ」のグループです。達成が「近い」目標であれば，「今日は目標を達成できた」という達成感を何度も味わうことができます。しかし，「遠い」目標の場合，達成感を味わえるのは最後の1回だけです。また，そこに至(いた)るまでに，「本当に自分は達成できるのだろうか」という不安を抱いてしまう場合もあります。このように，分量は同じでも，目標の立て方によって達成感は変わってくるのです。

この先生の話によると，達成感を大きくするには，目標をどのように設定するのがよいと考えられますか。
1．目標は実現が遠くなるように設定する。
2．実現が少し難しいくらいの目標を立てる。
3．目標は具体的な数値の形で設定する。
4．大きな目標を，小さな目標に分ける。

26番　先生が，甘味という味の感覚について話しています。この先生は，甘味の濃度幅が広いのはなぜだと言っていますか。

　甘味は，人が本能的に欲する味と言われています。それは，甘味を含んでいる糖類(とうるい)が，人のエネルギー源(げん)であり，生命活動にとって不可欠な栄養素(えいようそ)だからです。生まれたばかりの赤ちゃんは，教えなくてもすぐに母乳を飲みますが，これは母乳の甘味を本能的に欲しているためと考えられます。

　おいしいと感じる味の範囲(はんい)を，「濃度幅」と言うのですが，甘味を含む食べ物は，人にとって不可欠なものであるため，おいしいと感じる甘味の範囲は，他の味に比べて広くなっています。つまり，濃度幅が広いということになります。甘味以外の味，例えば苦味は，苦味の濃度が濃いものに対しては「まずい」という反応(はんのう)が生じますから，それ以上食べようとはしなくなります。つまり，苦味は濃度幅が狭(せま)いということになります。

この先生は，甘味の濃度幅が広いのはなぜだと言っていますか。
1．甘いものは他の食べ物より食べる機会が多いから
2．料理をおいしくするためには甘味が不可欠だから
3．甘いものは人間が生きていく上で絶対に必要なものだから
4．甘味と他の味を区別する必要があるから

27番　先生が，お店の入りやすさについて話しています。この先生の話によると，高級(こうきゅう)店はどのような店の作りにするのがよいと考えられますか。

　お店の入りやすさには，入り口が開放的かどうかということが大いに関係しています。ドアがないお店や，ガラス張(ば)りになっているようなお店は，中の様子がよく分かるので，安心感があり，入りやすくなります。その点，ビルの二階や地下にあるお店は，入り口そのものが見えないので，そこまで行くのに抵抗(ていこう)を感じてしまいます。ですから，そのような場合は，店の様子がよく分かる写真を看板(か

んばん)に載(の)せるのが効果的です。そうすると，入店のためのハードルがぐっと下がります。

ただし，業種によっては，あえて入りづらい感じを出した方がよいお店もあります。高級店として営業するならば，その方が効果的です。

この先生の話によると，高級店はどのような店の作りにするのがよいと考えられますか。

1．外から中が見えないようにする。
2．入り口を開けっぱなしにする。
3．外装をきらびやかにする。
4．大きな建物にする。

第5回　スクリプト　　🔊 bm05

1番　先生が，都市社会学の授業で，「郊外」について話しています。この先生の話によると，「都心」「郊外」「農村」の関係を表す図として正しいものはどれですか。

社会は，図のように「中心」と「周縁(しゅうえん)」から成り立っています。中心は，その社会の支配的な価値(かち)が占める場所，一方，周縁は，非支配的な価値が占める場所のことです。ここでは，この図式をもとに「都心」，「郊外」，「農村」の三者の関係について考えてみましょう。

郊外とは，都市で働く人々やその家族が住む場所ですが，一応(いちおう)，都市の一部分と見なすことができます。しかし，その一方で，郊外は，「都市」という言葉から浮かぶ，都会的なイメージとは全く異(こと)なる場所です。その意味で，郊外は，都心に対する周縁であると言うことができます。

同時に，郊外は，農村であるとも言えません。都市の一部であることにおいて，郊外は農村とは対立する位置にあります。しかし，農村を中心とした場合，郊外は，その周縁であるとも言えます。このように，郊外とは，都心でも農村でもない，あいまいで二面性のある場所なのです。

2番　先生が，植物学の授業で，バナナの実験について話しています。この先生が最後にする質問の答えはどれですか。

バナナの皮が太陽光の作用をどのように受けるのかを調べるために実験をしました。図のように，バナナを三本用意し，それぞれヘタの方にアルミ箔(はく)を，先の方に赤い半透明(はんとうめい)のセロファンを巻きつけました。うち二本は外で太陽光に当て，一本は室内の暗いところに置いておきました。その後，太陽光に当てたバナナを二時間ごとに一本ずつ室内に取り込み，暗いところに置きました。そのまま三日置いた後，三本を取り出して，皮の変化を観察してみると，太陽光に当てなかったバナナは，全く変化がありませんでした。一方，太陽光に当てた方のバナナは二本とも，太陽光が直接当たっていた部分が茶色に変化していましたが，アルミやセロファンで覆(おお)っていた部分は変化がありませんでした。そして，光が当たっていた時間が長いほど茶色の色が濃くなっていました。

では，この実験で，二時間太陽光に当てたバナナと，四時間太陽光に当てたバナナの組み合わせとして正しいのはどれですか。

3番　先生が，片づけのクセと仕事力との関係について話しています。この先生は，時間配分の仕方を改善(かいぜん)すべきなのは，どのタイプの人だと言っていますか。

片づけの傾向やクセと，仕事の取り組み方には関係があります。いつも完璧(かんぺき)に片づけができている人は，仕事における時間配分や優先順位の決定も上手です。次に，きれいに片づいた状態(じょう

スクリプト　**211**

たい）は作れるけれどそれが続かない人というのは，仕事においても，やる気をキープできない傾向があります。ですから，作業や行動を習慣化し，システム化してしまうとよいでしょう。また，片づけをするにはするけれど途中でやめてしまう，という人もいます。このような人は，目標（もくひょう）の設定があまりうまくありません。問題意識はあるので，あとは，明確な目標設定を行いさえすれば，仕事の成果は上がるでしょう。

　一方，片づけをしない人というのはどうでしょう。片づけをしない人といっても，「する必要がないからしない」人と，「したいけれども，しない」人の二通りがあります。必要がないと思っている人は，自分の考えが一番正しくて，自分でなんでもやってしまおうとする傾向があります。片づいた状態の快適さを知らないだけかもしれないので，一回，試しにデスクの上を片づけてみるとよいでしょう。最後に，必要があると思っているけれどしないタイプの人は，時間の使い方があまりうまくありません。「あとでやろう」という意識を変え，時間の配分をきちんと行うようにする必要があります。

4番　女子学生と男子学生が話しています。この女子学生が所属（しょぞく）する学部の建物内に置かれた自動販売機はどれですか。

女子学生：最近，いろんな自動販売機があるでしょう？　災害（さいがい）時に無料で商品を出すのとか。
男子学生：そうだね，いろんな種類があるよね。住所が書かれたステッカーが貼（は）ってあるものもあるよ。この前，道に迷ったときに側にあった自動販売機に住所が書いてあって，助かったよ。
女子学生：この前，私の学部の建物の中に新しく置かれた自動販売機も，ちょっと変わってるんだよ。
男子学生：どんなの？
女子学生：商品を買うと代金の一部が森林保護（ほご）への募金になるの。
男子学生：へえ，そんなのもあるんだ。環境（かんきょう）学部にぴったりの自動販売機だね。そういえば，情報通信学部にいる友達は，学部の建物の中にWi-Fi付きの自動販売機があるって言ってたな。

5番　先生が，グラフを見ながら話しています。この先生は，これからどの部門について説明しますか。

　今日は，ある県の，二酸化炭素（にさんかたんそ）排出量（はいしゅつりょう）を減らす取り組みについてお話しします。グラフ1を見てください。これは，日本全体と，ある県における，二酸化炭素排出量の部門別の割合を示したものです。日本全体と比べて，この県では製造（せいぞう）業などの産業部門が，二酸化炭素を排出する割合が大きいことが分かりますね。排出量のうち，4分の3を占めています。産業部門が排出を減らす努力をすることが非常に大切ですね。

　しかし，グラフ2を見てください。これはグラフ1と同じ，ある県のグラフですが，1990年度を基準（きじゅん）にして，2013年度までにどのように二酸化炭素の排出量が変化したかを示したものです。これを見ると産業部門は排出量を減らしていることが分かります。

　今日はこれから，この中の二つの項目（こうもく）に注目したいと思います。一つは，最も排出量が多い部門，もう一つは2009年度以降排出量が大きく伸び続けている部門です。

6番　先生が，教育学の授業で，いじめの構造について話しています。この先生は，中学校におけるいじめの構造は，どのようなものだと言っていますか。

　いじめの場面において，学級（がっきゅう）集団は，図のように，「被害者」「加害者」「観衆（かんしゅう）」「傍観（ぼうかん）者」の四層構造をなしています。被害者と加害者は，いじめ行為（こうい）に直接関係している，いわゆる当事者です。観衆というのは，いじめを面白（おもしろ）がって見ている子どもたちで，傍観者というのは，同じクラスにいて，いじめの存在に気づいていながら，見て見ぬ振（ふ）りをしている

子どもたちです。

　この四層構造自体は，小学校でも中学校でも共通して見られるものですが，その中身は少し異(こと)なります。小学校では，いじめの当事者だけでなく，観衆や傍観者もいじめに関心を持っており，加害者と近い位置にいる観衆や傍観者が，間に入って仲を取り持つといじめが収まるケースが多くあります。一方，中学校では，いじめの当事者とそうでない者が分断される傾向があります。当事者でない者は，いじめに関心を示さなくなり，被害者が集団から孤立(こりつ)している場合には，事態(じたい)が深刻化しやすくなります。ですから，学級経営においては，観衆や傍観者たちに，いかに当事者意識を持たせることができるかということが，重要になってきます。

7番　先生が授業で，慣性という性質について話しています。この先生が最後にする質問の答えはどれですか。

　私たちの身の回りにある物には，慣性という性質があります。これは，物体に対して力がはたらかないとき，または物体に加わる力が打ち消し合ってゼロと考えてよいときは，止まっているものはそのまま止まり続け，同じ速さで動いているものは，ずっとその速さで動き続けるという性質です。

　具体例を挙(あ)げて考えてみましょう。皆さんは，駅で止まっていた電車が急に動き出したときに，倒れそうになったことはありませんか。これはこの慣性という性質によるものです。体には，停車中はそのまま止まっていようとする性質がはたらいています。電車が動くと，足は電車と一緒に動き出しますが，頭の方はそのまま止まっていようとするので，バランスを崩(くず)すのです。電車にあるつり革にも，同じようなことが起こります。

　ちょうど今日，電車に乗っているときに非常停止ボタンが押されて，私は転びそうになってしまったのですが，このときの状態(じょうたい)を図に表すとどのようになるでしょうか。

8番　先生が，生態(せいたい)学の授業で，生態系(けい)の順応(じゅんのう)的管理について話しています。この先生の話によると，順応的管理が科学の実験と異(こと)なるのは，図のどの部分ですか。

　生態系の破壊(はかい)が深刻になり，生態系の人間による管理が重視(じゅうし)されるようになりました。その中で提案(ていあん)されたのが，常に変化する自然にうまく対応(たいおう)しながら生態系を管理する，「順応的管理」というやり方です。この図は，その順応的管理の過程を示したものです。

　この順応的管理の流れは，まるで科学の実験のようですね。科学の実験では，まず仮説(かせつ)を立て，実験を行い，そして実験のあとには実験結果(けっか)を踏(ふ)まえて，仮説が正しかったのかどうかを検証(けんしょう)します。これが順応的管理における計画から評価(ひょうか)までの段階に対応しています。しかし，一つ大きく違うことがあります。それは，科学の実験とは異なり，生態系の管理においては，関係する人々の合意が必要だということです。人々の合意があってこそ，この順応的管理は効果的に行われ，生態系の持続的な管理が可能となるのです。

9番　男子学生と女子学生が，受験の時期に家族に望むサポートについての調査結果(けっか)を見ながら話しています。女子学生が意外だと言っているのは，グラフのどの項目(こうもく)についてですか。

男子学生：これ，今回のレポートで使う予定の調査結果。受験生が大学受験のときに，保護者(ほごしゃ)からどんなサポートを受けたいか調べたものなんだ。
女子学生：私が受験生のときは，お母さんが夜食を作ってくれたり，お父さんが進路相談に乗ってくれたり，ずいぶん助けてもらったわ。
男子学生：へえ。僕(ぼく)は特に何もしてもらわなかったなあ。

スクリプト　213

女子学生：え，そうなの？　調査結果ではどうなってる？

男子学生：夜，勉強しているとお腹がすくから夜食を作ってほしいとか，そういう特別な気配りをしてほしいっていう希望は少ないよ。

女子学生：ほんとだ。普段通りにしてほしいっていう希望が多いんだね。それに，自分の意見を尊重してほしいっていう希望も多い，これは私もそうだったけど。あ，でも，ここが少ないのは意外だな。

男子学生：そう？　僕は落ち込んでいるときに「大丈夫(だいじょうぶ)だよ」とか「頑張(がんば)って」って言われても余計落ち込んじゃうから，この気持ちは分かるなあ。

10番　先生が，経営学の授業で，仕事の優先順位について話しています。この先生が最後にする質問の答えはどれですか。

　限られた時間の中で多くの仕事を抱えると，混乱してしまいます。そういうときは，仕事に優先順位を付けるのが効果的です。例えば図のように，緊急(きんきゅう)で重要なもの，緊急だけれども重要ではないもの，緊急ではないけれど重要なもの，緊急でも重要でもないもの，の四つに分けるのです。

　ビジネスにおいては，重要な仕事は，自分が責任を持ってやることが必要です。ですから緊急で重要なものは，真っ先に自分で取り組まなければなりません。逆に，緊急でも重要でもないものは，後回しにしてしまってよいでしょう。今抱えている仕事が，この四つのうち，どのケースに当てはまるのかを的確に判断することが必要です。

　では次の例で考えてみましょう。ある会社の営業部に勤務する佐藤(さとう)さんは現在，来年開催(かいさい)されるイベント企画(きかく)のリーダーをしていますが，社長からある仕事を任されました。それは，将来の海外市場の開拓(かいたく)のために今から準備をしておくように，というものでした。この会社の成長にとって海外への進出は欠かせないものです。これはどこに区分される仕事といえますか。

11番　先生が，図を見ながらニホンウナギという魚について話しています。この先生は，このあと図の中のどの部分を詳(くわ)しく説明しますか。

　ニホンウナギの生態(せいたい)については，まだまだ分からないことが多く，特に産卵場所については長年，謎(なぞ)でした。しかし最近になって，日本から2000km以上離(はな)れた南の海が産卵場所だと特定されました。この図は，ウナギの移動経路を示したものです。日本の川や湖で成長したウナギは，太平洋を南に進み，グアムやサイパン辺りで産卵していたのです。ふ化したウナギは三カ月ほどかけて太平洋を西に移動して，潮(しお)の流れに沿(そ)って東アジア付近の海へと向かいます。その後さらに数カ月かけて，日本沿岸(えんがん)まで泳ぎ続け，川をさかのぼったのち，日本の川や湖で十年近く成長を続けます。

　さて，年々，ニホンウナギの数は減っています。この原因として，産卵場所である太平洋の海流が変化していることや，東アジアの国々が成長途中のウナギを捕獲(ほかく)していることが挙(あ)げられます。しかし今日は，日本沿岸やウナギがのぼってくる日本の川の環境(かんきょう)の変化に注目してみようと思います。

12番　学生支援(しえん)の専門家が，奨学金(しょうがくきん)制度について話しています。この専門家が，新聞奨学金制度の利点のうち最も注目しているのはどの点ですか。

　これから，新聞奨学金という制度について説明したいと思います。この制度は，奨学金を支給してもらう代わりに新聞配達をするというもので，奨学金とは別に給料も支給されます。大学を卒業してから奨学金を返す必要もありません。朝早く新聞を配るというのはとても大変ですが，早寝早起きの習慣が身につきます。早寝早起きの習慣が身につけば，一日を有効に使うことができるようになります。私は新聞奨学

金制度を説明するとき，いつもこの利点を一番強調しています。

　また奨学金制度を利用すれば，住むところも無料で準備してもらえますし，費用を払えば朝と夜の食事も用意してもらえます。それに，就職（しゅうしょく）のときは推薦状（すいせんじょう）も書いてもらえます。責任感を持って新聞配達をした経験は企業（きぎょう）も評価（ひょうか）してくれるでしょう。このようにいろいろな利点がありますので，皆さんも大学に入ったら，この新聞奨学金制度の利用を検討（けんとう）してみてください。

13番　二人の学生が，文化祭でどこに行くか話しています。二人はこのあと，どのように行動しますか。

学生１：今から合唱（がっしょう）部の演奏（えんそう）を聴（き）きに行くんだけど，一緒にどう？
学生２：あー，ごめん。今から吹奏楽（すいそうがく）部の演奏会に行こうと思ってたの。
学生１：確か，吹奏楽部って午後にも演奏なかったっけ？
学生２：そうなんだけど，私の好きなチャイコフスキーの「白鳥の湖」が午前にしかないんだよね。
学生１：「白鳥の湖」？　それを聞いたら，私も行きたくなっちゃった。
学生２：だったら，一緒に行きましょうよ。合唱は午後にもあるの？
学生１：うん。
学生２：じゃあ，そっちは私が付き合うわよ。

二人はこのあと，どのように行動しますか。
１．別々に行動し，午後は一緒に合唱部の演奏会に行く。
２．一緒に吹奏楽部の演奏会に行き，午後も一緒に合唱部の演奏会に行く。
３．一緒に合唱部の演奏会に行き，午後も一緒に吹奏楽部の演奏会に行く。
４．一緒に吹奏楽部の演奏会に行き，午後は別々に行動する。

14番　先生が，メディア・リテラシーについて話しています。この先生は，メディア・リテラシーを鍛（きた）えるのに最も良い方法は何だと言っていますか。

　メディアが伝える情報を理解したり，情報をもとに自分で物事を考えたりする力のことをメディア・リテラシーと呼びますが，このメディア・リテラシーを鍛えるには，新聞を読むのが一番です。欲を言えば，二つ以上の新聞を読み比べるのがお勧（すす）めです。各新聞は，それぞれの思想や信条（しんじょう）を持っています。ですから，同じ出来事を報じたとしても，その書き方はそれぞれに異（こと）なります。それらの報じ方や意見の違いを見比べることによって，物事を多面的に見る力や，物事の判断力が鍛えられるのです。
　テレビでも，いわゆる評論家（ひょうろんか）やコメンテーターと呼ばれる人たちが，出来事の解説をしたり，意見を述べたりしていますが，その際にも，その人はどのような思想や信条を持っている人なのかということを知った上で，その意見を判断する必要があります。

この先生は，メディア・リテラシーを鍛えるのに最も良い方法は何だと言っていますか。
１．新聞の意見とテレビの意見とを比較（ひかく）する。
２．新聞記事やテレビの評論家の意見を覚える。
３．自らも思想や信条を持った上で新聞を読む。
４．複数の新聞を読み，意見の相違を見比べる。

15番　先生が，生物学の授業で，プレーリードッグという動物について話しています。この先生は，プレーリードッグの鳴き声のどのような点が，人間の言語に近いと言っていますか。

スクリプト　**215**

プレーリードッグは，鳴き声によって，敵(てき)が近づいてきていることを仲間に知らせます。ここまでは他の動物と同じですが，プレーリードッグのすごいところは，敵の種類や性格，近づいている速度といった細かな情報も，鳴き声を変えることによって表現することができる点です。

例えば，攻撃(こうげき)性の高そうなコヨーテという動物が走ってこちらに向かってきている場合，「コヨーテ」・「攻撃性が高い」・「走ってくる」という三つの要素(ようそ)を組み合わせて鳴くことによって，複雑な情報を仲間に伝えることができます。このことから分かるように，プレーリードッグの鳴き声は，人間の言語に近い性質を持っていると言うことができるでしょう。

この先生は，プレーリードッグの鳴き声のどのような点が，人間の言語に近いと言っていますか。
1．現在のことだけでなく，過去や未来のことも表現できる点
2．同じ危機を知らせる場合でも，群れによって鳴き方が異(こと)なる点
3．複数の要素を組み合わせて，一つのメッセージを形成できる点
4．何世代にもわたって，親から子どもへと受け継(つ)がれている点

16番　女子学生が学習相談員に，グループ学習の授業におけるグループ分けの方法について質問しています。この相談員は，どのようにグループ分けするのがいいと言っていますか。

女子学生：今度，グループ学習の授業で，グループ分けをしなければいけないんですが，どうやって分ければいいんですか？
　相談員：短期的なグループと長期的なグループでは，分け方が違ってきますけど，どちらですか？
女子学生：長期的なグループです。
　相談員：では，できるだけグループ間に偏(かたよ)りがないように分けるのがいいでしょう。
女子学生：例えば，専門が同じ人だけで集まるのはダメってことですか？
　相談員：そういうことです。専門の他にも，「発表がうまいのか，あるいは地道な調査が好きなのか」とか「考え方が論理的か，あるいは感覚的か」といったこともグループ分けの基準(きじゅん)になり得ますよ。
女子学生：じゃあ，先にアンケートをとった方がいいですね。
　相談員：そうですね。それがいいでしょう。

この相談員は，どのようにグループ分けするのがいいと言っていますか。
1．得意分野が同じ人同士(どうし)で集まってグループを作る。
2．グループ間に学力の差ができないようにする。
3．あとで不満が出ないように抽選(ちゅうせん)で決める。
4．グループ内にいろいろなタイプの人が集まるようにする。

17番　先生が，心理学の授業で，確証(かくしょう)バイアスということについて話しています。この先生は，確証バイアスが論理学的には誤った態度(たいど)だと言えるのはなぜだと言っていますか。

ある人に対して，ひとたび「いい人そうだ」とか「嫌(いや)な感じだ」といった印象を持つと，それ以降，その印象は修正(しゅうせい)されにくいということが分かっています。なぜそのようなことが起こるかというと，それは，人間が，自分の正しさを確かめるような情報ばかりを集めるという性質を持っているからです。これを「確証バイアス」といいます。

しかし，確証バイアスは，論理学的には誤った態度と言えます。例えば，ある人が「嫌な人である」ということを証明するためには，その人が嫌な人であることを示す証拠(しょうこ)，つまり確証を集めるだけでなく，その人が「いい人である」という可能性を完全に排除(はいじょ)するための証拠，つまり反証

を示す必要があります。物事の証明には，確証と反証の二つが必要だからです。しかし，確証バイアスは，「いい人である」ことを示す証拠を無視(むし)し，「嫌な人だ」という証拠だけで，その人を評価(ひょうか)し，「やっぱり嫌な人だ」という結論(けつろん)を下します。ですから，確証バイアスは，論理学的には誤った態度だと言えるのです。

この先生は，確証バイアスが論理学的には誤った態度だと言えるのはなぜだと言っていますか。
1．反証を確かめようとせず，確証だけで結論を下そうとするから
2．自分の抱くイメージは誰(だれ)よりも正しいという前提(ぜんてい)に基(もと)づいているから
3．相手に対するよくない感情をふくらませるだけだから
4．仮説(かせつ)を立てた上で証拠によって証明するという方法をとらないから

18番　先生が，植物学の授業で，植物の姿(すがた)について話しています。この先生は，密集(みっしゅう)状態(じょうたい)の植物が細いのはなぜだと言っていますか。

　同じ種類の植物でも，１本だけで孤立(こりつ)して生えているときと，密集して生えているときとでは，その姿は全く違います。孤立しているときは，茎(くき)は太く，多くの枝を方々に張(は)り巡(めぐ)らせます。しかし，多くの植物が密集しているところでは，１本１本の植物は細く，枝も張りません。茎の太さは，場合によっては，孤立している場合の何十分の１ほどの細さになることもあります。
　このような違いがなぜ生じるのかというと，植物が混み合っている場所では，無理をしてでも背丈(せたけ)を伸ばさないと，光をめぐる競争に負けてしまいます。そのため，植物は，茎を横方向ではなく，縦(たて)方向に成長させようとするのです。

この先生は，密集状態の植物が細いのはなぜだと言っていますか。
1．一定のスペースに収まるためには，１本１本が細い必要があるから
2．密集しているために，１本１本に十分な栄養(えいよう)が行き渡らないから
3．光を得るために，茎の太さよりも高さを優先させるから
4．自らの力で立つ必要がないため，茎がやせ衰(おとろ)えてしまったから

19番　先生が，競技種目の選び方について話しています。この先生は，自分に合った競技種目を選ぶにはどうすればよいと言っていますか。

　自分に合った競技種目を選ぶには，まず，自分の筋肉(きんにく)の性質を知る必要があります。
　筋肉は，二つに分類することができます。一つは，マラソンのような長距離(きょり)走など，長い時間運動を続けることに向いている，持久力に優れた筋肉です。「遅い筋肉」と書いて「遅筋」と言います。もう一つは，短距離走のように瞬間(しゅんかん)的に大きな力を出すことに優れた筋肉です。「速い筋肉」と書いて「速筋」と言います。この遅筋と速筋の割合は平均的には５：５とされていますが，若干，遺伝(いでん)的な個人差があり，生まれながらに，持久力タイプの筋肉なのか，あるいは，スピードタイプの筋肉なのかということが決まっています。このことを利用すれば，競技種目を選ぶにあたって，有利な選択(せんたく)をすることが可能になります。

この先生は，自分に合った競技種目を選ぶにはどうすればよいと言っていますか。
1．筋肉の量が成績を左右する競技を選ぶ。
2．子どもの頃(ころ)から得意だった種目を選ぶ。
3．自分の好きな種目を選ぶ。
4．自分の筋肉のタイプに合った種目を選ぶ。

スクリプト　**217**

20番　女子学生と男子学生が，男子学生の日課のジョギングについて話しています。この男子学生は，ジョギングを続けるコツは何だと言っていますか。

女子学生：あなた，毎朝のジョギングを欠かさずに続けてるんですって？
男子学生：ああ。もう始めてから，1年くらいたつかな。
女子学生：すごいわね。私も始めてはみるんだけど，続かないのよね。何か続けるコツはあるの？
男子学生：それはね，続けることだよ。
女子学生：答えになってないじゃない。
男子学生：ごめん，ごめん。要するにルーティンにすればいいんだよ。
女子学生：ルーティン？
男子学生：うん。決まりきった仕事ってこと。僕(ぼく)の場合，「朝6時半に起きて，顔を洗って，歯を磨いて，着替えて，ジョギングに出る」っていうのを，毎朝のルーティンにしてるんだ。
女子学生：なるほど。毎日，歯を磨くのと同じように，ジョギングするってことね。
男子学生：そのとおり。そうすれば，きっと続けられるよ。
女子学生：分かったわ。でも，まずは，毎日同じ時間に起きるところから始める必要があるわね。

この男子学生は，ジョギングを続けるコツは何だと言っていますか。
1．ジョギングを生活の一部に組み込む。
2．毎日走った距離(きょり)を記録する。
3．一緒にジョギングをする仲間を作る。
4．朝早く起きる。

21番　先生が，都市の緑化運動について話しています。この先生は，近年増えてきた都市の緑に対してどのように言っていますか。

　近年，国や自治体において，都市の緑化運動，つまり，都市に草木を植えて，緑を増やそうという運動が盛(さか)んになっています。いい傾向だなと思って，その内容を詳(くわ)しく調べてみたところ，デザインや快適性を重視(じゅうし)した公園緑化や街路樹(がいろじゅ)を植える活動がほとんどでした。そのような，きちっと整(ととの)えられた自然を「美しい」と考える人が多いのも事実ですが，私はそうは思いません。自然の美しさは，自然のままで存在することにあると私は考えます。ですから，枝は切らずに伸び放題にした方がいいし，草もぼうぼうに茂(しげ)らせた方がいいと思っています。その方が，虫や鳥が増え，生物的なエネルギーも強くなります。しかし，そのように要求しても，残念ながら，「汚いから」ということで，受け入れられることはないでしょう。

この先生は，近年増えてきた都市の緑に対してどのように言っていますか。
1．都市に生きる人々の癒(いや)しとなっている。
2．生物的なエネルギーが弱く，美しいとは言えない。
3．放置せずにきちんと人の手で管理した方がよい。
4．その整った姿(すがた)が，自然の美しさを教えてくれる。

22番　先生が，強化学習ということについて話しています。この先生は，強化学習にとってよくないことは何だと言っていますか。

　「自分には少し無理かな」というくらいのレベルの課題に挑戦(ちょうせん)し，それが達成できたとき，ドーパミンという物質が脳内で大量に分泌(ぶんぴつ)されます。このとき，人は大きな快感を覚えます。快感

を生み出す行動はクセになって，自発的に繰(く)り返すようになります。このような繰り返しの好循環(こうじゅんかん)によって，上達していくことを「強化学習」と言います。勉強でも何でもそうですが，何かに優れている人は皆，この強化学習を行っています。

　ただし，このドーパミンという物質は，自分にとっての進歩があったときに分泌されるのであって，他の人よりも優れていたときに分泌されるわけではありません。ですから，他人と比べて劣(おと)っていたとしても，気にする必要はありません。むしろ，そんなことをしていたら，モチベーションが低下し，強化学習とは逆の悪循環になってしまいます。上達を目指して何かに取り組むときには，自分の進歩だけを見つめていればよいのです。

この先生は，強化学習にとってよくないことは何だと言っていますか。
１．課題を達成したときに喜びを感じること
２．あまりに難しすぎる課題に挑戦すること
３．他人と比べて劣っている部分を嘆(なげ)くこと
４．自分の課題の達成だけに集中すること

23番　先生が，掃除機について話しています。この先生は，コードレス型掃除機の製造(せいぞう)における難点は何だと言っていますか。

　掃除機には，他の家電製品とは異(こと)なり，家の中で移動しながら使うという特徴(とくちょう)があります。ですから，掃除機には「軽さ」が求められます。特に日本ではその傾向が強いと言えます。そのため，日本では，本体に車輪がついていて，引きずって動かすことができるタイプの掃除機が多くなっています。
　また，日本では「軽さ」と同時に「コードレス」のニーズも高くなっています。コードレスということは，本体のバッテリーで動かすということですが，実は掃除機において，これはなかなか難しい問題です。というのも，掃除機のモーターは，他の電気機器(きき)よりはるかに多い回転が求められるため，出力が高い特別なバッテリーでなければ，十分なごみを吸う力を確保(かくほ)できないのです。ですから，掃除機のメーカーの中には，掃除機専用の特別なバッテリーを一緒に開発しているところもあるくらいです。

この先生は，コードレス型掃除機の製造における難点は何だと言っていますか。
１．構造が複雑になってしまうこと
２．コードレスと軽さの両立が難しいこと
３．引きずるタイプのものが作れないこと
４．出力が高いバッテリーが必要になること

24番　先生が，生物学の授業で，カラスという鳥の群れについて話しています。この先生は，カラスが大きな群れを作るのはなぜだと言っていますか。

　カラスも他の鳥と同様，大きな群れを作ります。ただし，夜は群れで眠りますが，朝になると，10羽程度の小さな群れに分かれて方々へ飛んでいきます。そして，夜になるとまた集合して群れを形成します。ではなぜ，朝にはばらけるのに，わざわざ群れを作って同じ場所で眠るのでしょうか。
　仮(かり)に，カラスたちがいくつもの小さな群れに分かれて，町のいろいろな所にねぐらを取っていたとしたらどうでしょう。朝になって，そのいろいろな所からやってきた小さな群れ同士(どうし)でえさをめぐる争いが起こってしまうでしょう。しかし，大きな群れになってみんな集まっておけば，そこから小さな群れに分かれて方々へ飛んで行ったとしても，「あの群れは東の方へ行ったな。だったら自分たちは西の方へ行こう」といった判断が可能になります。カラスの賢さからすると，そのくらいのことはしていると考えられます。

スクリプト　　219

この先生は，カラスが大きな群れを作るのはなぜだと言っていますか。

1．他のカラスの動きを探るため
2．人の手から身を守るため
3．群れ全体で子育てをするため
4．集団で獲物(えもの)をとるため

25番　女子学生が男子学生に，職場体験に行ってきたことを話しています。この女子学生は，職場体験に
　　　　行って自身が最も変わった点は何だと言っていますか。

女子学生：夏休みに職場体験に行ってきたの。
男子学生：へえ。どのくらい？
女子学生：2カ月くらい行ってきたよ。
男子学生：結構(けっこう)な期間だね。2カ月だったら，給料も出たんじゃないの？
女子学生：うん。社員の方たちと，同じような仕事をしていたからね。その分，責任や緊張(きんちょう)
　　　　　もあったけど。
男子学生：それは大変だったね。職場体験に行って，何か変わった？
女子学生：そうね。アルバイトをしていたときは，仕事と生活を完全に切り離(はな)していたけど，職場
　　　　　体験を始めたら，仕事の時間以外にも，仕事のことを考えるようになったよ。あと，一番変わっ
　　　　　たのは，勉強に対する姿勢(しせい)かな。
男子学生：どういうふうに？
女子学生：勉強に対して積極的になったわ。仕事のスキルアップのために，授業も受け身ではなく，積極
　　　　　的に内容を吸収しよう，っていう気持ちで受けるようになったの。

この女子学生は，職場体験に行って自身が最も変わった点は何だと言っていますか。

1．コミュニケーション能力が磨かれたこと
2．お金に対するありがたみが増したこと
3．面接で緊張しなくなったこと
4．主体的な学びの姿勢が身についたこと

26番　先生が，原始時代に，草原および森林に住んでいた人間の生活について話しています。この先生は，
　　　　森林に住んでいた人間の食生活はどのようなものだったと言っていますか。

　草原に住んでいた人間は，草原の動物たちを狩(か)りの対象としていました。人類はすでに火を使って
調理するようになっていましたが，消化機能が十分でなかったため，草原の植物を食べることはあまりし
なかったようです。どちらかというと，肉食に偏(かたよ)った食生活を送っていたのです。
　一方，森林に住んでいた人間は，森林の中では動物を探すことが難しいので，わなを使った狩りを発達
させました。しかし，わなをかけても，いつ動物がわなにかかるかは分かりませんし，まったくかからな
いかもしれません。したがって，森林の中では，食料を動物だけに頼るわけにはいきません。森林の中に
は，天然の果実が豊富に実っていましたから，それを食べて生活していたのです。むしろ，植物を中心と
した食生活を送っていたと言ってもいいくらいでした。

この先生は，森林に住んでいた人間の食生活はどのようなものだったと言っていますか。

1．植物を料理して食べていた。
2．天然の果実を主に食べていた。
3．ほとんど肉ばかり食べていた。

４．農業によって食料をまかなっていた。

27番　女子学生と男子学生が，意思決定コストということについて話しています。この女子学生の話によると，意思決定コストの低い商品とはどのような商品だと言えますか。

女子学生：この前，経済学の授業で教わったんだけど，買い物にかかるコストには，価格(かかく)や交通費などの「経済的コスト」の他に，「意思決定コスト」っていうのがあるんだって。
男子学生：意思決定コストって何だい？
女子学生：その商品を買うっていう意思決定をするときにかかる心理的なコストみたいなものかな。要するに，「なんか買うのが不安だ」っていう商品は，意思決定コストが高いことになるし，「安心して買える」と思える商品は，意思決定コストが低いということになるんだよ。
男子学生：なるほどね。ということは，意思決定コストが低い商品の方がよく売れるということになるわけだね。
女子学生：そういうこと。私も買い物をするときには，あまり知らないものよりは，みんなが使っているものを選んじゃうし。
男子学生：確かに，なじみのない商品を買うのは少し勇気がいるよね。

この女子学生の話によると，意思決定コストの低い商品とはどのような商品だと言えますか。
１．近くで買える商品
２．多くの人に使われている商品
３．今までになかったような商品
４．価格の安い商品

第6回　スクリプト　🔊 bm06

1番　先生が授業で，課題設定の仕方について話しています。この先生の話によると，この表のデータから課題を設定する場合，どのような課題にするのがよいでしょうか。

　今日は，データからどのように課題を立てるのか，ということについてお話ししましょう。データを見たら，まず，「何かおかしいな」と感じる部分に目をつけます。表を見てください。この表を見て，皆さんは何を感じるでしょうか。どうも，経験年数の浅い担当者の訪問件数が少ないようです。そういった違和感に気づけたら，この違和感を課題にまで高めます。このとき気をつけなければならないのは，結論(けつろん)を一つに決めてかかるような課題設定をしないということです。断定的な課題設定は，柔軟性に欠け，方向性の修正(しゅうせい)が効きません。ではどうするのかというと，課題は問いの形にすることが重要です。問いの形の課題は，柔軟性がありますし，あとで修正も可能です。また，問いの形にすることで，自分の分からないことや，知りたいことが明らかになるという利点もあります。

2番　先生が，犯罪心理学の授業で，「景色読解力」について話しています。この先生が最後にする質問の答えはどれですか。

　ほとんどの犯罪者は，犯罪が成功(せいこう)しそうな場所でしか犯罪を行いません。ですから，犯罪者が選んできそうな場所をあらかじめ把握(はあく)しておけば，先手を打って犯罪を未然に防げるはずです。その際必要になるのが「景色読解力」です。景色読解力とは，ある景色を見たときに，そこが危険な場所か安全な場所かを見抜く力のことです。今回は，公園を例にして，景色読解力を身につけてもらいましょう。

スクリプト　**221**

まず，周囲が高い木に覆(おお)われている公園は危険です。周囲の目を気にせずに犯罪を実行できるからです。落書きやゴミが放置されているのも危険です。地域の無関心や無責任さを感じさせ，そこが犯罪を実行しやすい場所だと犯罪者に思わせてしまうのです。また，見落としがちですが，ベンチの向きも重要です。公園にやって来た犯罪者は，遠巻きに子どもを見てねらいを定めたり，ベンチに座りながら自然な形で子どもに声をかけたりします。しかし，ベンチが遊具を背にしていれば，そうした行動をとりにくくなります。犯罪者が遠くから子どもを見ているときに，ベンチに座っている人と目が合ってしまいますし，自身がベンチに座っているときも，後ろ向きに子どもに話しかけるのは不自然でかなり目立ってしまいます。

　では，以上の説明を踏(ふ)まえると，最も安全な公園はどれでしょう。

3番　先生が，日本人女性の体形の変化について話しています。この先生がこのあと詳(くわ)しく説明するのは，グラフの中のどれですか。

　日本では細い体形を好む傾向がありますが，極端(きょくたん)に細いと健康(けんこう)に悪影響(あくえいきょう)が出るので気をつけなければいけません。

　これは日本人女性のBMIの変化を示したグラフです。BMIとは肥満の度合いを表す数値で，数値が小さいほど痩(や)せていることになります。終戦直後の1950年までは60代の女性のBMIが最も低く，20代から40代の女性はBMIが高かったことが分かります。しかし，その後，20代女性のBMIは，どんどん減少しています。一方，30代以上は1970年くらいまで全体としては数値が上がっていますね。ところが，この30代以上も，1970年あたりから違いが出てきます。まず30代の値が下がり始め，続いて1985年頃(ごろ)から40代も下がり始めました。それに対して，50代，60代はほぼ横ばいでしたが，50代は1990年頃から下がり始め，60代も2000年頃から下がってきています。

　では，今日はこの40代のBMIについてさらに詳しく見ていきます。

4番　女子学生と男子学生が，「フリーアドレス制」という制度について話しています。この女子学生は，アンケートの中のどの意見に賛同していますか。

女子学生：ねえ，これ見て。フリーアドレス制についてのアンケート。
男子学生：フリーアドレス制って，オフィスで社員の席を固定しない制度のことだっけ？
女子学生：そう。
男子学生：案外(あんがい)反対の人が多いんだね。
女子学生：うん。それは私も意外だったわ。
男子学生：確かに，自分専用の空間があることで心理的な安定が得られるってことは言えそうだね。
女子学生：でも，仕事をする場所が変わることによって，気分転換になるっていうメリットもあるわよ。
　　　　　他にも，苦手な人がいたら，なるべく離(はな)れて仕事をしたいっていうこともあるだろうし。
男子学生：それも，もっともだな。あと，席が自由になると人の組み合わせも変わるから，そこで新しい
　　　　　発想が生まれるってこともあるかもしれないね。

5番　先生が，生物学の授業で，ワモンゴキブリの逃避(とうひ)行動について話しています。この先生が最後にする質問の答えはどれですか。

　図を見てください。これはヒキガエルが，ワモンゴキブリを捕獲(ほかく)しようとしているところをビデオ撮影(さつえい)したものです。カエルは，長く伸びる舌(した)を突き出して獲物(えもの)を捕まえます。体を前方に伸ばしながら舌を突き出すカエルの攻撃(こうげき)を，ゴキブリは体を回転させながらか

わしています。この行動を詳細(しょうさい)に分析(ぶんせき)したところ，ゴキブリは図のbの段階ですでに逃げ始めていることが分かりました。しかし，bの段階では，カエルはまだ舌を出していません。つまり，舌がカエルの口の中で動いているときから，ゴキブリはもう逃げ始めているのです。実は，ゴキブリは，カエルやその舌を目で確認することによってではなく，空気の動きを感じ取ることで行動を開始しているのです。

　それでは，仮(かり)に真っ暗闇(まっくらやみ)の中で同様の観察をしたとすると，ゴキブリはどの段階で逃げ始めると考えられますか。

6番　先生が，アンケートの実施(じっし)の仕方を説明しています。この先生の話によると，今回の調査ではどのようなアンケートにするのがよいですか。

　アンケートを実施するときの注意点をいくつか説明します。まず，対象者についてです。アンケートの内容と全く無関係な人を対象に調査しても意味がありません。今回のアンケート調査は，女性用化粧品(けしょうひん)の使用状況についてですから，対象者は女性のみということでよいでしょう。次にアンケートの回答数です。500くらいあるのが望ましいですが，今回はそこまでは不要です。ただ，100程度だと，回答の傾向をつかむには不足です。

　それから，回答しやすくするために，回答にかかる手間や時間を少なくすることが大切です。郵送だと，書く手間に加えて回答者に郵便代金が発生するおそれがあります。インターネットでのアンケートならすぐ回答できますし集計も楽です。それから，少しお礼の品を用意するのも効果的です。

7番　先生が，日本刀(にほんとう)について話しています。この先生は，馬に乗らずに戦う「徒歩戦(かちせん)」で有利な刀(かたな)はどれだと言っていますか。

　日本刀の刃(は)の部分が緩(ゆる)やかに曲がっていることを「反り」と言いますが，この「反り」は，戦いの方法の変化に伴(ともな)って，その位置に変化が見られます。一般的に，時代が新しくなるにつれて，反りの中心は「腰」，つまり根元の部分から，先の方に移る傾向が見られます。

　腰の辺りで反りが最も大きいものを「腰反り」と言い，腰反りよりも，反りの中心が刀の中央に寄っているものを「中反り」と言います。反りが腰の方にある刀は馬に乗りながらでも抜きやすいため，馬に乗って戦う騎馬戦(きばせん)で有利とされていました。そして，「先反り」は，刀の中央より先端(せんたん)寄りに反りのついたものです。これは，馬に乗らずに戦う徒歩戦に適しています。やがて，刀を振(ふ)り下ろすのではなく，相手を突くことを主とする戦い方が盛(さか)んになると，それに応(おう)じて反りの少ない「無反り」の刀も製作(せいさく)されました。

8番　先生が授業で，人間の知能の発達について話しています。この先生の話の内容をグラフに表したものはどれですか。

　人間の知能は，機能性知能と実用性知能の二つから構成されています。機能性知能というのは，新しい場面への適応(てきおう)に必要な能力のことです。具体的には，暗記力，計算力，思考力，集中力などが挙(あ)げられます。一言で言えば，情報を処理するための能力と言っていいでしょう。この情報処理の能力は，処理速度，処理内容の両面において，だいたい成人するころにピークを迎えます。

　それに対して，実用性知能は，過去の経験が土台になる専門的で個人的な能力を意味します。経験や知識が増えれば，職業的技能が上達し，日常生活における問題解決能力も高くなります。また，自分自身や人生に対する考えも深まります。つまり，実用的知能は，機能性知能とは異(こと)なり，生涯(しょうがい)にわたって発達するものなのです。

9番　男子学生と女子学生が，健康診断（けんこうしんだん）について話しています。この女子学生は，いつ健康診断を受けることにしましたか。

男子学生：ねえ，今度の健康診断，いつ行くか決めた？
女子学生：うーん，どうせなら心理相談があるときがいいなと思ってるんだけど。
男子学生：何か悩みごとがあるの？
女子学生：悩みっていうか……。4月から一人暮らしを始めて，なんだか体調が悪くてちょっと痩（や）せちゃったの。
男子学生：食生活に問題があるのかもしれないよ。食生活なら，栄養（えいよう）相談だよ。
女子学生：そうかも。栄養相談は，ええっと，4月は，月曜と金曜日にやってるね。でも月曜日と金曜日は一日中授業があるんだよね。授業は休みたくないな。火曜日か水曜日なら行けるんだけど。
男子学生：5月なら，火曜日にもやってるよ。
女子学生：うーん……，でも5月は忙しくなりそうだし，やっぱり健康診断は早めに受けたいな。
男子学生：そっか。新しい環境（かんきょう）で気持ちが疲れているのかもしれないし，心理相談を受けてみるのもいいんじゃない？
女子学生：そうだね。じゃあ，この日に行ってみる。

10番　先生が，経営学の授業で，企業（きぎょう）の経営戦略について話しています。この先生が最後にする質問の答えはどれですか。

　この資料は，どういう商品をどの市場に売り込むかについての戦略をイメージしたものです。縦（たて）のます目は，企業が売り出す商品の種類，横のます目は市場の数を表しています。グレーの部分が，その企業が参入している部分を示すこととします。この資料の場合は，ます目が全部グレーになっているので，たくさんの種類の商品を作って，すべての市場に売り込んでいるということになります。
　しかしそれには多額の資金が必要になるため，この資料のような戦略をとれる企業はほとんどありません。ほとんどの企業は，商品の種類，およびそれを売り込む市場をよく考えて選択（せんたく）し，その企業にとって一番良い売り方になるよう工夫します。
　ここで，ある日本の企業を例にとって考えてみましょう。この企業は，新技術を用いた空気清浄機（くうきせいじょうき）を開発し，他の製品（せいひん）は扱（あつか）わずにその空気清浄機だけを売っています。そしてそれを日本だけでなく多くの市場で販売して，利益（りえき）を上げることに成功（せいこう）しています。では，この企業の戦略を図で表すとどのようになりますか。

11番　先生が，生態（せいたい）学の授業で，生態系（けい）の実験について話しています。この先生の話によると，この実験の結果（けっか）として正しいのはどれですか。

　図は，生態系の実験研究のために，シャーレというガラスの入れ物の中に作った単純な生態系を表しています。三つのシャーレすべてで，マメゾウムシという虫とそのマメゾウムシに卵を産み付けることによって繁殖（はんしょく）する寄生バチという虫が生活しています。また，マメゾウムシの食料として，左から大正金時（たいしょうきんとき），アズキ，ブラックアイという三種類のマメを入れてあります。この実験は，マメの違いによって，どのように異（こと）なった生態系が生み出されるのかということを観察しようとしたものです。
　さて，結果はというと，まずアズキのシャーレでは，マメゾウムシが適度に繁殖できました。その結果，寄生バチも適度に寄生することができて，比較（ひかく）的安定した生態系が成立しました。アズキよりも大きな大正金時のシャーレでは，マメゾウムシは盛（さか）んに繁殖しましたが，寄生バチは繁殖できずに絶滅（ぜつめつ）してしまいました。なぜかというと，マメの奥深くに隠れたマメゾウムシに，卵を産み付

けることができなかったためです。それに対して，アズキより小さなブラックアイでは，ほとんどのマメ ゾウムシが寄生バチによって絶滅させられてしまい，その後，卵を産み付ける場所のなくなった寄生バチ も絶滅してしまいました。

12番　先生が，経営学の授業で，コスト削減(さくげん)について話しています。この先生が最後にする質 問の答えはどれですか。

　これは企業(きぎょう)の経営コストを項目(こうもく)別に分けたものです。大きく，オフィスコスト， エネルギーコスト，オペレーションコストの三つに分けられます。

　景気が悪くなると，給料が下がったとか，従業員(じゅうぎょういん)が解雇されたというニュースが増 えますね。従業員はオペレーションに関わっていますから，従業員の解雇は企業のオペレーションコスト を削減していることになります。また，大きなオフィスでは家賃(やちん)が高いので，オフィスコストを 削減するために，引越しをするという方法もあります。これらの方法は確かに大きなコスト削減にはなり ます。しかし，たとえ今は景気が悪くても，一年後には景気は回復しているかもしれません。そうすると， もっと多くの従業員，もっと大きなオフィスが欲しいということにもなりかねません。ですから，コスト 削減は慎重(しんちょう)に行う必要があります。

　では，ある建設会社のコスト削減の例を見てみましょう。建設業界では現在，不況のため従業員の給料 を下げている会社が多くなっています。しかしこの会社は，雇用を維持(いじ)しながら，冷房(れいぼう) や暖房(だんぼう)にかかる費用を減らしたり，社内で使う事務用品を安いものに替えたりといった努力を しています。この会社の例では，図の中の，どのコストを削減していることになりますか。

13番　女子学生と男子学生が，辞書について話しています。この男子学生は，電子辞書のどのような点を 気に入っていますか。

女子学生：あなたは外国語の勉強に，電子辞書と紙の辞書，どっちを使ってる？
男子学生：最近は，ほとんど電子辞書だね。
女子学生：持ち運びが楽だから？
男子学生：まあ，それもあるけど，電子辞書には「単語帳(たんごちょう)」っていうとても便利な機能が 　　　　　ついているからね。
女子学生：何それ？
男子学生：外国語の本を読んでいて，分からない単語が出てきたときに，その単語帳に登録しておくと， 　　　　　一覧(いちらん)にしてくれるから，あとで復習しやすいんだ。
女子学生：確かに紙の辞書だと，分からない単語が載(の)っているページに，いちいち印をつけないとい 　　　　　けないから，面倒だよね。
男子学生：僕(ぼく)も昔はそうしていたんだけど，単語帳を使い始めてからは，もう電子辞書が手放せな 　　　　　くなっちゃったよ。
女子学生：私も，電子辞書に変えようかな。

この男子学生は，電子辞書のどのような点を気に入っていますか。
１．語の検索(けんさく)が速く，楽である点
２．いろいろな辞書が入っている上に，持ち運びが楽な点
３．単語の勉強に便利な機能がついている点
４．検索した語の周囲に載っている語も一緒に学べる点

14番　先生が，ウミガラスという鳥について話しています。この先生は，ウミガラスの卵が崖(がけ)から落ちないのはなぜだと言っていますか。

　ウミガラスは，海の切り立った崖のところに集まって繁殖(はんしょく)をします。その崖の途中にあるわずかな岩場に，卵を1個，巣(す)も作らずに，直接産み落とします。しかも，岩場には，一日中強い海風が吹きつけています。敵(てき)が近づけないという利点はあるかもしれませんが，繁殖するにはあまりに危険な場所です。しかし，驚(おどろ)くことに，ひながかえるまでの30日間，卵が崖から落ちることはないのです。

　ウミガラスの卵は，ニワトリなど他の鳥の卵とは異(こと)なり，一方の先だけがとがっています。そのため，卵が転がっても，その場で円を描(えが)くようにしか転がりません。実際，親鳥が飛び立ったり，着地したりするときに，親鳥の足や翼(つばさ)が卵に当たってしまうことがあるのですが，卵は少し動いたあと，円を描きながら元の場所に戻ってきて，ピタッと止まるのです。

この先生は，ウミガラスの卵が崖から落ちないのはなぜだと言っていますか。
1．親鳥が卵をずっと抱いて温めているから
2．卵が非常に重いから
3．卵の一方の先がとがっているから
4．卵が巣の中にしっかり固定されているから

15番　先生が，買い物をしたあとの心理について話しています。この先生は，高い買い物のあとに，その買った商品の広告を見てしまうのはなぜだと言っていますか。

　皆さんは，高い買い物をしたあと，その商品の広告や紹介サイトを，購入(こうにゅう)する前以上に見てしまうということはありませんか。すでに購入してしまったあとなのですから，広告を見ても仕方がないようにも思えますが，これにはちゃんとわけがあるのです。

　高い買い物のあとは，「高かったけど，いい買い物だった」という思いと，「本当にこれで良かったのか」という思いの間で，心が揺(ゆ)れ動きがちです。これを「認知的不協和」と言いますが，この不協和を解消して「やはり自分はいい買い物をしたんだ」という気持ちになりたいがために，人は買い物のあとほど，その商品のことについて調べたがるのです。

この先生は，高い買い物のあとに，その買った商品の広告を見てしまうのはなぜだと言っていますか。
1．自分の買い物を正当化するため
2．その商品に夢中になってしまうため
3．関連する商品にも興味(きょうみ)がわいてくるため
4．その商品の機能について調べようとするため

16番　先生が，グループ学習の意義(いぎ)について話しています。この先生は，グループ学習の最も重要な意義は何だと言っていますか。

　この授業では，皆さんにグループ学習をしていただきます。グループ学習には，通常の授業や個人学習では得られない，特有の学習効果があります。そのポイントは，「グループの中での個人の成長」ということにあります。コミュニケーション力や協調性，またリーダーシップといった人間力が鍛(きた)えられるということももちろんありますが，より重要なのは，「思考力が磨かれる」ということです。

　グループ学習の中で，さまざまな人とディスカッションすることによって，他者のいろいろな考え方を学ぶことができます。他者の視点(してん)を学べば，いろいろな考え方ができるようになります。これが

「思考力が磨かれる」ということです。ですから，皆さんには，積極的にグループ学習に参加していただきたいと思っています。

この先生は，グループ学習の最も重要な意義は何だと言っていますか。
1．さまざまな角度からの思考が可能になること
2．コミュニケーション力が高まること
3．学習の効率（こうりつ）が良くなること
4．リーダーとしての心構えができること

17番　女子学生が，心理学の授業で教わったことを男子学生に話しています。この女子学生は，泣（な）いている人を泣き止ませるには，どうすればいいと言っていますか。

女子学生：この前，心理学の授業で教わったんだけど，友達とか恋人とケンカをして，相手が泣き始めてしまったとき，泣き止んでもらうためにはどうすればいいと思う？
男子学生：うーん。「泣かないで」ってお願いするとか，楽しい話題に変えたりとか，かな？
女子学生：普通はそう思うでしょ。でも，それだと，逆効果になっちゃうらしいよ。
男子学生：へえ。じゃあ，どうすればいいの？
女子学生：例えば，相手と同じように泣くっていうのが一つの方法ね。
男子学生：えー？　意外な答えだな。
女子学生：「私もあなたと同じ気持ちですよ」っていうことを示すと，示された側はうれしくなるんだって。
男子学生：なるほどね。でも，実践（じっせん）するのは難しそうだな。

この女子学生は，泣いている人を泣き止ませるには，どうすればいいと言っていますか。
1．自分の方が悲しいということをアピールする。
2．すぐに謝（あやま）り，泣かないようお願いする。
3．話題を変えて，気分転換を図る。
4．相手と同じように感じていることを態度（たいど）で示す。

18番　講師が，商店街（しょうてんがい）の活性化の方法について話しています。この講師は，空き店舗（てんぽ）に新しいお店を迎えるときに，最初にやるべきことは何だと言っていますか。

　商店街の活性化を図るために，空き店舗に新しいお店を迎えるというケースについて考えてみましょう。このとき，空き店舗の改装工事を先にやり，そこでかかった工事費をもとに家賃（やちん）を決めた上で，出店者を募集するという手順を踏（ふ）んではいけません。結果（けっか）として，魅力（みりょく）的なお店は集められず，家賃も高くなってしまうことがほとんどです。そうではなく，まずは，ぜひ出店をしたいと考えている人を探すべきです。ただし，どんなお店でもいいわけではありません。商店街の活性化につながるような，新しい業種・業態（ぎょうたい）の店に絞（しぼ）ります。その上で，家賃も含めて出店者の希望を聞き，改装工事をする，という順番にするのです。

この講師は，空き店舗に新しいお店を迎えるときに，最初にやるべきことは何だと言っていますか。
1．出店者を集める。
2．詳（くわ）しい事業計画を立てる。
3．新しい店の家賃を決める。
4．空き店舗を改装する。

スクリプト　　227

19番　女子学生と男子学生が，モンツキカエルウオという魚について話しています。この女子学生がモンツキカエルウオを飼(か)おうと思ったのは，そのどのような性質によるものですか。

女子学生：魚を飼おうと思ってるんだけど，あなた，たしか魚を飼ってなかったっけ？
男子学生：ああ，モンツキカエルウオっていう魚を飼ってるよ。
女子学生：それ，初めて聞いた。面白(おもしろ)い名前ね。
男子学生：白地の体に赤い点々の紋様(もんよう)がついてるから「モンツキ」，顔がカエルに似てるから「カエルウオ」って言うんだ。
女子学生：へえ。なかなか変わった魚ね。
男子学生：うん，でもかわいいよ。とても警戒(けいかい)心が強い魚で，身の危険を感じると岩陰(いわかげ)なんかにすっと隠(かく)れちゃうんだけど，顔だけ出してる様子がまたかわいいんだ。
女子学生：飼うのは大変？
男子学生：いや，これが，水槽(すいそう)の掃除の手間が省けて楽なんだ。
女子学生：どういうこと？
男子学生：ガラスや岩なんかについたコケをガリガリと食べてくれるから，コケを取る手間が省けるんだよ。忙しい君に，ぜひお勧(すす)めするよ。
女子学生：うん，それなら飼ってみようかな。

この女子学生がモンツキカエルウオを飼おうと思ったのは，そのどのような性質によるものですか。
１．岩陰に隠れて顔だけ出す。
２．顔がカエルに似ている。
３．個性的な模様(もよう)をしている。
４．水槽内のコケを食べる。

20番　先生が，日本人の肥満(ひまん)者が増えていることについて話しています。この先生は，日本で肥満者が増えている原因として，最近分かったことは何だと言っていますか。

　日本人の食べ物からの摂取(せっしゅ)エネルギー，つまり，体に取り入れるエネルギーの量は年々減り続けているのに，肥満者の割合は年々増え続けています。その理由としてまず考えられるのが，摂取エネルギーの減少以上に，運動などによる消費エネルギーが減っているということです。もちろん，食生活の変化にも原因があります。全体のエネルギー摂取量は減っていますが，動物性脂肪(しぼう)の摂取量が増えたために，肥満の人が増えてしまったのです。さらに最近では，ライフスタイルの変化も，肥満の増加に関係していることが分かってきました。
　食事のリズムが乱れると，体内時計が狂(くる)い，糖分(とうぶん)や脂肪分の処理に異常(いじょう)をもたらします。そのことが，さまざまな病気，あるいは肥満といったことにつながるのです。ですから，肥満にならないためには，規則正しい食習慣を身につけることがとても重要です。

この先生は，日本で肥満者が増えている原因として，最近分かったことは何だと言っていますか。
１．動物性脂肪の摂取量の増加
２．食事のリズムの乱れ
３．交通手段の発達
４．運動量の減少

21番　女子学生と男子学生が，大学の授業中の私語について話しています。この女子学生の話によると，現在の大学の授業において私語が増えたのはなぜだと考えられますか。

女子学生：昔の大学では，授業中の私語ってほとんどなかったらしいよ。

男子学生：昔は大学に行く人が今よりはるかに少なかったから，みんな真剣（しんけん）に授業を聞いてたんだね。

女子学生：そういうこともあるかもしれないけど，昔の大学の授業は，先生が話すことをひたすらノートに書き取るっていう形式だったんだって。

男子学生：なるほど。それじゃあ，私語をしてる暇（ひま）なんてないね。

女子学生：うん。でも今は，授業の資料を画面に映したり，先生によっては印刷して配ったりしてくれるからね。

男子学生：そうだね。学生にとってはありがたいことだけど，それが私語を生み出すことになってしまうなんて皮肉だね。

この女子学生の話によると，現在の大学の授業において私語が増えたのはなぜだと考えられますか。
1．ノートを書く手間が少なくなったから
2．真面目に学問に取り組む学生が減ったから
3．つまらない授業が増えたから
4．先生が学生に厳（きび）しい態度（たいど）を取らなくなったから

22番　先生が，生態（せいたい）学の授業で，原生林について話しています。この先生の話によると，原生林がバランスを多少乱されても，元の状態に戻ることができるのはなぜだと言えますか。

　原生林とは，森ができてから一度も人間の手が入っていない森のことを言います。つまり，何百年，何千年もの間，自然のままの姿（すがた）を保（たも）ってきた森ということです。一般的に，森は，人間が何もしなくても，その土地の気候条件（じょうけん）に最も適した状態へと変化していき，最終的には，もうこれ以上変化しないという状態にまで行き着きますが，原生林はまさにこの状態にあります。

　原生林では，植物だけでなく，動物や昆虫（こんちゅう），微生物（びせいぶつ）に至（いた）るまでが，安定した良い状態を保っています。ですから，原生林は，よそから入ってきたものによって，多少バランスが乱されたとしても，元通りに戻してしまいます。例えば，樹木（じゅもく）を枯らす虫が外から入ってきたとしても，それを森の中の鳥が食べることによって，虫が必要以上に増えないような仕組みになっているのです。

この先生の話によると，原生林がバランスを多少乱されても，元の状態に戻ることができるのはなぜだと言えますか。
1．原生林に生きている生物が強い生命力を持っているから
2．人間が原生林に手を加えて元通りにするから
3．原生林の中には植物を食べる動物がいないから
4．最適な状態を維持（いじ）しようとする力が原生林に働くから

23番　建築家の男性が，建築家の仕事について話しています。この男性が，建築家として大切に考えていることは何ですか。

　私は，いつも，「公共性」をいかに確保（かくほ）することができるか，ということを考えながら建築をしています。建物というのは，一つだけ孤立（こりつ）して建てられるということはほとんどありません。特に現代の都市では，建物は密集（みっしゅう）して建てられますから，周囲のことを考慮（こうりょ）せずに建物を作ることはできません。その建物は周囲の建物や環境（かんきょう）から影響（えいきょう）を受けると同時に，逆に周囲の建物や環境に影響を与えます。これが「公共性」ということです。

スクリプト　**229**

ところが，建築の依頼主はというと，公共性については配慮せず，とにかく「いい建物を作ってほしい」と考えて，私に依頼をしてきます。難しいことではありますが，それをうまく調整(ちょうせい)することも建築家の大切な仕事だと考えています。

この男性が，建築家として大切に考えていることは何ですか。
1．そこにいるすべての人が快適に過ごせるような建物を作ること
2．公共性と，依頼主の希望を両立させること
3．公共の建物を作る際には，できるだけお金をかけないこと
4．環境にやさしい材料を使って，建物を作ること

24番　先生が，買い物のスタイルについて話しています。この先生は，流行の品物を買うことについてどのように言っていますか。

　買い物のスタイルは人それぞれです。その時々の流行の品物を好んで買う人もいますし，流行に流されずに，評価(ひょうか)の定まった定番の品物しか買わない人もいます。流行ばかり追いかけることは，否定的に見られがちですが，必ずしもそんなことはないと私は思います。
　私は，美しさというものには，「完成された美しさ」と「瞬間(しゅんかん)の美しさ」があると考えています。瞬間の美しさというのは，今ここでしか味わえない美しさ，今この機会を逃したら一生味わえない美しさ，ということです。そのように考えると，流行というのは，その時代の瞬間の美しさだと言えます。瞬間の美しさに価値を置くこと，これは何らおかしなものではないのです。

この先生は，流行の品物を買うことについてどのように言っていますか。
1．定番の品物を買うときよりも得られる喜びが大きい。
2．その時代でしか味わえないことを楽しもうとする行為(こうい)である。
3．その時代で一番美しいものを追い求めるため，実現は難しい。
4．普遍(ふへん)的な価値を理解しない，誤った買い物の仕方である。

25番　先生が，男子学生が提出(ていしゅつ)したレポートに対してコメントをしています。この男子学生は，このあと何をしますか。

　　先生：君のレポートの中にある，このグラフのことなんだけど，出典(しゅってん)が企業(きぎょう)のウェブサイトになってるわね。
男子学生：本じゃないとダメでしたか？
　　先生：いえ，そういうわけじゃないんだけどね。こういうふうに，あらかじめグラフ化されているデータを引用する場合は，そのグラフがデータに対して中立的に描かれたものかどうかをきちんと判断しないといけないの。
男子学生：グラフの描き方によって，いくらでもイメージが操作(そうさ)できてしまうからってことですか？
　　先生：そう。だから，なるべく元の数値を手に入れた上で，自分でグラフを作った方がいいのよ。
男子学生：分かりました。作り直します。

この男子学生は，このあと何をしますか。
1．グラフを手で描き直す。
2．ウェブサイトから別のグラフを引用する。
3．グラフの元データを手に入れる。

４．グラフが載(の)っている本を探す。

26番　先生が，芸術の得意不得意ということについて話しています。この先生は，芸術についてどのように考えていますか。

　皆さんの中にも，芸術が苦手だと考えている人が多くいらっしゃるのではないかと思うのですが，そういう方たちに，今日は，芸術が得意になるアドバイスを差し上げたいと思います。
　まず，芸術について考える際には，「うまい」か「へた」かといった考え方から抜け出す必要があります。皆さんも，子どもの頃(ころ)は，楽しく歌を歌ったり，絵を描(か)いたりしていたでしょう。それが，ある時，友達や大人から「へた」だとか言われると，歌や絵が嫌(きら)いになり，ずっと苦手意識を持つようになってしまうのです。しかし，芸術というのは「うまい」とか「へた」で判断するものではありません。自分が何を感じるか感じないか，自分がいいと思うか思わないか，これがすべてなのです。このように考えれば，芸術に対して苦手意識を持つ必要などないことが分かるでしょう。

この先生は，芸術についてどのように考えていますか。
１．子どもの頃は皆，芸術が得意である。
２．うまい芸術の方が，へたな芸術よりも価値(かち)が高い。
３．芸術は，自らの感覚のみが判断基準(きじゅん)となる世界である。
４．絶えず練習すれば，必ず芸術表現はうまくなる。

27番　先生が，集中力を養(やしな)う方法について話しています。この先生の話によると，最後の「集中力を養うためのもう一つの方法」として，正しいと考えられるものはどれですか。

　集中力を養うにはどうすればよいのでしょうか。このことを考えるために，一つ，脳の仕事量に関する数式を紹介したいと思います。それは「脳の仕事量＝集中力×時間」というものです。つまり，どれだけの集中力を持って，どれだけの時間を過ごすことができるかということによって，脳の仕事量は決まるのです。
　この「脳の仕事量＝集中力×時間」という数式から，集中力を養う方法を導き出すことができます。この式の，「集中力」の部分の値を大きくする方法を考えればよいのです。一つは，仮(かり)に時間を一定として，その時間内にこなす仕事量を増やすことです。同じ１時間でも，問題集を１ページ解くよりも，３ページ解く方が，高い集中力が求められます。これを繰(く)り返すことによって，集中力が養われるのです。
　では，集中力を養うためのもう一つの方法とは，どのようなものでしょうか。自分で考えてみてください。

この先生の話によると，最後の「集中力を養うためのもう一つの方法」として，正しいと考えられるものはどれですか。
１．難しい作業にチャレンジする。
２．緊張(きんちょう)感を持って作業をする。
３．じっくり時間をかけて作業をする。
４．短い時間で作業を終わらせる。

第7回　スクリプト　　🔊 bm07

1番　先生が，納豆(なっとう)の製造(せいぞう)方法について話しています。この先生の話によると，納豆菌(きん)をかけるのは，図のどの部分ですか。

今日は，納豆がどのように作られているのかということについてお話しします。

はじめに，大豆（だいず）を機械によって選別し，ゴミなどを水できれいに洗い流します。そして，それを大量の水に浸（ひた）します。大豆に水を十分に吸収させることで，熱の通りを良くするのです。次に，十分に水を吸わせた大豆を蒸気で蒸しあげます。こうすると豆が柔らかくふっくらとなるのですが，この状態（じょうたい）のところに納豆菌を吹きつけます。大豆がまだ熱いうちに納豆菌をかけるのがポイントです。納豆菌以外の菌が熱により殺菌され，熱に強い納豆菌だけが生きている状態にすることが可能となるからです。さて，ここから発酵（はっこう）といって，納豆菌が大豆を納豆に変える段階に入ります。納豆菌をかけた大豆を容器（ようき）に詰め，およそ40度で一日ほど発酵させます。発酵させたあとは，冷蔵庫の中に入れます。冷蔵庫に入れることによって，今度は納豆菌の活動を止めるのです。そして最後に，納豆の容器にラベルをかけて完成です。

2番　講師が，資格試験対策（たいさく）セミナーで，資格試験の勉強について話しています。この講師が最も重要だと言っている項目（こうもく）はどれですか。

大学生の間に資格試験を受ける人も多いと思いますが，勉強の仕方について少しアドバイスをしておきます。まずは過去の試験問題を見るなどして，何が出題されるのかを知ることが必要です。次に勉強のスケジュールを組みましょう。いつ何を勉強するとか，一日2時間勉強するとか，大まかに決めておくとよいでしょう。それから，実際に勉強を始めてみると苦手な部分に気づきますから，そこを集中的に勉強するとよいでしょう。そして試験の直前には，もっと実践（じっせん）的な訓練をすることが必要です。実践的な訓練とは，試験と同じ形式で問題を解き，制限時間内に答える練習をすることです。

さて，皆さんは大学生なので大学の勉強と資格試験の勉強とを両立していかなければなりません。資格試験の勉強も頑張（がんば）ってほしいですが，大学の勉強が疎（おろそ）かにならないよう，両立可能なスケジュールを組んでから勉強することが重要です。苦手分野の克服（こくふく）や，解答の練習が十分にはできないスケジュールだった，ということにならないように，気をつけましょう。

3番　先生が，気圧と風向きについて話しています。この先生が最後にする質問の答えはどれですか。

今日は気圧と風向きについてお話しします。気圧は，ヘクトパスカルという単位で表されます。天気図に示されている線は等圧線といって，細い線は4ヘクトパスカル，太い線は20ヘクトパスカルごとに引かれます。図1の場合，Xの中心付近の気圧は984ヘクトパスカル，Yの気圧は1012ヘクトパスカルです。

Xのように周りに比べて気圧が低いところを低気圧，Yのように高いところを高気圧と言います。気圧に差があると空気に流れが生じるのですが，北半球の場合，低気圧では中心に向かって左回りに風が吹き込み，高気圧では中心から外に向かって右回りに風が吹き出します。南半球では風向きの左右は逆になります。

では，天気図を使って考えてみましょう。図2はオーストラリア付近の天気図の一部を示したものです。Pは低気圧ですが，Pの中心付近では，風の流れはどのようになっているでしょうか。

4番　先生が授業で，企業（きぎょう）の海外進出の段階について話しています。この先生が例に挙（あ）げている企業は，現在，表のどの段階にありますか。

経済のボーダレス化に伴（ともな）い，日本企業にとって海外進出の必要性がますます高まっています。大企業だけでなく，多くの中小企業にとっても海外は魅力（みりょく）的な市場ですし，また海外に工場を持つ企業もあります。

日本のある衣料品メーカーでは，1970年代後半から海外で洋服を売ることを考え始め，1980年代には代理店を通じて洋服の輸出を始めました。売り上げは順調に伸びて，代理店を通さなくても，直接現地の企

業と取引ができるようになり，ますます利益(りえき)を上げるようになりました。そして現地に販売のための子会社も作り，現地企業とのやり取りも順調に進むようになりました。その後，部品の組み立ては現地で行うという現地生産を始め，徐々(じょじょ)に新製品(しんせいひん)も現地で作るようにしていきました。ところが，現地生産では品質が安定せず，クレームが相次ぐようになったため，5年前からは，生産はすべて日本で行い，現地の子会社である販売店を通じて売るという方法をとっています。

5番　先生が授業で，ヒトやサルの仲間に対して行った実験について話しています。この先生の話す実験結果(けっか)を表すグラフとして正しいものはどれですか。

　ヒトやチンパンジーなどのサルの仲間が，どの程度，他者の視線(しせん)を追うことができるかということを調べた実験があります。この実験では，図に示されるような，視線や指差しといった行動的な手がかりを実験者が与えたときに，それぞれが正しい選択肢(せんたくし)を選べるかどうかを調べました。図を見てください。aは正しい方を手でたたいています。bは正しい方を指差しています。cは正しい方に顔を近づけて見ています。dは正しい方に顔を向けて見ています。eは顔の向きは変えずに目だけ動かして正しい方を見ています。

　さて，実験結果はどうだったかというと，チンパンジー，オランウータン，ヒトの乳幼児は，目だけの手がかりでも正しい選択肢を選ぶことができました。フサオマキザルは，顔の向きと目を組み合わせた手がかりまでは正しい選択肢を選ぶことができましたが，目だけの手がかりでは正しい選択肢を選ぶことができませんでした。また，アカゲザルは指差しなどの手の動きがなければ正しい選択肢を選べないことが分かりました。

6番　先生が，心理学の授業で，「ヒューリスティクス」という方法について説明しています。この先生が挙(あ)げている例は，どれについて説明したものですか。

　人は，ある問題に直面したとき，必ずしも，論理的で確実な方法によって，その問題を解決しようとするわけではありません。人はそのようなとき，しばしば，これまでの経験に基(もと)づいて問題を解決しようとします。これを「ヒューリスティクス」と呼んでいます。表のようにヒューリスティクスにはさまざまなタイプがあります。ヒューリスティクスを使うと，必ずしも正しい解決方法を導けるとは限りませんが，すばやい解決や意思判断が可能になります。

　例えば，こんな話があります。「コンビニ，美容院，歯医者の中で，一番多いのはどれか」という質問を100人にしたところ，90人が「コンビニ」と答えました。ではなぜそう考えたのかと聞いてみると，ほとんどの人が「自分が最もよく行くのがコンビニだから」と答えました。しかし，実際には，一番多いのは歯医者で，コンビニは実は三つの中で一番少ないのです。彼らは，「自分が一番よく行くのがコンビニなのだから，コンビニが最も多いに違いない」という勝手なイメージをもとに，物事を判断してしまっていると言えるでしょう。

7番　女子学生と男子学生が，図を見ながらサークルの旅行について話し合っています。この二人はどの図のタイプで観光することに決めましたか。

女子学生：今度のサークルの旅行どういう感じにする？
男子学生：これ，この前の観光学の授業でもらったプリントなんだけど，これを見ながら考えない？
女子学生：何それ？　観光のタイプ？　なるほどねえ。確かにこう分類されてみると，分かりやすいわね。
男子学生：二泊三日ってことを考えると，目的地が一カ所だけだと，途中でやることがなくなっちゃいそうだね。

スクリプト　**233**

女子学生：そうね。すると，これはダメね。やっぱり，普通に目的地まで新幹線(しんかんせん)とか飛行機で行って，そこを拠点(きょてん)に観光して回るっていうのがいいかしら。

男子学生：うーん。それだとなんか普通だから，今回は電車で移動しながらいろいろなところを巡(めぐ)るっていう感じがいいなあ。

女子学生：ああ，それもいいわね。でも，二泊三日だから，一カ所一カ所にはそんなに時間はかけられないわね。

男子学生：そうだね。じゃあ，このタイプでいこう。

8番　先生が，コミュニケーション手段と情報量の関係について話しています。この先生が最後にする質問の答えはどれですか。

　通常，人と人とのコミュニケーションにおいて，電子メールでのやり取りよりも，実際に顔を合わせて会話をした方が，相手から得られる情報量は多くなります。グラフの実線は，コミュニケーション手段によって得られる情報量を表したものです。

　さて，グラフにある点線は，ある特定の人，ここではＡ君としておきますが，Ａ君の情報理解力を表しています。グラフのＸの値より情報量が少なければ，その情報を理解できますが，Ｘの値よりも情報量が多い場合，本来得られるはずの情報を得ていないということになります。理想的な情報理解力を表すグラフは実線となりますから，Ａ君の情報理解力は，理想的な水準よりも低いということになります。

　なぜＡ君の情報理解力が低くなってしまったかというと，それは普段から，電子メールなど，情報量の少ない手段ばかりに頼っているからです。情報量の少ない手段に慣れた人は，会話など，より多くの情報を得られるコミュニケーションの場面において，十分にその情報を理解することができないのです。では，Ａ君が情報理解力を向上させるには，どうすれば一番よいのでしょうか。グラフ上で考えてみましょう。

9番　男子学生と女子学生が，世界史の試験について，教科書の目次を見ながら話しています。この男子学生が，試験のために勉強するのは，目次のどの部分ですか。

男子学生：昨日の世界史の授業，風邪(かぜ)で休んじゃったんだけど，授業内容教えてくれない？

女子学生：いいわよ。昨日は172ページから180ページまでを勉強したわ。

男子学生：けっこう進んだね。

女子学生：それから試験の範囲(はんい)の発表があって，昨日の授業のところまでが範囲だって。今学期の授業の範囲は教科書でいうと90ページから180ページよ。

男子学生：範囲広いなあ。どこを勉強したらいいんだろう。

女子学生：実際に授業で扱(あつか)ったところを勉強するよう言われたわ。東アジアの海域貿易は，たしか授業では扱わなかったよね。西アジアや南アジアの帝国(ていこく)建設とか，アメリカ大陸発見とか，ヨーロッパとアメリカの革命を授業で詳(くわ)しくやってた。

男子学生：そうそう。それにイギリスで起こった産業革命。

女子学生：あ，そこなんだけどね，180ページまでの中には入っているけど，産業と経済の変化というテーマでまとめて次の試験の範囲にするそうよ。

男子学生：そっか。じゃあ，目次でいうと，今回の試験はこの三つの項目(こうもく)を勉強しておけばいいね。

10番　先生が，経営学の授業で，商品価値(かち)について話しています。この先生が最後にする質問の答えはどれですか。

商品の使用価値は，図のように大きく四つに分けることができます。まず，本来的な価値についてお話しします。「本来的機能価値」というのは，その商品が持つ，最も大事な価値のことです。つまり，鉛筆（えんぴつ）にものを書く機能があるように，その機能がなければ，商品としての価値が全くなくなるような機能のことを意味します。「本来的見栄え価値」は，その商品の材質や材料そのものからなる本来的な見栄え，デザイン性のことです。次に，「付加的機能価値」というのは，いわば「おまけ」の機能的価値です。あったら便利だけれども，なくても差し支えないというものです。最後に，「付加的見栄え価値」は，商品そのものの材質とは関係のない，おまけ的なデザインのことです。

では，引き出し型のタンスを例に考えてみましょう。棚（たな）を引き出しやすくするためについているレールは，どの価値に該当（がいとう）するでしょうか。

11番　先生が，アメリカで行われた睡眠（すいみん）に関する調査について話しています。この先生の話によると，「睡眠時間ごとの死亡危険率（りつ）」についての調査結果（けっか）を表すグラフとして正しいものはどれですか。

アメリカで，睡眠に関する二つの調査が行われました。それは，「アメリカ人の睡眠時間」，および「睡眠時間ごとの死亡危険率」に関する調査の二つです。「アメリカ人の睡眠時間」の調査からは，男女ともに，一般的に理想的と言われている8時間台の睡眠をとっている人が最も多いということが分かりました。

次に，「睡眠時間ごとの死亡危険率」の調査についてですが，男女ともに7時間台の危険率が最も低くなりました。また，男女ともに睡眠時間が短くなるほど危険率が上昇することも分かりました。これは常識通りの結果だと言えますが，反対に睡眠時間が長くても死亡の危険性は高まるということも分かりました。具体的には，理想的と言われている8時間台の睡眠時間の人たちは，女性では4時間台の人たちと同じくらい，また男性では5時間台と同じくらいの危険性を示しています。さらに9時間台や10時間台という長めの睡眠時間をとっている人たちでは，かえって危険率が高くなり，むしろ睡眠時間が短い場合よりも危険性は高くなっているとも言えます。

12番　先生が，社会学の授業で，行為（こうい）の四類型について話しています。この先生が最後にする質問の答えはどれですか。

かつて，マックス・ウェーバーという人が，人間の行為をその動機の観点から四つに分類しました。その四類型についてお話ししたいと思います。

まず，「伝統（でんとう）的行為」ですが，これは「今までこうしてきたのだから」といった習慣に基（もと）づく行為です。日常生活の大半は，この伝統的行為によって占められています。次に，「感情的行為」は，ある感情が直接の引き金となって引き起こされる行為です。伝統的行為と感情的行為の二つは，あまり理性が関わらないので，非合理的行為と言います。

非合理的行為に対して，合理的行為と呼ばれるものが，価値（かち）合理的行為と目的合理的行為の二つです。「価値合理的行為」は，自分が信じる価値観に従（したが）って行う行為のことを言います。「目的合理的行為」は，ある目的を達成するためには何が最善（さいぜん）かを考えてする行為のことです。

さて，ここに一人の父親がいるとします。彼には日頃（ひごろ）の行いが悪い息子がいます。以前の父親は，息子が良くないことをしたとき，怒りに任せて叱（しか）っていました。しかし，今は，どうすれば息子のためになるかを考えて静かに説教するようになりました。この父親の行為は，どれからどれへと変化したのでしょうか。

13番　男子学生と女子学生が，アルバイトの経験について話しています。この女子学生が，アルバイトを通じて身につけた能力は何ですか。

男子学生：君は前，ファミリーレストランでアルバイトをしていたんだっけ？

女子学生：そうだよ。2年くらい働いたかな。

男子学生：働いてみて，何か変わった？

女子学生：うーん，自分がお客としてそういうお店に行ったときに，働く立場でお店を見るようになった
　　　　　かな。

男子学生：へえ，例えば？

女子学生：例えば，誰(だれ)が店長で誰が新人なのかとか，店員の数は足りているのかとか，そういった
　　　　　ことがつい気になっちゃうんだよね。あと，お店の従業員(じゅうぎょういん)がミスをしても，
　　　　　あの状況なら仕方ないか，みたいに冷静に分析(ぶんせき)することもできるようになったよ。

男子学生：なるほど。まさに経験者ならではだね。

この女子学生が，アルバイトを通じて身につけた能力は何ですか。

１．いろいろな立場に立って考えられる能力

２．ミスをせずに仕事をこなす能力

３．お客を喜ばせるためのサービス能力

４．売り上げを伸ばすための経営能力

**14番　先生が，植物学の授業で，ヒマワリという花について話しています。この先生は，「ヒマワリはい
つも太陽の方を向いている」というのは半分嘘(うそ)だ，と言っていますが，なぜそのように言え
るのですか。**

　ヒマワリはよく，「いつも太陽の方を向いている」と言われますが，それは半分真実で，半分嘘です。
ヒマワリは，つぼみをつける頃(ころ)までは，茎(くき)の上の方の部分が，太陽の動きを追って運動しま
す。これは，太陽の光が当たらない側の茎が，当たる側よりもよく伸びるために，茎が太陽の光の方向に
曲がるからで，これを「成長運動」と呼んでいます。その意味では，「いつも太陽の方を向いている」と
いうのは真実と言えますが，茎の成長が終わったあとは，向きは変わりません。おそらく，ヒマワリの花
がたまたま太陽の方を向いていたのを見て，「ヒマワリはいつも太陽の方を向いている」と思い込んでしまっ
たのでしょう。

**この先生は，「ヒマワリはいつも太陽の方を向いている」というのは半分嘘だ，と言っていますが，なぜ
そのように言えるのですか。**

１．向きが変わることは一切ないから

２．実際には太陽と逆の方向を向いているから

３．茎の成長を終えたあとは向きが変わらないから

４．日によって向く方向はまちまちだから

**15番　先生が，社会のルールについて話しています。この先生の話によると，ルールとはどのようなもの
だと言えますか。**

　ルールというと，「自由を制限するもの」というイメージを持つ人が多いですが，そんなことはありま
せん。一つ，交通規則のことを思い出してみましょう。人々には，「車でどこにでも出かけてよい」とい
う自由がありますが，車を運転する際には，「信号が赤のときは必ず止まらなければならない」とか「制
限速度を超えてはならない」といったルールを守らなければなりません。このとき，確かに，人々の自由
は制限されているように見えます。しかし，すべての人が赤信号を無視(むし)して，猛(もう)スピードで
走り続けたらどうなるでしょうか。あちらこちらで事故(じこ)が起きて，結局(けっきょく)，「どこにで

も行ける」という自由は実現しなくなります。つまり，みんながルールを守り，少しずつ我慢(がまん)することによって，全体としては，「どこにでも行ける」という自由が実現しているのです。

この先生の話によると，ルールとはどのようなものだと言えますか。
1．人々の自由の実現のために必要なもの
2．守らなければ罰(ばっ)せられるもの
3．社会全体の生活水準を高めるもの
4．人々の自由を制限し，束縛(そくばく)するもの

16番　インタビュアーが，イラストレーターの男性に質問をしています。この男性が描(か)くイラストは，どのようなものですか。

インタビュアー：イラストを描くときに，一番大切にしていらっしゃることは何ですか？
　　　　　男性：それは，「相手に伝わる絵」になっているかどうかということですね。イラストというのは，作品としての絵画とは違って，それ自体が主役なのではありません。イラストには，本や広告などのイメージをうまく伝えることが求められます。ですから，絵のうまさよりも，「相手に伝わる絵」であることを追求しています。
インタビュアー：具体的に意識していることはありますか？
　　　　　男性：私の場合は，すっきりとした線で描くことを意識しています。あまりごちゃごちゃ描くと要点がぼやけてしまい，結局(けっきょく)，「相手に伝わらない絵」になってしまうからです。
インタビュアー：あのシンプルなイラストには，そのような事情があったんですね。

この男性が描くイラストは，どのようなものですか。
1．写真のように正確に描かれたイラスト
2．芸術作品としても価値(かち)があるイラスト
3．自分にしか描けない個性的なイラスト
4．シンプルでイメージの伝わりやすいイラスト

17番　先生が，生物学の授業で，ハチという昆虫(こんちゅう)について話しています。この先生は，ハチが迷わずに巣(す)に帰れるのはなぜだと言っていますか。

　ハチはエサとなるものを探すため，実によく飛び回ります。一見，でたらめな飛び方をしているようにも見えますが，エサを見つけたハチは，それを口にくわえ，きちんと巣に戻ってきます。今まで飛んできたルートをそのままたどっているわけではありません。行きのルートとは無関係に，ほとんど一直線に巣に向かって飛んでいきます。
　実は，ハチは，巣を出たときの太陽の方向を覚えているのです。例えば，巣を出たとき，太陽が右目のちょうど真横にあれば，帰りは太陽が左目のちょうど真横になるように飛べばよいことになります。太陽が移動するので実際はもう少し複雑ですが，この方法は，太陽コンパス方式と呼ばれており，鳥や他の虫たちの中にもこの方法を身につけているものがいます。

この先生は，ハチが迷わずに巣に帰れるのはなぜだと言っていますか。
1．飛びながら匂(にお)いを出し，それをたどっているから
2．周りの景色を完全に把握(はあく)しているから
3．太陽の位置から巣の方向を定めることができるから

4．巣に帰れるように繰（く）り返し教育されているから

18番　先生が，科学の学び方について話しています。この先生は，科学を学ぶときに大切なことは何だと言っていますか。

　科学を学ぶときに大切なことは，「世界とはそういうものだ」という考えから抜け出すことです。世界には，いろいろな約束事がありますが，その約束事を「そういうものだ」と言ってそのまま受け入れるのではなくて，なぜそういう約束になっているのかを考えるのが，科学を学ぶ上で大切なことです。確かに，「そういうものだ」で済ませてしまった方が，世の中を楽に生きることはできるでしょう。しかし，そのような思考停止状態（じょうたい）からは，何も生み出すことはできません。
　これは自然科学に限った話ではありません。政治学や経済学といった学問でも同じことです。自然の決まりか，人間の決まりかといった違いはありますが，根本は同じです。

この先生は，科学を学ぶときに大切なことは何だと言っていますか。
1．科学で世の中をよくしようという目標（もくひょう）を持つこと
2．すでに存在している世界の約束事に対して疑問を持つこと
3．自然の決まりか人間の決まりかということを区別すること
4．これまでの約束事を覆（くつがえ）すような新発見を目指すこと

19番　男子学生と女子学生が，レポート課題について話しています。この男子学生は，このあと図書館で何をしますか。

男子学生：今度のレポート課題，もう書いた？
女子学生：ううん，書くのはこれからだけど，調べる作業は終わったよ。
男子学生：ほんとに？　読むように言われてた本，もう全部読んだの？
女子学生：全部の本に目は通したけど，初めから終わりまで読んだわけじゃないよ。
男子学生：え，どういうこと？
女子学生：私は「メディアが社会に与える影響（えいきょう）」っていうテーマにしたから，それに関係しそうなところだけを，拾って読んだの。
男子学生：あ，そうか。そうすれば時間短縮（たんしゅく）になるね。
女子学生：テーマは決まってるの？
男子学生：うん。僕（ぼく）は「メディアと政治の関係」にしようと思ってる。
女子学生：だったら，話は早いじゃない。
男子学生：そうだね。さっそく，図書館に行ってくるよ。

この男子学生は，このあと図書館で何をしますか。
1．本を読みながら，レポート課題のテーマを決める。
2．女子学生と同じテーマでレポートを書き始める。
3．複数の本の，テーマに関係している箇所（かしょ）だけ選んで読む。
4．テーマについて書かれた本を一冊じっくり読む。

20番　先生が，人の体について話しています。この先生の話によると，肩こりの根本的な原因は何だと言えますか。

人は，直立二足歩行を始め，両手が自由に使えるようになって以来，常に重い頭を体で支えなければならなくなりました。そのとき，最も負担がかかるのが肩と首です。成人の場合，頭の重さはスイカ程度と言われていますが，常にスイカを持ち上げているという状況をイメージすると，その負担の重さを理解しやすいでしょう。

常に重い負担がかかっていると，肩や首回りの筋肉（きんにく）が硬くなります。これが，「肩こり」と呼ばれる現象です。ですから，肩こりは，他の動物とは異（こと）なった進化の道を選んだ人間の「宿命」とも言えるのです。

この先生の話によると，肩こりの根本的な原因は何だと言えますか。
１．働き過ぎること
２．直立二足歩行をすること
３．言葉が話せること
４．姿勢（しせい）が悪いこと

21番　女子学生と男子学生が，お店の看板（かんばん）について話しています。この二人の会話から，お店の経営に関してどのようなことが分かりますか。

女子学生：お店の看板で，「そば　ラーメン」みたいに，複数の料理名を出してるところって，結構（けっこう）あるでしょ？
男子学生：ああ，割とよく見かけるね。
女子学生：でも，あれって，経営的にあんまりいい方法じゃないんだって。
男子学生：そうなの？　そばを食べたい人とラーメンを食べたい人の，どっちも呼ぶことができてよさそうだけど。
女子学生：でも，「今日はそばが食べたい」って思ってる人は，普通，そばの専門店に行くでしょ？
男子学生：確かに。ラーメンを食べたいお客さんを捨てるのは勇気がいるけど，やっぱりそこは思い切らないといけないんだね。

この二人の会話から，お店の経営に関してどのようなことが分かりますか。
１．経営の良し悪しはサービスの質が決める。
２．客層は広ければ広いほどよい。
３．飲食店は経営が難しい。
４．経営の方向性は絞（しぼ）り込むべきである。

22番　先生が，ある講演で，大学生の学習姿勢（しせい）について話しています。この先生は，大学生が勉強しないことの，最も重大な要因は何だと言っていますか。

大学生は，大学に入るまでは必死になって勉強しますが，その勉強の動機が消極的である場合が多いと言えます。例えば，「勉強しないと叱（しか）られる」とか「勉強しないと大学に落ちる」といったように，悪い結果（けっか）に対する恐怖から勉強しているという場合が多いのです。これはあまりいいこととは言えません。勉強するのであれば，動機は何でもいいのではないかという意見もありますが，そのような動機付けによる勉強では，自発的な学習態度（たいど）が身につきません。これは非常に大きな問題です。自発的な学習態度が身についていない学生は，大学に入って，先ほど述べたような恐怖が消え去った途端（とたん），勉強をしなくなってしまうからです。

この先生は，大学生が勉強しないことの，最も重大な要因は何だと言っていますか。

スクリプト　　**239**

1．大学では勉強しなくても誰（だれ）からも文句（もんく）を言われないこと
2．高校まで，大学に受かるための勉強しかしてこなかったこと
3．高校までに自発的な学習態度を身につけられなかったこと
4．勉強をせずに叱られた経験から，勉強する気を失ってしまったこと

23番　構造設計という仕事をしている男性が，その仕事について話しています。この男性が目指している建物は，どのようなものですか。

　建築には，大きく分けて，デザイン面と安全面の二つの面があります。このうち，安全面を主に担当するのが，私たち構造設計者です。といっても，デザインのことに，まったく関わらないというわけではありません。安全性を無視（むし）して建物をデザインすることは許されませんから，デザインの基本（きほん）的な部分について考える場には，私も必ず参加します。むしろ，これからは，構造設計の技術進歩によってこそ，今までは「無理だろう」と思われていたような，斬新（ざんしん）なデザインの建物を作ることが可能になると考えています。そこに私は，この仕事のやりがいを感じています。

この男性が目指している建物は，どのようなものですか。
1．斬新ではあるけれど，安全面にも優れた建物
2．安全性と住み心地の良さを兼（か）ね備えた建物
3．何百年も存在し続けることができる建物
4．観光名所となるような建物

24番　女子学生が先輩（せんぱい）の男子学生に，ノートの取り方について質問しています。この男子学生は，女子学生にどのようなアドバイスをしましたか。

女子学生：大学の授業って，先生があまり黒板を使わないんで，どうやってノートを取ればいいのか分からないんですけど，何かアドバイスを頂けませんか？
男子学生：そうだね。大学は高校までとは違うからね。今はどういうふうにノートを取ってるの？
女子学生：先生が話していることを漏（も）らさず書こうとは思ってるんですけど，なかなかうまくいかないんです。あとで見返しても，よく分からないし……。
男子学生：全部書き留めようとするのは，ちょっと無理があるね。やっぱり，自分でポイントを見つけて書くようにしないと。
女子学生：ポイント，ですか？
男子学生：うん。要するに，重要な内容と，そうでもない内容を区別して，重要な内容を優先して書き留めておくということだよ。それほど重要でないことをメモするにしても，あとから二つを区別できるようにしておいた方がいいね。
女子学生：分かりました。ありがとうございました。

この男子学生は，女子学生にどのようなアドバイスをしましたか。
1．友達と分担して，先生の話をノートに書き留める。
2．授業中はノートを取らず，先生の話に集中する。
3．ノートは授業後に，見やすいように整理（せいり）する。
4．先生の話は，要点を絞（しぼ）って書き留めるようにする。

25番　先生が，生物学の授業で，ユリカモメという鳥について話しています。この先生は，ユリカモメへ

の過剰(かじょう)なエサやりについて，何が最も問題だと言っていますか。

　ユリカモメは，日本ではなじみのある渡り鳥で，海辺に行くと見ることができます。非常に動きが素早い(すばや)い鳥で，人間が投げたエサを空中でキャッチすることもできます。そんな動きの面白(おもしろ)さもあって，ユリカモメへのエサやりは，ちょっとしたブームになったほどです。しかし，過剰なエサやりには問題があります。

　まず，もともとユリカモメは，小魚など動物性のものが主食なのですが，食パンやお菓子など植物性のものを多く食べるようになり，習性が変わってしまいました。次に，本来の生息域である海辺から，エサにつられて，どんどん内陸部に進出してきています。このままユリカモメの進出が続けば，生態系(せいたいけい)が崩(くず)れてしまうおそれもあります。最後に，最も重大な問題は，ユリカモメが自分でエサを取れなくなってしまうことです。ユリカモメは渡り鳥です。日本以外の土地では，エサをくれる人がいるとは限りません。そんな時，自分の力でエサを取る能力がないことは，ユリカモメにとってはまさに生きるか死ぬかの問題です。

この先生は，ユリカモメへの過剰なエサやりについて，何が最も問題だと言っていますか。
１．ユリカモメの健康(けんこう)が損なわれること
２．ユリカモメの食べるものが変わること
３．ユリカモメの野生の力が奪(うば)われること
４．ユリカモメが内陸部に進出してくること

26番　先生が，心理学の授業で，「アメとムチの法則」ということについて話しています。この先生の話によると，「アメとムチの法則」を用いるときに気をつけるべきことは何だと考えられますか。

　皆さんは「アメとムチの法則」というのを聞いたことがありますか？　人の意欲をかきたてたり，行動を思いのままにコントロールしたい場合，相手が望ましいことをしたらアメ，つまり報酬(ほうしゅう)を与え，望ましくないことをしたらムチ，つまり罰(ばつ)を与える，というものです。

　しかし，最近では，それほど単純なものではないことが分かってきています。あまりに強いムチを与えると，それ以降，ムチを恐れて，行動すること自体を諦(あきら)めてしまうということが分かったのです。つまり，失敗のリスクを冒(おか)してまでアメを取りに行くくらいなら，じっとしていた方がマシだと考えるようになってしまうということです。

この先生の話によると，「アメとムチの法則」を用いるときに気をつけるべきことは何だと考えられますか。
１．無気力になってしまうほどの強い罰を与えない。
２．そのときの気分で報酬や罰の量を決めない。
３．やる気が低下してしまうので，報酬を与えすぎない。
４．罰を与えるタイミングを間違えない。

27番　先生が，教育学の授業で，外国語の会話授業について話しています。この先生が考える理想的な会話授業の一例として，適当なものはどれですか。

　近年，学校の外国語教育において，会話を取り入れた授業が増えてきています。会話の授業が増えていること自体はいいことですが，現状では，そのやり方はいまだ不十分であると言わざるを得ません。どこが不十分かというと，会話といっても，実際には，先生が生徒に質問をし，生徒がそれに答えるだけの授業になってしまっています。これでは会話とは言えません。普段の会話を思い出せば分かることですが，会話というのは，お互いのメッセージをやり取りすることです。現在教室で行われている，決まり切った

スクリプト　**241**

型の会話では，メッセージのやり取りができるはずがありません。まずは，この一方向的な会話の形態（けいたい）を見直していかなければならないでしょう。

この先生が考える理想的な会話授業の一例として，適当なものはどれですか。
1．先生が日常会話以上の高度な質問を生徒にする。
2．生徒が自分から相手に質問をするようにさせる。
3．授業中は外国語しか使わないようにする。
4．生徒に会話の決まった型を徹底（てってい）的に教え込む。

第8回　スクリプト　　🔊 bm08

1番　博物館（はくぶつかん）の人が，古い文書の修復（しゅうふく）について資料を見ながら話しています。この人が話しているのはどの部分ですか。

　この博物館には，古い文書がたくさん保存（ほぞん）されていますが，なかには修復が必要なものがあります。文書の修復には，ここに書いてあるように，いくつかの注意点がありますが，今日は，修復する文書そのものに対する注意についてお話しします。
　虫食いがあったり，破れていたりする場合には，まずその修復しようとする文書がどういう素材（そざい）でできているのかを確認します。古い文書は，和紙という日本の伝統（でんとう）的な紙でできている場合が多いですが，和紙といってもいろいろな種類がありますから，修復するものに合わせて必要な素材を集めます。なかでも，文字の部分を修復するときには，文字が消えないように特に注意をして素材や方法を選びます。資料は貴重（きちょう）なものですので失敗できません。修復は非常に気を遣（つか）う作業ですが，利用者の皆さんに有意義（ゆういぎ）に使ってもらえるよう，日々頑張（がんば）っています。

2番　先生がポスターについて話しています。この先生の話によると，どれが最も望ましいポスターですか。

　ポスターは，絵や写真，イラスト，文字などを使って，伝えたい内容をひと目で分かるように，描（か）いたものです。駅や街の中のいたるところで宣伝（せんでん）広告に使われますし，皆さんもよく目にしていると思います。ポスターは，ただ見た目がきれいなだけではだめで，メッセージがはっきり伝わることが大切です。
　では，どのように描けばメッセージがうまく伝わるのか考えてみましょう。例えば，大都市である東京に，働く人を呼び込む目的でポスターを描く場合には，東京の会社のイメージ，生き生きと働く人のイメージなどを描くといいですね。また絵だけでなく，効果的なキャッチフレーズも入れるとよいでしょう。絵と文字のバランスを考え，キャッチフレーズを上下や左右に分けて書いても構いません。ただし，離（はな）れたところからでもひと目で分かるように，ポスターに用いる言葉は簡潔（かんけつ）なものがよいでしょう。

3番　先生が，ある地域の植物の分布図を見ながら話しています。この先生が問題視（もんだいし）しているサルの行動は，この分布図でいうと，どこで起きていますか。

　山は高いところほど気温が低くなり，生える植物も変わってきます。生える植物の種類は，高さによってかなりはっきりと変わり，帯状の分布になっていることから，この図は垂直（すいちょく）分布図と呼ばれます。下から丘陵帯（きゅうりょうたい），山地帯，亜（あ）高山帯，高山帯となっています。そして，これ以上，上には高い木が生えないという境界線を森林限界といい，高山帯はこの森林限界より上にあります。

242

さて，ライチョウという鳥がいます。この鳥は森林限界より上に生息しているのですが，近年，このライチョウの絶滅（ぜつめつ）が心配されています。その理由の一つに，サルがライチョウを食べているということが挙（あ）げられます。本来は山地帯を中心に住んでいるはずのサルが進出してきているのです。サルは群れで行動し，他のサルの行動を真似（まね）るため被害の拡大（かくだい）が心配されています。

ライチョウの数の減少は，それ以外にも，地球温暖化（おんだんか）の影響（えいきょう）でライチョウの住む場所が減少していることや，カラスやキツネが，山を訪れる観光客の出すゴミにつられてやって来てライチョウを襲（おそ）うようになったことも原因だと言われています。

4番　女子学生と男子学生が，学食でメニューについて話しています。この男子学生がこのあと注文するのはどれですか。

女子学生：そのメニューだと，野菜が足りないんじゃない？　もっとバランスよく食べなきゃだめよ。お味噌汁（みそしる）を，野菜スープに変えたら？

男子学生：そうかなあ。よし，じゃあ，ハンバーグと，野菜スープと，ごはんにしよう。それからデザートはプリン。君は焼き魚にするんだね。

女子学生：うん，健康（けんこう）に良さそうだから。ねえ，あなたダイエットするって言ってなかった？デザートまで食べて，カロリー大丈夫（だいじょうぶ）？

男子学生：このメニューだと，全部で950キロカロリーか，けっこう高いね。じゃあごはんをやめるよ。これならカロリーは問題ないだろう？

女子学生：たしかにカロリーは低くなるけど，栄養（えいよう）のことも考えなきゃだめよ。そこでカロリーを減らすより，デザートを果物にしたら？

男子学生：分かったよ。こうするとカロリーは全部で，ええっと，850キロカロリーだね。

5番　先生が，気圧と空気の動きの関係について話しています。この先生が最後にする質問の答えはどれですか。

おとといは台風で大荒れの天気でしたね。台風とは大きな低気圧です。皆さんも，天気予報で高気圧や低気圧という言葉を聞いたことがあると思います。気圧とは，空気の重さによって地表にかかる圧力のことです。周りの気圧より気圧が高い場所を高気圧，反対に低いところを低気圧といいます。気圧に差があることによって，空気に流れが生じます。

例えば，高気圧の下の地表は周囲より気圧が高くなっています。気圧は均一になろうとするため，地表付近の空気は，気圧の低い外に向けて吹き出します。そして出て行った空気を補うため，空気が上空から吹き込みます。それに対して，おとといのような台風などの低気圧のもとではまったく逆の現象が起きています。低気圧の地表付近では，周りから空気が吹き込み，その風がぶつかり合って上向きの風になります。

では，今説明した内容を図で確認しましょう。この四つの図のうち，おとといの，地表付近の空気の動きを表しているものはどれですか。

6番　先生が，経営について話しています。この先生が話の中で例に挙（あ）げている企業（きぎょう）は，図の中のどこに位置すると考えられますか。

企業が利益（りえき）を追求するのは当然です。しかし，利益を追求するあまり「悪いこと」をしてしまえば，罰（ばつ）を受けたり社会的な信用を失ったりするでしょう。この場合の「悪いこと」とは，法律違反だけでなく，倫理（りんり）的に問題がある場合も含みます。理想としては，十分な利益が上がっていて，

かつ倫理的にも正しいことをしているという経営です。しかしそれは理想であって，現実にはそうでないタイプの企業も数多くあります。

　ある企業が五年前に売り出した製品(せいひん)には，動物の毛皮や羽根が用いられています。この製品は品質も良く，値段も安かったために人気となり，この企業は多額の利益を得ています。しかし，材料である毛皮や羽根を仕入れるためには動物を犠牲(ぎせい)にしなければなりません。これは法的には問題はありません。しかし，動物を犠牲にして多額の利益を得ているこの企業の経営方針に対して，批判(ひはん)する意見があるのも確かです。

7番 先生が，経営学の授業で，商品の売り方について話しています。この先生が最後に書いた図はどれですか。

　企業(きぎょう)が技術や商品などを提供(ていきょう)する際，これまでは企業側の視点(してん)から考えることがほとんどでしたが，最近は買う側，つまり顧客(こきゃく)の立場から検討(けんとう)することが増えてきました。

　例えば，ある会社は，価格(かかく)と性能のバランスを考えてA，B，Cという3種類の商品を売っていましたが，今年から，性能が高く価格は低いという新しい商品を発売したとしましょう。新しい商品のほうが価格と性能のバランスが優れているので，顧客は新しい商品を買うようになります。この場合に，今までの商品も捨てずに売るにはどうしたらいいでしょうか。

　そのためには，新商品と比較(ひかく)して，顧客が満足してくれるように価格と性能のバランスを変えていく必要があります。すでにある商品の性能をあとから良くすることはできませんので，この図のようにしてバランスをとっていくとよいですね。

8番 男子学生と女子学生が，高校生を対象に行ったサークル説明会についての反省をしています。二人が所属(しょぞく)するサークルが行った説明会は，図のどこに当たりますか。

男子学生：この前の説明会，みんなの反応(はんのう)がいまいちだったね。何が悪かったんだろう。
女子学生：私もそう思って，教育の本をいろいろ読んでたら，こんなのを見つけたの。
男子学生：聞き手をひきつけるための三つの要素(ようそ)？　へえ。雰囲気(ふんいき)づくりと，仲間づくりと，学びの準備か。雰囲気づくりはどうだったかな。一応，みんなが緊張(きんちょう)しないように心がけたつもりだけど。
女子学生：でも，最後の質問コーナーでもあまり発言する人がいなかったってことは，雰囲気づくりが十分じゃなかったってことなんじゃないかしら。あと，雰囲気づくりには，会場づくりも含まれるって書いてあるわよ。
男子学生：その点は，全く考えていなかったな。教室をそのまま使っただけだから。次回は改善(かいぜん)しないとダメだね。仲間づくりっていうのは何？
女子学生：要するにグループ学習ってことよ。
男子学生：うーん。僕(ぼく)たちが一方的に話していただけだからね。これもダメだな。最後の学びの準備っていうのは，高校生側の準備ってこと？
女子学生：そう。この点に関しては，みんなうちのサークルに興味(きょうみ)を持って来てくれているはずだから，問題はないはずよ。
男子学生：興味を持ってるはずなのに，あの反応ってことは，大いに反省しないと。

9番 生活科の先生が，包丁(ほうちょう)の扱(あつか)い方について話しています。この先生の話によると，去年けがをした生徒は，注意事項(じこう)の中のどれが原因でけがをしましたか。

包丁の使い方に不慣れな人もいるようですので，注意点を言っておきます。

まず包丁で物を切るときの姿勢（しせい）ですが，まな板に向かってまっすぐではなく，包丁を持つ手と同じ側にスペースができるように，少し斜めに立つようにします。また，料理の途中でいったん包丁を置くときは，刃先（はさき）を自分とは反対側に向けておくようにしましょう。

では，次に握（にぎ）り方です。手の甲（こう）が上を向くように握ってください。包丁のみねと言われる部分に人差し指を当てるようにすると，バランスがとりやすくなります。そして食材を持つほうの手は，指先を内側に曲げて丸めるようにしましょう。

包丁の使い方というと，包丁を持って物を切るときのことばかりを考えがちですが，そうでないときも刃（は）の向きに気をつけてください。去年実習中にけがをした人がいましたが，まさにこの点の不注意が原因でした。

10番　先生が，星の動きについて話しています。この先生が最後にする質問の答えはどれですか。

今日は，星の動きについて説明します。まず，資料を見てください。この図は，北半球のある地点から観測した，8月15日20時の北の空をイメージして描かれたものです。中心にある黒い点は北極星という星を表しています。図の中の白い○（まる）印が，今回観察した星であり，矢印（やじるし）は，その星の動きを示したものです。北の空では，北極星を中心にして，反時計回りに星が回転するように見えます。星は地球の自転周期に合わせて24時間で1周します。ですから，1時間当たりでいうと15度回転しているわけですね。

では，問題です。同じ8月15日の3時間後，つまり23時の北の空を表している図と，次の日である8月16日の20時の北の空を表しているのは，それぞれどの図でしょうか。

11番　先生が，森林の植物の移り変わりを説明しています。この先生が最後にする質問の答えはどれですか。

ここにある図は，山火事などで地面の植物が全くなくなったあと，そこに森林ができるまでの過程を表したものです。実は，地面に突然，大きな木の芽（め）が出てくるということはありません。まずは，コケなどの背が低い植物が生えてきます。これらの植物は，土地に十分な栄養（えいよう）がなくても空気中の水分や太陽の光で成長することができるからです。この植物のおかげで，土地は水や養分（ようぶん）を蓄（たくわ）えられるようになり，やがて草が生え始めます。こうして，大きな樹木が育つ環境（かんきょう）がだんだんと整（ととの）えられるのです。

最初に生えてくる樹木は，強い太陽の光を好む木です。この木が生い茂（しげ）ってくると，地面に光が届かなくなります。光があまり届かないと，もうこの種類の木は新しく育つことができません。光が届きにくくなった林の中で芽を出して増えていくのは，少ない光でも成長することができる木です。

ではここで質問です。この図の中で，日陰（ひかげ）で生活する力が最も強いと考えられる植物はどれですか。

12番　先生が，人間の心理について話しています。この先生が最後にする質問の答えはどれですか。

これは心理学でよく使われる図で，自分というものを，「自分も他者も知っている自分」，「自分は知っているが他者は知らない自分」，「自分は知らないが他者は知っている自分」，そして「自分も他者も知らない自分」という，四つの側面に分けて分析（ぶんせき）しようとするものです。

例を挙（あ）げて考えてみましょう。ある会社に事務担当のAさんと営業担当のBさんがいたとしましょう。Aさんは，Bさんがいつも偉そうな態度（たいど）でAさんに指示をすることに不満を持っています。しかしAさんは自分の不満な気持ちを誰（だれ）にも伝えられずにいます。一方Bさんは，偉そうな態度を

スクリプト　**245**

とっていることに自分では気がついていません。このような状態(じょうたい)で，Aさんは誰にも気づかれないまま毎日悩み，Bさんはますます偉そうな態度をとるようになっています。

　では，AさんとBさんの現在の状態を考えると，図の四つのうち，それぞれどこに問題を抱えていると言えますか。

13番　男子学生と女子学生が，おいしいお店の見つけ方について話しています。この男子学生は，このあとどうしますか。

男子学生：おいしいお店を探してるんだけど，どこかオススメのお店ない？
女子学生：私は特にないんだけど，この前テレビで，おいしいお店を見つける方法っていうのをやってたよ。
男子学生：え，どんな方法？
女子学生：グルメの本で，昔，有名店で修行(しゅぎょう)していたことがある店主のお店を探すんだって。
男子学生：確かに，有名店で修行していたんだったら，腕は確かと言えそうだね。
女子学生：あと，有名店で使用していた品質のいい食材を入手できるっていうこともあるらしいよ。
男子学生：なるほど。でも，グルメの本を片っ端(かたっぱし)から読まなきゃいけないんじゃ，大変だな。そうだ，ネットでそういう店を調べればいいか。
女子学生：お好きにどうぞ。

この男子学生は，このあとどうしますか。
１．グルメ本で，有名店で修行した人のお店を探す。
２．グルメ本で，有名店を探す。
３．ネットで，有名店で修行した人のお店を探す。
４．ネットで，評価(ひょうか)の高いお店を探す。

14番　先生が，クモという虫について話しています。この先生の話によると，巣(す)を張(は)るタイプのクモは，なぜ農耕民族にたとえることができると考えられますか。

　クモが獲物(えもの)を捕らえる方法には二つあります。それは，クモの巣を張って獲物を捕らえる方法と，自ら移動して獲物を捕らえる方法です。このうち，クモの巣を張るタイプのクモについて説明しましょう。

　このタイプのクモの生活においては，どこに巣を張るかということが決定的に重要な意味を持っています。ある場所に巣を張ったとしても，そこが獲物のほとんど寄ってこない場所であれば，クモは生活できません。実際，巣を張る場所によって，クモの成長速度はかなり違ってきます。その意味では，巣を張るタイプのクモは，農耕民族にたとえることができそうです。

この先生の話によると，巣を張るタイプのクモは，なぜ農耕民族にたとえることができると考えられますか。
１．食料不足を心配する必要がないから
２．食べるものを自ら作り出すから
３．攻撃(こうげき)性が弱いから
４．場所によって生活状況が変わるから

15番　男子学生と女子学生が，サークルのポスターについて話しています。この女子学生は，どのように

246

ポスターを直せばいいと言っていますか。

男子学生：うちのサークル紹介のポスターができたんだけど，こんな感じでどうかな？
女子学生：デザイン的には，目立っていいんじゃない？
男子学生：そこは力を入れたからね。
女子学生：あと，地図も分かりやすくていいと思うわ。
男子学生：でしょ。活動場所が分かりにくいと，来てもらえないからね。
女子学生：でも……，うちの「未来学研究会」って，名前だけじゃ，何をするサークルなのかよく分から
　　　　　ないでしょ？　だから，もっとそのあたりの説明を入れた方がいいんじゃない？
男子学生：確かに，言われてみればそうかもね。じゃあ，君が紹介文を書いてよ。
女子学生：いいわよ。

この女子学生は，どのようにポスターを直せばいいと言っていますか。
１．サークルの活動内容を具体的に記入する。
２．活動場所までの地図を入れる。
３．デザインをもっとシンプルなものにする。
４．楽しいサークルであることを強調する。

16番　先生が，農業の授業で，イネという植物の栽培（さいばい）法について話しています。この先生は，
　　　イネの穂（ほ）が出る前に田んぼの水をすべて抜く作業の目的は何だと言っていますか。

　イネは，水の中で育てます。水の中であれば，水の不足に悩む必要もありませんし，また水の中には養
分（ようぶん）が豊富に含まれています。このように，水の中は，イネにとって大変恵（めぐ）まれた環境（か
んきょう）なのです。しかし，水が容易に得られるということは，根を張（は）り巡（めぐ）らせる必要がな
いということでもあります。根っこが弱いままだと，秋になってイネの穂，つまり稲穂（いなほ）が実った
ときに，それを支えることができなくなってしまいます。
　そこで，イネの穂が出る前に，田んぼの水をすべて抜くという作業を行います。これを「中干し」と言い
ます。こうすると，今まで水に困ることのなかったイネは，危機感を抱いて，急いで地下深くの水を求
めて多くの根を張り巡らせようとします。「中干し」は，植物の性質を利用した巧（たく）みな知恵（ちえ）
と言えます。

この先生は，イネの穂が出る前に田んぼの水をすべて抜く作業の目的は何だと言っていますか。
１．イネにたくさんの養分を与えること
２．イネに含まれる栄養分を稲穂に集めること
３．イネの根の成長を促（うなが）すこと
４．より多くの稲穂が実るようにすること

17番　先生が，心理学の授業で，性格の変化について話しています。この先生は，「モード性格」の特徴（と
　　　くちょう）は何だと言っていますか。

　性格の変化には大きく分けて，「モード性格」と「性格変容」の二つのパターンがあります。「モード性
格」というのは，日常生活におけるさまざまな状況に応（おう）じて性格が変化することを言います。皆さ
んも，友達と一緒にいるときの性格と，家庭の中での性格は違うのではないでしょうか。モード性格は，
それぞれの性格が状況と結（むす）びついていますから，状況が戻れば性格も元に戻ります。
　一方の「性格変容」というのは，人生上の強烈（きょうれつ）な体験や，環境（かんきょう）の大きな変化

スクリプト　　247

によって，性格が変化することです。性格変容を引き起こす体験としては，入学や就職，結婚(けっこん)や出産，また家族や友人との死別などがあります。性格変容は，一度起こると二度と元の性格に戻ることはありません。つまり，不可逆的な性格変化と言えます。

この先生は，「モード性格」の特徴は何だと言っていますか。
1．変化の度合いが大きい。
2．元に戻らない。
3．めったに起こらない。
4．状況によって変わる。

18番　先生が，自然との付き合い方について話しています。この先生は，自然と共生するために必要なことは何だと言っていますか。

　自然には，「やさしい面」と「恐ろしい面」の両面があります。そんな自然と共生するためにはどうすればよいのでしょうか。自然の恐ろしい面を完全に抑(おさ)え込むことは，到底人間にはできません。ですから，恐ろしい自然を，ある程度受け入れる覚悟(かくご)を持たなければなりません。といっても，災害(さいがい)に対してただ何もせず待っていればいいということではありません。ここでの「受け入れる」というのは，「かわす」ということです。こちらに向かってくるボールをかわす，というときの「かわす」と同じです。例えば，氾濫(はんらん)しやすい川のそばに住んでいるのならば，高い土地に住んだり，石垣(いしがき)を高く積みその上に家を建てたりといった工夫をするということです。このように生活を工夫すること，それが「かわす」ということです。

この先生は，自然と共生するために必要なことは何だと言っていますか。
1．できるだけ自然を破壊(はかい)しない生活をすること
2．自然のあり方に自分たちの生活を合わせること
3．工夫によって自然をコントロールすること
4．災害を仕方のないものとして受け入れること

19番　先生が，経営学の授業で話しています。この先生は，３Dテレビの開発における失敗点は何だと言っていますか。

　「いい商品を作るぞ」という思いだけでは物は売れない，ということを示す一つの実例があります。
　かつて，テレビ業界において，各メーカーは「３Dテレビ」の開発を競い合っていました。映像が立体に見えるという売り込みで，家電売り場にも多く並んでいましたし，３Dテレビ放送もありました。しかし，これを見るには３D鑑賞(かんしょう)用のメガネが必要だったのですが，人々はメガネをかけてまで３D映像を見たいとは思いませんでした。その結果(けっか)，３Dテレビはいつの間にか世の中から消えてしまいました。
　商品開発は，「お客さんのニーズにこたえる」ということが目的でなければなりませんが，３Dテレビに関しては，その手段にすぎない商品開発自体が，目的にすり替わってしまったのです。

この先生は，３Dテレビの開発における失敗点は何だと言っていますか。
1．コストダウンができなかった点
2．技術が追いついていなかった点
3．消費者の需要(じゅよう)を捉(とら)えられなかった点
4．開発競争が激(はげ)しくなってしまった点

20番　女子学生と男子学生が，読書について話しています。この男子学生は，女子学生にどんなアドバイスをしていますか。

女子学生：ずいぶん難しい本を読んでるんだね。
男子学生：ああ，政治学の専門書だよ。
女子学生：私も難しい本に挑戦(ちょうせん)したいんだけど，なかなか手が出せなくて。
男子学生：無理もないよ。一人だと読むのは大変だし，続かないからね。だから，僕(ぼく)は同じ学科の人たちと読書会を開いてるんだ。
女子学生：1冊の本をみんなで読み合うってこと？
男子学生：そう。1カ月に1冊ずつ読む本を決めて，読んで分からなかったことや感想なんかをみんなで語り合うんだ。この本も，読書会の本だよ。君もメンバーを集めてやってみたら？
女子学生：そうだね。やってみようかな。

この男子学生は，女子学生にどんなアドバイスをしていますか。
1．難しくても1冊の本を最後まで読み通す。
2．仲間を集めて読書会を開く。
3．先生に本の内容について質問に行く。
4．興味(きょうみ)のある分野の本だけ読む。

21番　先生が，「笑い」ということについて話しています。この先生の話によると，「笑い」にはどのような機能があると考えられますか。

　何をおかしく感じるか，ということについては，人によって差があります。人にはそれぞれ，笑いの「ツボ」があるということです。
　何を笑いのツボと感じるかには，その人の知識，経験，感性など，さまざまな要素(ようそ)が反映されます。その意味で，笑いのツボは，その人の人格に深く関わっていると言うことができます。ですから，同じところで笑う人，つまり笑いのツボが同じ人同士(どうし)は，人格の大事な部分を共有していることになり，互いに親しみを感じるようになります。だからこそ，逆に，笑いを共有できない人たちに対しては，「つまらないやつらだ」あるいは「分かってない連中だ」というように，嫌悪(けんお)感を持つようになります。

この先生の話によると，「笑い」にはどのような機能があると考えられますか。
1．集団の仲間意識を強化する。
2．経験の深さを示す。
3．誤った行動を止める。
4．社会に対して批判する。

22番　男子学生が，授業で，自分が行う調査の計画について発表しています。この話を聞いていた女子学生は，どんな問題点を指摘(してき)しましたか。

男子学生：「週に何回，外食に行くか」ということについて，インターネットによる調査を行いたいと思います。
女子学生：すいません。高齢者の方は，インターネットの利用率(りようりつ)が，他の年代に比べて低いのではないかと思うのですが。
男子学生：あ，その点は考慮(こうりょ)していませんでした。

スクリプト　249

女子学生：インターネット調査でも，高齢者の方から十分な回答数が得られればいいですが，そうでない
　　　　　場合は，別に聞き取り調査などをしたほうがいいと思います。
男子学生：アドバイスありがとうございます。すべて聞き取り調査にするべきかという点も含めて，検討
　　　　　（けんとう）したいと思います。

この話を聞いていた女子学生は，どんな問題点を指摘しましたか。
１．調査をする地域によって回答結果（けっか）が変わる。
２．本人が回答しているかどうか確認できない。
３．年齢層によって回答数に偏（かたよ）りが生じる。
４．対面式ではないので回答しない人が多くなる。

23番　先生が，外国語の学習について話しています。この先生は，「外国語ができる」とは，どのような
　　　状態（じょうたい）のことを意味すると言っていますか。

　「外国語ができる」とは，どのような状態のことを言うのでしょうか。よく，「外国語ができる」というの
は，母国語とする人とまったく同じようにその言語を使うことができることだ，というように思ってい
る人がいますが，それは無理です。そのような考えを持っていては，いつまでたっても「外国語ができる」
という実感を味わうことはできないでしょう。
　「外国語ができる」というのは，ある外国語の表現が，細かいニュアンスも含めてそのまま分かる，と
いうことです。これを「語感」と言いますが，もっと分かりやすく言うと，ある表現が「いつ，どこで，
どのように」使われる表現なのかが分かるということです。ここをクリアできるかどうかが，外国語中級
（ちゅうきゅう）者と上級者の分かれ目になるのです。

この先生は，「外国語ができる」とは，どのような状態のことを意味すると言っていますか。
１．母国語とする人と同様に発音がうまい。
２．日常で用いられる単語をすべて覚えている。
３．外国語の検定（けんてい）試験で高得点が取れる。
４．その言語の細かい感覚を身につけている。

24番　女子学生と男子学生が，「グリーンツーリズム」という観光の形態（けいたい）について話しています。
　　　この女子学生の話によると，最近の「グリーンツーリズム」は，どのようなものになっていますか。

女子学生：最近話題になってるけど，「グリーンツーリズム」って知ってる？
男子学生：ああ，農村の生活を体験する観光ツアーみたいなやつだっけ？
女子学生：そうそう。今度の夏休みに，友達と一緒に行こうと思ってるんだ。
男子学生：へえ。でも，言葉は悪いけど，何となく「汚い」イメージがあるんだよね。
女子学生：確かに，以前は「農村体験をしてもらうんだから，そのままの農村でいい」っていう考え方が
　　　　　ほとんどだったんだけど，今では，泊まるところも含めて，美しい農村づくりを目指している
　　　　　ところが増えてるんだって。私たちが今度行こうと思ってるのもそういうところなんだけど。
男子学生：まあ，観光として人を呼ぶんだったら，そういうふうにしないとね。

この女子学生の話によると，最近の「グリーンツーリズム」は，どのようなものになっていますか。
１．美しい農村づくりに参加することができる。
２．美しい環境（かんきょう）の中で，農村生活体験ができる。
３．自然によって美化された街（まち）での生活を味わえる。

4．ありのままの農村生活を体験することができる。

25番　講師が，ある会社で，会議のタイプについて話しています。この講師は，計画タイプの会議において重要なことは何だと言っていますか。

　一口に会議といっても，会議にはいろいろなタイプがあります。会議を企画（きかく）する段階で，それがどのタイプの会議なのかということを明確に意識しておかないと，だらだらと時間を無駄（むだ）づかいするだけの，価値（かち）の低い会議になってしまいます。ここでは，「意思決定」タイプの会議と，「計画」タイプの会議についてお話ししたいと思います。

　まず，意思決定タイプの会議は，当たり前ではありますが，意思決定できる人がいることが不可欠な条件（じょうけん）です。そして，決定のプロセスをメンバーが理解していることが重要です。そうでないと，「強引な決定だ」という不満を持つ人が必ず出てきます。

　次に，計画タイプの会議ですが，こちらは参加人数の枠（わく）を広げ，できるだけ多くの人に，計画に対する意識を高めてもらうことが望まれます。その際，大事なことは，実際の仕事に当たる本人に自分の計画を話させることです。仕事に対する主体的な姿勢（しせい）が，自ずとやる気を生み出すからです。

この講師は，計画タイプの会議において重要なことは何だと言っていますか。
1．計画について，その場で一から話し合うこと
2．計画の決定権を持っている人が出席していること
3．計画を実行する当人が，計画を発表すること
4．計画を進めるプロセスを明確にしておくこと

26番　先生が，教育学の授業で，学校の時間割について話しています。この先生は，同じ科目の授業を立て続けに教えることにした学校において，生徒の学力が落ちたのはなぜだと言っていますか。

　学校の時間割は，普通，同じ科目の授業を連続でやるのではなくて，異（こと）なる科目を1時間ずつ教えるようになっています。ところが，このやり方に反対意見を唱（とな）えた学校がかつてありました。この方法だと学習効率（こうりつ）が低くなると考えて，同じ科目を立て続けに教えることにしたのです。その結果（けっか），どうなったかというと，学力が急に落ちてしまいました。なぜでしょうか。それには記憶（きおく）の整理（せいり）ということが関わっています。

　頭にインプットされた記憶は，寝ている間に，必要な記憶と必要でない記憶とに整理されますが，それと同じことが，違う科目の授業を受けている間に起こってるのです。しかし，同じ授業を立て続けに受ける場合は，そういうことが起こりません。それで記憶の定着が悪くなり，学力が落ちてしまったというわけです。

この先生は，同じ科目の授業を立て続けに教えることにした学校において，生徒の学力が落ちたのはなぜだと言っていますか。
1．授業内容について，記憶の整理ができなくなってしまったから
2．特定の科目にしか興味（きょうみ）を持てなくなってしまったから
3．授業の進行スピードについていけなくなってしまったから
4．学習時間の増加により，睡眠（すいみん）時間が減ってしまったから

27番　先生が，生物学の授業で，動物が子孫を残すための戦略について話しています。この先生の話によると，川の上流で繁殖（はんしょく）する魚は，どのように子どもを産み，育てると考えられますか。

スクリプト　251

動物が子孫を残すための戦略には，「多産戦略」と「少産保護(ほご)戦略」の二つがあります。多産戦略というのは，「親はできるだけたくさん子を産み，保護はしない」というものです。一方，少産保護戦略というのは，「親は比較(ひかく)的少ない子を産み，子が自立するまで世話をする」というものです。

一般的に，子どもにとってえさが得やすい環境(かんきょう)では，親はよりたくさんの子を産みます。逆に，子どもにとってえさが得にくい環境では，親は子を少なく産み，保護して育てます。

では，川の中でも，水中の栄養(えいよう)分が少ない上流部分で繁殖する魚は，どのように子どもを産み，育てるのか，考えてみましょう。

この先生の話によると，川の上流で繁殖する魚は，どのように子どもを産み，育てると考えられますか。
1．たくさん子を産み，すべて巣(す)で保護しながら育てる。
2．たくさん子を産むが，産みっぱなしにする。
3．少なく子を産み，巣で保護しながら育てる。
4．少なく子を産むが，育てることはない。

第9回　スクリプト　　🔊 bm09

1番 先生が，表を見せながら学生支援(しえん)について話しています。この先生の話によると，今年から始まるのは表の中のどの項目(こうもく)ですか。

今日は，当大学の学生支援について説明します。まずは入学おめでとうございます。大学では，自分のやりたい勉強を思い切り頑張(がんば)って，充実(じゅうじつ)した生活を送ってほしいと思います。

当大学が，学問の場を提供(ていきょう)するだけでなく，これから社会に出る皆さんの手助けをすることにも力を入れています。社会で活躍(かつやく)するためには，授業に出るだけでなく，在学中に働く経験を積んでおくことが望ましいと言えます。仕事を経験する中で自分に足りないものを発見できれば，大学での勉強にも一層力が入るでしょう。そのため，当大学では，今年から，企業(きぎょう)と協力して，希望者には企業で働く機会を提供し，それを卒業単位として認める制度を作りました。皆さん，ぜひこの制度の利用を検討(けんとう)してみてください。

2番 先生が授業で，光と快適性の関係について話しています。この先生が最後にする質問の答えはどれですか。

人は数百万年にわたり，太陽やたき火の光の中で生活してきたため，人の光に対する感覚は，それらの光の影響(えいきょう)を受けていると考えられます。ですから，私たちが使う照明にも，太陽の光やたき火の光と同じような特徴(とくちょう)を持たせることによって，心地よさを生み出すことができます。

図は，「光の色および強さ」と「快適性」の関係を表したものです。図について少し説明をすると，白くて弱い光は，寂(さび)しく陰気(いんき)な感じになります。また，黄色く強い光は，暑苦(あつくる)しさを感じさせます。したがって，オフィスや教室のように強い光が必要な場所では，黄色ではなく白の照明にするとよいということになります。実際にこの教室もそうなっていますね。では，休息や団らんの場のように，明る過ぎる光が適さない場所では，どのような光を配置するのがよいでしょうか。

3番 先生が，さまざまな漁法について話しています。この先生が問題があるといっている漁法はどれですか。

魚をとるための方法，つまり漁法にはさまざまな種類があります。例えば，この漁法は，はえ縄(なわ)

漁というもので，大きな縄に複数の縄と針を付けて魚を釣(つ)るものです。魚の群れの中に縄を入れれば，同じ種類の魚がたくさん釣れるという利点があります。次にこれは巻き網(あみ)漁といい，大型の網を使って，大群で泳ぐ魚を囲い込むようにしてとる漁法です。次に，これは同じように網を使う漁法ですが，底引き網漁と呼ばれています。大きな網を海底に沈めて，それを船で引っ張(ひっぱ)ることによって魚をとる漁法です。この方法は海底にいる魚やカニ，エビ，貝類をとることができますが，大きな問題を抱えていることも事実です。底引き網漁には，必要のない生き物までとってしまう，あるいは海底の砂を掘り返すことにより海底の生態系(せいたいけい)を壊(こわ)してしまう，という危険性があるのです。それに対して，こちらの漁法は，引き網漁の一つですが，海底に網をおろすわけではないので，生態系を壊すリスクは少ないと言われています。

4番　先生が，虫の鳴き方と気温の関係について話しています。この先生が最後にする質問の答えはどれですか。

　虫は季節(きせつ)によって体温が変化し，鳴き方も変わります。例えばコオロギは気温が高いと鳴く回数が増えます。逆に，気温が下がると鳴く回数が減ります。ただし，虫が鳴くのはだいたい気温が20度から30度のときです。

　コオロギの場合，鳴く回数と気温との関係には一定の法則があります。この式を見てください。コオロギが鳴いた回数から，そのときの気温を求めることができる式です。式の中のxには，コオロギが15秒間に鳴いた回数を入れます。

　そして，下の表は今年の秋に私が調べた，コオロギの鳴いた回数と気温の関係をまとめたものです。ただし，コオロギの鳴き声は途中で止まったりもするので，15秒ではなく，1分間に鳴いた回数を数えてその合計を表に記入しています。

　では，問題です。この表には一カ所空欄(くうらん)がありますが，この空欄に入る数字を先ほどの式を使って求めるとき，計算式のxに入る数字は何ですか。

5番　女子学生と男子学生が，アンケート結果(けっか)を見ながら話しています。この女子学生が，結果に疑問を持っている項目(こうもく)は，どれとどれですか。

女子学生：さっき授業で，育児不安に関するアンケートの結果をもらったんだけど，ちょっと見て。
男子学生：うーん。この項目は，仕事を持っている女性の方が，圧倒的に割合が高くなってるね。やっぱり仕事と子育ての両立は大変なんだな。
女子学生：そうね。でもこの二つの項目には，あまり大きな差はないわね。
男子学生：うん。仕事をしている人は，もっと我慢(がまん)してるのかと思ったけど，そうでもないんだね。あと，仕事を持つ女性の方が，育児を通した自分の成長を強く感じているっていうのと，子育てで悩んで困っている場合が少ないっていうのは，いいことなんじゃないかな。
女子学生：でも，本当は「こんなに疲れながら子育てしているのだから，せめて自分が成長していると思わないとやってられない」とか，「どうしたらいいかなんて思うのは弱い人間のすることだ」っていうふうに，自分に言い聞かせているだけかもしれないわよ。
男子学生：なるほど。そんな見方もできるのか。

6番　学生課の先生が，服装について説明しています。この先生がこのあと見せる写真は，図のどの部分に当てはまりますか。

　私たちは，服を，単に体を覆(おお)う布としてだけではなく，自分を表現するものとしても考えていま

スクリプト　**253**

す。自分に赤い色のTシャツが似合うと思えば，それを買って着るでしょう。そうやって，服装を通して自分らしさを自由に表現して楽しむことができます。しかし，一方で，場面に応(おう)じて社会の常識に合わせていくことも必要です。社会人であれば，社会から望ましいとされる服装をすることで，信用が得られます。もちろん，自分らしさを全部捨ててしまう必要はなく，大切なのはバランスです。

　皆さんも，学生のうちは服装に決まりはありませんから，自分の好きな服を着ていても構いませんが，就職(しゅうしょく)活動をするときは社会やその会社に受け入れられやすい服装にしてください。現在では，面接時にスーツを着なくてもよいとする会社もありますが，それでも常識的な服装であった方がいいでしょう。常識を踏(ふ)まえた上で，多少の個性を出すくらいがちょうどいいのです。では，どういう服装が好ましいのか，実際に写真で見てみましょう。

7番　先生が，植物の光合成の速度について話しています。この先生が最後にする質問の答えはどれですか。

　光合成速度とは，植物が光合成によって一定の時間にどれくらいの二酸化炭素(にさんかたんそ)を吸収したかを示すものです。つまり，光合成速度を計算するには，植物が二酸化炭素を吸収する速度を調べればいいわけですが，それだけでは足りません。植物も動物と同じように呼吸をしているので，この呼吸によって出された二酸化炭素を計算に入れなくてはいけません。

　このグラフは，ある植物の，二酸化炭素を吸収する速度と，光の強さの関係を示しています。光の強さが0のとき，二酸化炭素を吸収する速度はマイナス5になっていますね。光合成は光がないと行われませんが，呼吸は光がなくても常に一定の速度で行われています。このマイナス5という数字は，光合成は行われず，呼吸によって二酸化炭素が出されているだけの状態(じょうたい)を示しています。光の強さが10のときは，二酸化炭素を吸収する速度は0になっていますが，光合成速度は0ではありません。呼吸によって失っている分を足さなくてはいけませんから，本当は5ということになります。

　では，ここで問題を解いてみましょう。光の強さが20のとき，光合成速度はいくつになりますか。

8番　先生が，建築学の授業で，建物の地震対策(たいさく)技術について話しています。この先生の話によると，建物の揺(ゆ)れを抑(おさ)える技術が使われているのはどれですか。

　建物の地震対策技術には，耐震(たいしん)・制震・免震(めんしん)の3つがあります。まず図のAが「耐震」です。耐震は，柱や壁(かべ)を強くして，地震のときにかかる力に耐(た)えるようにすることです。地震の際，建物が大きく揺れても，折れたり倒れたりしないようにするための技術です。次のBは「制震」です。建物の中に地震のエネルギーを吸収する制震装置をつけることで，揺れを抑えます。新しく建設された超高層ビルの多くには，制震装置がついています。最後のCは「免震」です。免震は，地面の揺れが建物に伝わりにくくすることです。建物とその基礎(きそ)の間に免震層という部分を作ることで，地震で地面が揺れても，免震層によってその揺れを小さくしたり，ゆっくりしたものに変えたりすることが可能になります。古い建物を保存(ほぞん)したまま，地下に免震層を作る技術もありますが，建物の周りに土地の余裕(よゆう)があることが必要となります。

9番　男子学生と茶道教室の講師が話しています。この男子学生は，茶道教室で習うことのうち，どの部分に最も興味(きょうみ)を持っていますか。

男子学生：茶道を習うのは初めてなんです。よろしくお願いします。
　　先生：こちらこそ，よろしくお願いします。茶道というと，お茶や茶菓子を頂く作法のことを思い浮かべるかもしれませんね。でも，茶道では作法を通じて心を育てることを大切にしています。そしてそれらの心は日常生活にも応用(おうよう)できます。

男子学生：はい。実は，その茶道の精神にあこがれて茶道を習ってみようと思ったんです。

先生：そうですか。確かに，お辞儀(じぎ)や挨拶(あいさつ)を通じて学べる礼儀(れいぎ)正しさなどは，あなたが社会に出てからも必要なことですから，今から身につけておくとよいですね。

男子学生：はい。でも僕(ぼく)があこがれたのは，ちょっと違うところなんです。今，便利な生活になって，モノが身の回りにあふれています。でも，本当に大切なものって，そんなにはありません。僕は，質素(しっそ)さの中に美意識を見出す茶道の精神にあこがれて茶道をやってみたくなったんです。

先生：なるほど。日本のわび，さびなどにも通じるところですね。

10番　先生が，経営学の授業で，「バリュープロポジション」という価値(かち)について話しています。この先生の話によると，バリュープロポジションは，図のどの部分ですか。

　かつてのように市場が成長していた時代であれば，全体の市場の規模(きぼ)が拡大(かくだい)しているので，ライバル同士(どうし)で激(はげ)しく競争し合っても，それなりに得るものはありました。しかし現在のように市場そのものが縮小(しゅくしょう)している時代にあっては，競争しても得られるものは減り，お互いに消耗(しょうもう)するばかりです。ですから，これからは，いかに「戦わずして勝つか」ということが重要になってくると言えるでしょう。

　その際必要になってくるのが，「バリュープロポジション」です。つまり，「お客さんが求めていて，かつ自分にしか提供(ていきょう)できない価値」を持つことが必要なのです。戦わずして勝つためには，まず，当然ではありますが，自信を持ってお客さんに提供できるものがなければなりません。ただし，いくら自分で「これはいい」と思っても，それだけでは不十分です。相手が欲しいものでなければ意味がありません。そして，他に選択肢(せんたくし)がないということも重要です。他に選択肢がない唯一の価値を提供できて初めて，戦わずして勝つことができるのです。

11番　先生が，成績の相関関係について話しています。この先生が最後にする質問の答えはどれですか。

　成績の相関関係について説明します。図1の分布図を見てください。これは数学と理科の得点の相関関係のグラフです。数学の得点が高くなるほど，理科の得点も高くなっていることが分かります。このように縦軸(たてじく)の数字と横軸の数字の，どちらか一方が増加するともう片方も増加するとき，縦軸と横軸の項目(こうもく)の間には正の相関関係があると言います。逆に，一方が増加すると他方が減少する場合は，負の相関関係があると言い，どちらでもないときは，相関関係がないと言います。また，図1の分布図は分布が直線のようにはっきりしているので，これを「強い正の相関関係がある」といいます。図2は英語と国語の成績の分布で，正の相関関係がありますが，直線のようにまっすぐではなく広く分布しているので，相関関係は弱いといえます。

　では，あるクラスの成績の相関関係を考えてみましょう。数学と国語のテストをして成績を出すと，数学の得点が高い人は国語の得点が低く，国語の得点が高い人は数学の得点が低いという関係がはっきり見られました。この場合，数学と国語の成績にはどのような関係があり，またどのようなグラフになりますか。

12番　先生が，「プロフェッショナル」という概念(がいねん)について話しています。この先生が考えるプロフェッショナルの本質はどれですか。

　今日，「プロフェッショナル」という言葉にはいくつかの解釈(かいしゃく)があり，さまざまな意味で使われています。使用される文脈(ぶんみゃく)や場面によって，異(こと)なった意味で用いられることも

しばしばですが，私は，プロフェッショナルならではの特質，つまりプロフェッショナルの本質を次のように考えています。プロフェッショナルの仕事は，依頼人が抱えている問題を解決してあげることですが，その問題解決のために必要なものは，プロフェッショナル個人の保有(ほゆう)している職能がすべてです。つまり，自分一人で仕事ができるということです。これは，協力し合って仕事をする一般の勤め人には無理です。そういう意味で，プロフェッショナル「ならでは」の特質であると言えるでしょう。

13番　男子学生と女子学生が，風呂(ふろ)の入浴法について話しています。この男子学生は，今日からどのように入浴することにしましたか。

男子学生：疲れを取るにはお湯に浸(つ)かるのがいいってよく聞くから，やってるんだけど，いまいち効
　　　　　果がないんだよね。
女子学生：どのくらいの温度で入ってるの？
男子学生：僕(ぼく)は熱いのが好きだから，42度くらいで入ってるよ。
女子学生：それじゃ，逆効果だよ。
男子学生：え，そうなの？
女子学生：熱めのお湯で高くなった体温を元に戻そうとするときに，体にすごく負担がかかるんだよ。
男子学生：そうなんだ。それじゃ効果がないわけだ。
女子学生：でも，少し低めの温度でお腹くらいまでお湯に浸かるんだったら，疲労回復に効果的らしいよ。
男子学生：へえ。お湯に浸かること自体が悪いわけじゃないのか。さっそく今日から試してみるよ。ありがとう。

この男子学生は，今日からどのように入浴することにしましたか。
１．シャワーを浴びるだけにする。
２．ぬるめの温度で体の半分だけ浸かる。
３．熱めの温度で体の半分だけ浸かる。
４．熱めの温度で全身浸かる。

14番　先生が，創造(そうぞう)性ということについて話しています。この先生は，創造性を高めるためにはどうする必要があると言っていますか。

　創造的な人，つまり新しいことを生み出すことができる人は，アナロジー能力に優れていると言われます。アナロジーとは，よく知っていることから共通点を見出して，知らないことを推測(すいそく)することです。例えば，「彼女は3週連続で日曜日にこの公園に来ている」ということから，「明日の日曜も彼女は公園に来るだろう」と推測することは，まさにアナロジーです。
　創造性を高めるために有効なアナロジーですが，物事に対して，具体的なことにしか目が行かない場合，アナロジーの効果はあまり期待できません。逆に，具体的な要素(ようそ)にとらわれず，物事の本質に目を向けることができる人は，効果的なアナロジーが可能になります。これが創造性を高めるためには重要なことです。

この先生は，創造性を高めるためにはどうする必要があると言っていますか。
１．抽象(ちゅうしょう)度の高いアナロジーをする。
２．物事の具体的な側面をよく見つめる。
３．失敗を恐れず，何度も挑戦(ちょうせん)する。
４．アナロジーをするために，知識を蓄(たくわ)える。

15番　先生が，生物学の授業で，キンチャクダイという魚について話しています。この先生は，子どもの
　　　キンチャクダイが，大人とは異(こと)なった姿(すがた)をしているのはなぜだと言っていますか。

　キンチャクダイという魚は珍しい魚で，大人と子どもでまるっきり違った姿をしています。それはなぜ
かというと，キンチャクダイは，同じ種族に対して，闘争(とうそう)本能むき出しで，ケンカをしかけま
す。もし，子どもが大人と同じ姿をしていたら，すぐに大人に襲(おそ)われて死んでしまいます。そういっ
た事態(じたい)を避(さ)けるため，子どものキンチャクダイは，大人とまったく異なる色や模様(もよう)
になることで，違う種の魚であることを装うのです。
　キンチャクダイを子どもの段階から飼(か)っていると，成長とともに体の色や模様が変わっていく様子
を目の当たりにすることができます。その意味で，飼育(しいく)するのがとても楽しい魚だと言えるでしょ
う。

この先生は，子どものキンチャクダイが，大人とは異なった姿をしているのはなぜだと言っていますか。
１．他の種族の魚に育ててもらおうとするため
２．もともと大人のキンチャクダイとは異なる種族であるため
３．体の色や模様を周囲の環境(かんきょう)に合わせているため
４．大人のキンチャクダイに襲われないようにするため

16番　女子学生と男子学生が，男子学生のレポートについて話しています。この女子学生は，男子学生の
　　　レポートの何が問題だと言っていますか。

女子学生：ここネットの記事からの引用になってるけど，大丈夫(だいじょうぶ)？
男子学生：ちゃんと信頼できる人が書いてる情報だから，大丈夫だと思うけど。
女子学生：うん，それはいいんだけど，そのページが最新に更新されてるかどうか見た？
男子学生：トップページは，確か更新されてたような気がするんだけど。
女子学生：でも，トップページだけが更新されていても，あなたが引用したい部分に最新の情報が反映さ
　　　　　れているとは限らないよ。
男子学生：そっかあ。そういうこともあるのか。気をつけないとなあ。
女子学生：もう一回，最新の情報かどうか確認してみたら？
男子学生：そうだね。

この女子学生は，男子学生のレポートの何が問題だと言っていますか。
１．引用した情報が最新のものでないかもしれない。
２．引用であることが示されていない。
３．引用の出典(しゅってん)が書かれていない。
４．ネット上の記事から引用をしている。

17番　先生が，経営学の授業で，ある動物園の経営について話しています。この先生は，この動物園はど
　　　うやって経営を立て直したと言っていますか。

　ある動物園が，経営不振(ふしん)により閉園の危機に追い込まれていました。そこで，園長をはじめ飼
育(しいく)員の方たちは，動物園のあり方を変えることで，この危機を乗り越えようと考えました。
　それまでの動物園は，「形態展示(けいたいてんじ)」といって，動物の姿形(すがたかたち)を見てもら
うことを目的とした展示のスタイルをとることがほとんどでした。しかし，この動物園は，動物本来の行
動や能力を見てもらう「行動展示」というスタイルを取り入れました。すると，野生を取り戻したように

スクリプト　　**257**

生き生きと行動する動物たちの姿が好評(こうひょう)となり，国内でも人気の高い動物園へと生まれ変わりました。いわゆる，人気のスター動物はいなくても，見せ方を工夫すれば，魅力(みりょく)的な動物園にすることができるということを証明(しょうめい)してみせたのです。

この先生は，この動物園はどうやって経営を立て直したと言っていますか。
1．動物の種類を増やした。
2．動物園を研究施設(しせつ)に変えた。
3．動物たちと触れ合えるようにした。
4．動物の展示方法を変えた。

18番　先生が，教育学の授業で，「フィードバック」ということについて話しています。この先生は，学習者にとっての「フィードバック」の意義(いぎ)は何だと言っていますか。

　勉強に限った話ではありませんが，物事は，教えっぱなし，習いっぱなしではなかなか上達しません。学習者の言動，例えば，作文の授業であれば，生徒の書いてきた作文に対して，「どういう点が良かったか」あるいは「どのようにすれば改善(かいぜん)できるか」といった評価(ひょうか)を返してあげる必要があります。これを「フィードバック」と言います。「えさをあげる」というのがもともとの意味であることからも分かるように，まさに，相手の「栄養(えいよう)」となるような情報やアドバイスを与えることがフィードバックです。
　フィードバックを受けた側は，それによって，いわば自分の「現在地」を知ることができます。現在地が分かれば，上達のためには何をすればいいか，ということもはっきりしてきます。これが，フィードバックの重要な機能です。

この先生は，学習者にとっての「フィードバック」の意義は何だと言っていますか。
1．自分で学習する必要がなくなる。
2．教育者からの評価が高くなる。
3．自分の現時点での実力が分かる。
4．失敗を恐れないようになる。

19番　男子学生と女子学生が，サークルの展覧会(てんらんかい)のレイアウトについて話しています。この二人は，展覧会のレイアウトをどのようにすることに決めましたか。

男子学生：今度の展覧会なんだけど，レイアウトに関して何かアイデアある？
女子学生：今回は，先輩(せんぱい)たちの作品もたくさん出展できることになったから，見る順番を決めて，年代順に展示するのはどうかな？　うちのサークルの歴史を感じてもらえることにもなるし。
男子学生：うーん，一人の画家の作品展なら，年代順に並べるっていうのも意味があることかもしれないけど。
女子学生：じゃあ，もっと自由な感じのレイアウトがいいかな？
男子学生：うん。いろいろな年代の作品を見比べられるような感じにするのがいいんじゃないかな。まあ，並べ方に僕(ぼく)たちのセンスが問われるけどね。
女子学生：でも，その方が面白(おもしろ)そうね。そうしましょう。

この二人は，展覧会のレイアウトをどのようにすることに決めましたか。
1．順番を決めて，過去の作品から現在の作品へと並べて展示する。

２．順番を決めて，年代ごとのコーナーを設けて展示する。
３．順番を決めず，絵のジャンルごとに展示する。
４．順番を決めず，過去の作品と現在の作品を入れ混ぜて展示する。

20番　先生が，植物学の授業で，ヒガンバナという花について話しています。この先生の話によると，ヒ
　　　ガンバナの生存戦略はどのようなものだと言えますか。

　ヒガンバナは，秋に真っ赤な花を咲かせたあと，細く目立たない葉っぱを生やします。秋の終わりから
冬の頃(ころ)になると，少し厚みのある細長い葉っぱが多く茂(しげ)り始めます。冬の間は，他の植物の
葉っぱが少なくなりますから，ヒガンバナの葉っぱは，他の植物に邪魔(じゃま)されることなく，太陽の
光をいっぱいに浴びることができます。この冬に茂った葉っぱは，４月から５月頃，つまり他の植物たち
の葉っぱが茂り出す頃に，枯れてすっかり姿(すがた)を消してしまいます。そして，夏の間は，じっと地
下にある根の部分に養分(ようぶん)を蓄(たくわ)え，また秋に花を咲かせるのです。

この先生の話によると，ヒガンバナの生存戦略はどのようなものだと言えますか。
１．生息範囲(はんい)を広げる。
２．他者の力を借りる。
３．他者との競争を避(さ)ける。
４．環境(かんきょう)の変化に強くなる。

21番　先生が，高速道路の逆走を防ぐ方法について話しています。この先生の話によると，トラブルに対
　　　する危機管理において大切なことは何だと考えられますか。

　近年，高速道路を進行方向と逆に走る，逆走による事故(じこ)があとを絶ちません。逆走を防ぐために
まず考えられるのが，「出入口での誤った進入をゼロにする」ことです。具体的には，「出入口に目立つ標
識(ひょうしき)を設置する」という方法が考えられるでしょう。もちろん，効果がないわけではありませ
んが，標識は見落とすこともありえます。このような「間違いをゼロにしよう」という完璧主義(かんぺ
きしゅぎ)は，実は，コストと労力の割には効果が薄いのです。
　むしろ，「間違いは誰(だれ)にでも起こるもの」ということを前提(ぜんてい)にした方が，良い結果(けっ
か)が得られるでしょう。逆走していても気づかないのは，それを気づかせてくれるものが何もないから
です。ならば，例えば，センターラインを矢印にしてみるというのはどうでしょう。さすがに，自らの進
行方向とは逆向きの矢印をずっと見ていたら，途中で「おかしい」と気づくはずです。間違いに早く気づ
くことができれば，車を脇(わき)に停めるなど，しかるべき処置を取ることが可能になります。

この先生の話によると，トラブルに対する危機管理において大切なことは何だと考えられますか。
１．トラブルの危険性を広く知らせること
２．トラブルが起きても最小限に抑(おさ)えること
３．トラブルに対して敏感(びんかん)になり過ぎないこと
４．トラブルが絶対に起きないようにすること

22番　インタビュアーがメンタルトレーナーの女性に，その仕事について質問しています。この女性は，
　　　メンタルトレーナーの役割とはどのようなものだと言っていますか。

インタビュアー：メンタルトレーナーというお仕事について教えてください。

スクリプト　　259

女性：はい。スポーツ選手に，試合の時，どのように気持ちを作っていくかということを教えるのがメンタルトレーナーの役割です。具体的には，彼らに自分の「ピークパフォーマンス状態（じょうたい）」というものを理解させ，自分でその状態に向かうことができるように訓練します。

インタビュアー：ピークパフォーマンス状態とは，どのような状態のことを意味するのでしょうか？

女性：「闘争心（とうそうしん）はあるが，落ち着いている」状態ということです。その状態を作るために，「勝ちたい，勝ちたい」とはやる気持ちをコントロールし，試合をするのに最適な緊張（きんちょう）感に持っていける方法を選手とともに探っていきます。

インタビュアー：例えば，どのような方法があるのでしょうか？

女性：深呼吸でそれが可能になる人もいますし，一人になって自己（じこ）暗示をかけることによっていい状態に持っていける人もいます。人それぞれですね。

この女性は，メンタルトレーナーの役割とはどのようなものだと言っていますか。
1．時に激（はげ）しい言葉をかけながら，選手の闘争心をかきたてる。
2．試合中，対戦相手を冷静に分析（ぶんせき）するための方法を教える。
3．最高の精神状態で試合に臨（のぞ）むための方法を選手に指導する。
4．選手とともに，最高の体の状態を作り上げていく。

23番　先生が，心理学の授業で話しています。この先生が話している，言い争いのときの対処法はどのようなものですか。

　今日は，人と言い争いになったときに感情的になってしまうことへの対処法について，お話ししたいと思います。
　「感情的になるな」とは言いません。言い争いをしているときに，感情的になるのは仕方のないことです。大切なのは，感情的な争いを「取り引き」に変えるということです。感情的に過去のことをあれこれ言い争っていても，事態（じたい）は一向に進展（しんてん）しません。未来について考えなければ，感情的な対立から抜け出すことはできないのです。そのために有効なのが，「自分はこうしてほしい」ということを，お互いに話し合うことです。つまり，お互いの要求を「取り引き」するのです。そうすることによって，自ずと心も落ち着いてきますし，二人で共に問題を解決していこうという考えに変わっていきます。

この先生が話している，言い争いのときの対処法はどのようなものですか。
1．言い争いの原因を明らかにする。
2．お互いに相手への要求を出し話し合う。
3．相手の感情を刺激（しげき）しないように努める。
4．対立がこじれる前に自分から謝（あやま）る。

24番　先生が，生物学の授業で，イヌという動物について話しています。この先生は，イヌが散歩に行きたがるのはなぜだと言っていますか。

　イヌはもともと，群れで狩（か）りをする動物です。群れには必ずリーダーがいて，イヌはそのリーダーに絶対に従（したが）うようにできています。イヌが飼（か）い主に対して従順（じゅうじゅん）であると言われるのはこのためです。また，イヌは狩りをするとき，群れで歩き回って獲物（えもの）を探し，見つけたら全力ダッシュで襲（おそ）いかかります。ですから，基本（きほん）的にイヌは，歩き回ることがまったく苦になりません。
　はるか昔から，人間はいろいろな品種のイヌを育ててきましたが，室内専用の小型犬は別として，この

イヌ本来の性質を変えることはできませんでした。イヌが散歩に行きたがるのは，このためなのです。

この先生は，イヌが散歩に行きたがるのはなぜだと言っていますか。
1．歩き回って狩りをする習性があるから
2．飼い主に対して従順にふるまうから
3．外にいる他のイヌと触れ合いたいから
4．飼い主の関心を引こうとするから

25番　女子学生と男子学生が，授業のあとに話しています。この男子学生は，先生に質問に行く際にはどうしたらいいと言っていますか。

女子学生：さっきの授業で分からないところがあったんだけど，ちょっと教えてもらえない？
男子学生：いいよ。
女子学生：ノートのここのところなんだけど。
男子学生：うーん。ごめん，ちょっと僕(ぼく)には分からないな。
女子学生：あなたはいつも，分からないことがあったとき，どうしてるの？
男子学生：本を読んで解決することもあるけど，先生に質問に行くことが多いかな。
女子学生：でも，なかなか研究室って入りにくいでしょ。
男子学生：まあね。僕も初めは少し緊張(きんちょう)したよ。でも，先生って，学生が質問に来るとうれしいらしいよ。自分の専門分野について話せるから。そう考えたら，気が楽になるんじゃない？
女子学生：そうね。質問に行ってみるわ。ありがとう。

この男子学生は，先生に質問に行く際にはどうしたらいいと言っていますか。
1．質問だけでなく，自分の意見も用意しておく。
2．あとで迷わないように，質問する内容を整理(せいり)しておく。
3．失礼のないように，礼儀(れいぎ)正しい態度(たいど)を心がける。
4．先生は歓迎(かんげい)してくれるはずだと自分に言い聞かせる。

26番　先生が，苦味という味の感覚について話しています。この先生の話によると，苦味が「大人の味」だと言えるのはなぜですか。

　苦味は，一般的に毒の味であり，体内に取り入れてはならないという信号になっています。ですから，苦味を感じ始める濃度は，他の味に比べて最も低くなっています。ほんのわずかな苦味でも，その存在を感じられるようにするためです。
　毒の味というくらいですから，苦味は人が生きていく上で必要のない味です。確かに，苦いものを好むのは，多くの場合，大人であり，子どもは苦いものがあまり好きではありません。生存に必要な味であれば，子どもが好む味でないと困りますね。苦味は，繰(く)り返し味わうことによって初めて，そのおいしさを感じられるようになる味なのです。その意味で，苦味は「大人の味」と言えるでしょう。しかし，苦味は一度覚えてしまうと，病みつきになってやめられなくなる傾向があるので，その点には注意が必要です。

この先生の話によると，苦味が「大人の味」だと言えるのはなぜですか。
1．苦味は学習によって覚える味だから
2．苦いものは体に害があるから
3．苦いものはやめられなくなるから

スクリプト　261

4．苦味は大人にしか感じられないから

27番　先生が，日本の戦前と戦後の家について話しています。この先生の話から分かることはどれですか。

　日本では，戦前と戦後で家の造りが大きく変わりました。その例として，ここでは台所を挙(あ)げたいと思います。

　戦前の日本の住まいにおける台所は，非常に惨(みじ)めなものでした。暗く，じめじめとして，汚い場所だったのです。今では考えられないことですが，これは当時の「家父長制(かふちょうせい)」という思想を反映したものでした。家父長制の時代においては，何より父親が偉いとされました。家庭における母親の地位は非常に低く，それが母親の仕事場であった台所の惨めさに表れていたのです。

　しかし，戦後，家父長制は封建的(ほうけんてき)なものとして否定され，男女平等，家族平等の世の中になりました。母親の地位も向上し，それに伴(ともな)い，台所もきれいな場所へと様変わりしたのです。

この先生の話から分かることはどれですか。
1．いつの時代も台所は家の中心である。
2．戦後は父親も台所に立つようになった。
3．戦後，日本の家は非常に丈夫(じょうぶ)になった。
4．家の造りは時代の思想を反映している。

第10回　スクリプト　🔊 bm10

1番　先生が，経営学の授業で，企業(きぎょう)の成長に必要なことについて書いた表を見ながら話しています。この先生は，これからの時代に最も必要なのは，どの点だと言っていますか。

　ここに書いたものは皆，企業の成長に必要なことです。日本には高い技術力という強みを持ち，モノづくりをする企業が多くあります。今までは，品質の良いものを作れば，顧客(こきゃく)はその良さを理解し，買ってくれるはずだという考え方のもと，企業はとにかく技術を磨くことに懸命(けんめい)になっていました。そして，確かに良いものを作れば売れていました。

　ところが，だんだんと良いものを作るだけでは売れなくなってきました。不況や，もう十分に物があふれているから消費者が物を買わなくなった，という事情もあります。しかし，消費者は本当に欲しいと思えば買ってくれるでしょう。これからの時代で必要なのは，消費者に「この商品が欲しい」と思ってもらえるように，商品の魅力(みりょく)をアピールしていく力です。

2番　先生が授業で，ヘリコプターについて話しています。この先生が最後にする質問の答えはどれですか。

　飛んでいるヘリコプターには，4つの力がはたらいています。この図は，ヘリコプターにはたらく力の方向と大きさを矢印(やじるし)で示したものです。前向きの力，上向きの力，後ろ向きの力，そして下向きの力です。これらの4つの力を調節(ちょうせつ)することで，ヘリコプターは空を自由に飛ぶことができるのです。例えば，上向きの力が下向きの力より大きければヘリコプターの機体は上昇します。逆に上向きの力が下向きの力より小さければ機体は下降します。

　ところで，ヘリコプターは空中で同じ位置にとどまっていることもできますが，このとき，ヘリコプターにはたらいている力を図で表すと，どのようになるでしょうか。矢印の大きさは，その力の大きさを表しています。

3番　先生が，広告の授業で，フリーマガジンという印刷メディアについて説明しています。この先生は，近年増加傾向にあるフリーマガジンは，どのカテゴリーをターゲットにしたものだと言っていますか。

　フリーマガジンと呼ばれる無料の雑誌が，街中で配られていたり，棚(たな)に置かれたりしているのを皆さんも見たことがあるでしょう。実際に，手に取って見たことがある人もいるかもしれませんね。このフリーマガジンですが，とにかくどこでも配ればいいというものではありません。効果的に記事や広告を伝達するには，ターゲットに見合う場所で配布しなければなりません。図は，その配布ポイントを分類するために作成されたものです。

　縦軸(たてじく)に「日常性」，横軸に「趣味(しゅみ)性」を取り，消費者の生活ポイントを配置しています。各カテゴリーについて簡単に説明しましょう。カテゴリーAには，100円ショップや書店などが含まれ，ターゲットは主婦や家族のいる世帯，若者など広い範囲(はんい)にわたります。現在，最もフリーマガジンの競合が激(はげ)しいのがこのカテゴリーです。カテゴリーBは，レストランや美容院など，ターゲットはカップルや定年を迎えて時間に余裕(よゆう)のある世代，若い女性などが含まれます。最近では，このカテゴリーのフリーマガジンに力が入れられており，魅力(みりょく)的なフリーマガジンが次々と発行されています。カテゴリーCは，デパートやスポーツクラブなど，ターゲットはお金に余裕のある高齢層や富裕(ふゆう)層です。カテゴリーDは，銀行，病院などで，高齢者や妊婦(にんぷ)などがターゲットになります。

4番　女子学生と留学生の男子学生が，ある部屋で先生の到着を待っています。男子学生がはじめに座ろうとした場所と，最終的に座ることにした場所の組み合わせとして正しいのはどれですか。

女子学生：あ，そこは座っちゃダメよ。
男子学生：え，どうしてですか？
女子学生：そこは，日本では，上座(かみざ)っていってね，目上の人が座るところなのよ。ドアから一番遠いところって覚えておくといいわよ。
男子学生：へえ。日本では，座る場所が決まっているんですか。
女子学生：絶対にそうしないといけないっていうわけじゃないけど，とりあえずマナーとして知っておいたほうがいいわね。
男子学生：じゃあ，どこに座ればいいですか？
女子学生：ドアから一番近いところがいいわね。上座の反対で，下座(しもざ)っていうのよ。今日は，下座には私が座るから，あなたは隣(となり)に座って。
男子学生：はい。

5番　栄養士(えいようし)の先生が話しています。この先生の話によると，最近流行しているダイエット法で，積極的に食べるべきだとされている食品群の組み合わせはどれですか。

　皆さんの中にも，ダイエットに関心がある人がたくさんいらっしゃるのではないでしょうか。食べる量を全体的に減らすとか，甘い物やごはんなどの炭水化物を食べないとか，夕御飯を全く食べないといったダイエットをしたことがある人もいるでしょう。また，野菜や果物だけを食べるという方法を試す人もいます。でもこれらのダイエット法では，エネルギーが不足して体が疲れてしまいます。体重が減っても，健康(けんこう)を損なっては意味がありません。

　そこで最近では，無理のないダイエット法として，ごはんやパンなどを控(ひか)えめにして肉や魚を積極的に食べるという方法が流行しています。この方法なら，重要な栄養素(えいようそ)を十分に摂(と)りながら，体重を落とせると言われています。ただ欠点もあって，ミネラルやビタミン，それに食物繊維(しょ

スクリプト　**263**

くもつせんい）などが不足してしまいがちです。これらは，野菜や果物に多く含まれている栄養素です。ですから，こちらの食品群もしっかり摂る必要があります。

6番　先生が，生物学の授業で，クモの糸について話しています。この先生の話によると，虫を捕らえるための糸はどれですか。

　クモの糸といっても，その種類はさまざまです。図を見てください。クモの巣（す）の一番外側の枠（わく）組みとなる部分が「枠糸」，その枠を木の枝などに繋（つな）ぎ止めているのが「繋留糸（けいりゅういと）」です。巣の中心部分と枠組みとを放射状（ほうしゃじょう）に繋いでいるのは「縦糸（たていと）」といって，クモの足場になります。縦糸には粘（ねば）りがなく，足にくっつくことがないので，クモは，縦糸をたどることで，自分の網（あみ）を自在に歩き回ることができます。その縦糸に対して円をいくつも描（えが）くように張（は）り巡（めぐ）らされているのが「横糸」です。横糸には，縦糸とは違い，粘りがあります。そのため，横糸に虫の足や羽が触れると，糸が絡みつき，逃げられなくなってしまいます。そして，クモがぶら下がっているのが「しおり糸」です。しおり糸は，同じ太さの鉄よりも丈夫（じょうぶ）だとも言われています。

7番　先生が，経営学の授業で，リーダーのタイプについて話しています。この先生が最後にする質問の答えはどれですか。

　会社には，社長，つまりリーダーが必要です。図はさまざまなリーダーのタイプを示したもので，求められるリーダーのタイプは，会社の組織（そしき）がどの段階にあるかによって違ってきます。
　次の例を考えてみましょう。ある会社は，最初は知らない人同士（どうし）の集まりで，社長も社員もほぼ同じ立場で意見を出し合って仕事をしていました。しかし仕事に対する意見の違いもあって，組織はまとまりを失ってしまいました。そこで，社員を引っ張っていける人を社長にしたところ，会社の中も落ち着き，みんなが社長の指示に沿（そ）って仕事をすることで，経営が安定しました。その後社長は，指示を出すことよりも，社員の働きやすい環境（かんきょう）を整（ととの）えることに力を入れるようになりました。その結果（けっか），現在では，社員は高い能力を身につけ，社長の指示や社長の支えがなくても，自ら考えて仕事ができるようになりつつあります。
　ではこの会社のリーダーは，これからはどのタイプであることが適切でしょうか。

8番　先生が，マンションの価格（かかく）について話しています。この先生の話の内容をグラフにしたものとして正しいものはどれですか。

　今日は，マンションの価格についてお話ししましょう。まず，原則として，築年数，つまり建物が完成してからの年数が経過するにしたがって，建物の面積当たりの価格は下がります。これは常識的にも分かることだと思いますが，実は，築年数15年程度までのマンション価格の下がるスピードと，15年以降のマンション価格の下がるスピードを比較（ひかく）すると，15年以降の方が下がるスピードが緩（ゆる）やかになります。これはなぜでしょうか。その理由を知るためには，まずマンションの価格構造について知っておく必要があります。マンションの価格には，建築コストと土地の価格だけでなく，「新築プレミアム」という，新しい建物を求める人が多いことから発生する価値（かち）が含まれています。ここで先ほどの疑問に戻りますと，築年数が15年程度までのマンションには，この新築プレミアムがあり，これが他の二つの要素（ようそ）よりも急速なスピードで下がっていくために，全体の価格も急速に落ちていくということになるわけです。

9番　男子学生と女子学生が食料自給率（りつ）について話しています。女子学生がレポートの題材にする
　　　食品はどれですか。

男子学生：食料自給率のレポート，もう書いた？
女子学生：まだなの。どれを題材にするか，まだ決めてなくて。
男子学生：僕（ぼく）は肉の自給率について調べようかと思ってるんだ。ええっと，肉の自給率は……あ，
　　　　　5割超えてる。5割を超えているのは，肉と野菜と，お米だね。
女子学生：私は，日本食によく使われる食材を選んでみようかなあ。
男子学生：じゃあ，お米とか？
女子学生：うぅん。お米は，ほとんどが国産でしょう？　輸入量も最近変化してないってこの前ニュース
　　　　　で見たし，レポートが書きにくそう。
男子学生：じゃあ，これは？　豆腐（とうふ）の原料だよ。味噌（みそ）や醤油（しょうゆ）の原料でもあるし，
　　　　　日本食でよく使われていると思う。
女子学生：いいね。あれ？　自給率はこんなに低いのね。小麦の自給率も1割とちょっとしかなくて低い
　　　　　けど，それよりも低いなんて，意外だな。

10番　男子学生が，社会学の授業で，ペットに関する意識調査について話しています。この学生が説明し
　　　 ている，猫を飼（か）う理由の調査結果（けっか）として適当なものはどれですか。

　最近ではペットとして猫を飼う人が多くなってきました。そこで，なぜ猫を選ぶのかということについ
て調査を行いました。
　調査によると，猫のかわいらしさを理由に挙（あ）げた人が一番多いという結果になりました。次に多い
のは，音に関することです。都会では，ペットの鳴き声がご近所トラブルの原因になることが多くなって
いますが，猫であれば犬のように吠（ほ）えることがないので安心です。このような事情から，猫を好む人
が増えているのでしょう。そして，ちょうど半数の人が，猫は留守番ができるからということを理由とし
て挙げています。これは独身（どくしん）世帯や共働き世帯が増加し，昼間は誰（だれ）も家にいないという
現代社会の事情を反映したものだと考えられます。

11番　先生が，細菌（さいきん）学の授業で，細菌による感染症（かんせんしょう）などに対して使用される，
　　　 抗生物質（こうせいぶっしつ）という物質について話しています。この先生の話によると，抗生物質
　　　 による治療を途中で中断した場合の過程を表しているものはどれですか。

　抗生物質は，菌に対して有効と言われますが，きちんと最後まで治療を行う必要があります。なぜなら，
治療を途中でやめてしまうと，抗生物質によって殺菌されることのなかった菌が，再び増え始めてしまう
からです。このような細菌が病院内で広まると，抗生物質が使えなくなり，深刻な事態（じたい）を招くこ
とにもなりかねません。そのため，抗生物質による治療によって，菌の数がどのように変化していくのか
ということを知っておく必要があります。
　図の左側は，抗生物質治療1日目の菌の状態（じょうたい）を表しています。「感受性菌」とは，抗生物
質によって死ぬ菌を意味します。もちろん，感受性が高い方が，より抗生物質に弱いということになりま
す。これに対して，「耐性菌（たいせいきん）」というのは，抗生物質に対する抵抗（ていこう）性が強い菌，
つまり抗生物質が効きにくい菌です。さて，抗生物質治療を続けていくと，感受性菌は順調にその数を減
らしていきます。しかし，耐性菌はあまり減りません。しかし，ここで治療をストップしてしまうと，先
にも述べたように，耐性菌が増えてしまいます。ですから，耐性菌を完全に退治するまで抗生物質治療を
続けなければなりません。

スクリプト　　265

12番 先生がソナタ形式という，クラシックの曲の形式について説明しています。この先生が例に挙(あ)げている，ある作曲家が書いた曲の形式はどれですか。

　クラシックの曲の形式の一つに，ソナタ形式というものがあります。この図を見てください。ソナタの構成は基本(きほん)的に，提示部(ていじぶ)，展開部(てんかいぶ)，再現部の三つから成り，それに序奏(じょそう)や終結部(しゅうけつぶ)がつく場合もあります。提示部では主題，つまり重要な音楽が二つ現れます。次に展開部といって，提示部で現れた主題が変化しながら現れる部分があります。ここは演奏(えんそう)が難しく，また一般的に曲の一番盛(も)り上がるところです。そして再び主題が現れる再現部となり，曲は終わりに向かいます。これがソナタ形式の基本なのですが，ある作曲家はここに第二の展開部を作りました。演奏を聴(き)いているお客さんを飽きさせないようにという理由もあったようです。しかし，そのために曲が長くなるなど，ソナタの形式が壊(こわ)れてしまうという問題もありました。その後，この作曲家だけでなく，他の作曲家たちも次第に典型(てんけい)的なソナタ形式の曲は書かなくなっていきました。

13番 男子学生が，後輩(こうはい)の女子学生の書評(しょひょう)レポートについてコメントをしています。この男子学生は，書評レポートに必要なものは何だと言っていますか。

男子学生：うーん，これだと，本の要約と感想にしかなってないよ。書評レポートでは，本の紹介の他に，その本に対する客観的な評価(ひょうか)をしないと。

女子学生：客観的な評価，ですか？

男子学生：うん。「その本で筆者は何をしようとしているのか」ということについて読み取った上で，その目的がどれだけ達成できているかということを分析(ぶんせき)するのが，客観的な評価ってことだよ。

女子学生：筆者の目的っていうのは，「どういうことを解き明かそうとしているか」みたいなことですか？

男子学生：そうだよ。それで，その目的のために筆者がとっている論理の過程が，適切かどうかを評価するわけ。

女子学生：そうなんですか。書評レポートって大変なんですね。

男子学生：うん。読書感想文とは全くの別物と考えた方がいいよ。

この男子学生は，書評レポートに必要なものは何だと言っていますか。
1．本の要約と詳細(しょうさい)な感想
2．本から得たものの紹介
3．分からなかった点の指摘(してき)
4．筆者の目的に関する分析

14番 先生が，観光学の授業で話しています。この先生の話によると，商店街(しょうてんがい)に人を集めるための具体策(ぐたいさく)として適当なものはどれですか。

　イギリスに，事業経営の失敗をからかった次のような小話があります。

　ある劇場の経営者が，「もっと儲(もう)かるようにしたい」と考えました。考えてみたら，料金が取れるのは客席だけで，舞台からは何も収入が得られない。ならば，舞台をなくして，すべて客席にしてしまえばいいと考え，それを実行に移したところ，見るものがなくなったその劇場は客が来なくなって倒産してしまった，というものです。

　しかし，これは単なる笑い話ではありません。実は，多くの商店街はこれと同じようなことをしているのです。現在，多くの商店街は，小売店と飲食店ばかりが並んでいます。これは「客席しかない劇場」の

ようなものです。人は，日常では得られない興奮（こうふん）を求めて劇場に足を運びます。商店街にも「舞台」つまり，人を惹（ひ）きつける何かがなければ，多くの人を集めることはできないのです。

この先生の話によると，商店街に人を集めるための具体策として適当なものはどれですか。
1．商店街の規模（きぼ）を拡大（かくだい）する。
2．小売店や飲食店をもっと増やす。
3．商品の値段を下げる。
4．商店街でイベントを開催（かいさい）する。

15番　先生が，生物学の授業で，ヒキガエルのオタマジャクシについて話しています。この先生は，ヒキガエルのオタマジャクシは，どのようにして危険を仲間に知らせると言っていますか。

　ヒキガエルのオタマジャクシは，何万匹という群れをなして生活しています。群れで生活するのは，単独（たんどく）で生活するよりも敵（てき）の存在に気づく確率（かくりつ）を高めるためですが，ヒキガエルのオタマジャクシが危険を仲間に知らせる方法は，非常に個性的です。
　群れの中のある1匹が敵に襲（おそ）われて傷（きず）つくと，その傷口から「恐怖物質」という特殊（とくしゅ）な物質が流れ出し，急速に水中に広がります。そして，他のオタマジャクシたちが，その恐怖物質を感じ取ると，一瞬（いっしゅん）にしてあちこちに散らばってしまうのです。
　ちなみに，水中から陸に上がったヒキガエルや，トノサマガエルのように群れを作らない種類のオタマジャクシには，恐怖物質がないことが分かっています。

この先生は，ヒキガエルのオタマジャクシは，どのようにして危険を仲間に知らせると言っていますか。
1．仲間にしか聞こえない音を出すことによって知らせる。
2．水中で激（はげ）しく動き回ることによって生じる振動（しんどう）で知らせる。
3．体から流れ出す特殊な物質によって知らせる。
4．水面を飛び跳（は）ねることによって知らせる。

16番　講師が，職場における満足や不満足ということについて話しています。この講師の話によると，社員のやる気を高めるにはどうすればよいと考えられますか。

　職場における満足および不満足を引き起こす要因には，「満足要因」と「不満足要因」の二つがある，とする理論があります。普通は，ある要因が満たされると満足度が上がり，それが不足すると不満足度が上がるというように考えますが，この理論ではそのようには考えません。満足に関わる要因と，不満足に関わる要因は，別のものであると考えるのです。
　不満足に関わる要因の代表例が，「会社の方針」です。会社の方針が気に入らないことは，不満足を引き起こします。しかし，会社の方針が自分の意に沿（そ）うものになったとしても，満足感や，やる気が高まるわけではありません。「苦痛を避（さ）けたい」という欲求をどれだけ満たしても，満足感は増加しないのです。
　一方，満足に関わる要因の代表例は，「仕事の達成」です。仕事がまだ達成されていないとしても，必ずしも不満につながるわけではありませんが，仕事が達成されると高い満足感が得られ，やる気も高まります。「成長したい」という人間的な欲求が十分に満たされると，満足感は増加するということです。

この講師の話によると，社員のやる気を高めるにはどうすればよいと考えられますか。
1．会社の方針を転換する。
2．社員教育を徹底（てってい）する。

3．社員に仕事の達成感を味わわせる。
　　4．職場の環境(かんきょう)を改善(かいぜん)する。

17番　女子学生が男子学生に，ある食堂に行ったときのエピソードを話しています。この男子学生は，この食堂はどのような改善(かいぜん)をしたらいいと言っていますか。

女子学生：この前，食堂に行ったんだけどね，大変だったのよ。
男子学生：何があったの？
女子学生：最初に食券を買うシステムだったんだけど，メニューが多すぎて，食券機の前で焦(あせ)っちゃった。
男子学生：ああ，それは確かに焦るなあ。メニューの多さと，食券っていうシステムが合っていないんだよね。
女子学生：何とかならないのかな。
男子学生：忙しい店だから食券制にしたのかもしれないし，メニューの多さが売りの店なのかもしれないから，できることといったら，メニュー表を分かりやすくすることくらいしかないね。
女子学生：例えば？
男子学生：オススメ品や人気料理を目立つように書くとかして，情報の出し方に差をつければ，少しは分かりやすくなるんじゃないかな。

この男子学生は，この食堂はどのような改善をしたらいいと言っていますか。
1．メニュー表の字を大きくする。
2．情報の強弱があるメニュー表にする。
3．食券をやめ，レジでの会計に変える。
4．提供(ていきょう)する料理の種類を減らす。

18番　先生が，冷蔵庫について話しています。この先生の話から，どのようなことが分かりますか。

　1960年代までは，巨大なスーパーマーケットがまだなかったこともあり，食材はその日の分を毎日買うものでした。ですから，冷蔵庫も小さなもので十分でした。
　やがて物流の整備(せいび)が進んだことで，食材はある程度の量をまとめて買う，という生活様式に変化していきました。その結果(けっか)，大型の冷蔵庫に対する需要(じゅよう)が伸びました。
　さらに，1980年代になると，冷凍食品が進化して種類が豊富になった結果，それまで冷蔵庫の一番上に，ちょこんとついていただけの冷凍スペースが，大きくなり，また取り出しやすい位置に移動しました。また，野菜を買い置きする人も増えたため，野菜室もより広くなりました。

この先生の話から，どのようなことが分かりますか。
1．冷蔵庫は小型化し続けている。
2．冷蔵庫には各時代の最先端(さいせんたん)技術が詰まっている。
3．食材や生活様式が，冷蔵庫の形を変えてきた。
4．冷蔵庫は業務用から家庭用へと需要が拡大(かくだい)していった。

19番　女子学生と男子学生が，グループ学習における議論の様子について話しています。この二人が所属(しょぞく)するグループは，次からどのようにして議論することにしましたか。

女子学生：最近，ちょっと議論が雑になってきたような気がするんだけど，あなたはどう思う？

男子学生：ああ，確かに，初めの頃（ころ）と比べるとダレてきたようにも感じるね。

女子学生：本で読んだんだけど，議論をするときの環境（かんきょう）って，意外と大事らしいよ。

男子学生：環境って，場所ってことかい？

女子学生：それもあるかもしれないけど，場所は変えられないから，机の配置を変えてみるとか。

男子学生：机の配置を変えてもあんまり意味はないように思うけどなあ。

女子学生：その本によるとね，机をカタカナの「ロ」の字に配置すると，議論が形式的になりやすいんだって。

男子学生：まさに今の僕（ぼく）たちの机の配置だね。

女子学生：うん。ロの字型だと真ん中に空間が空くけど，空間が空かないように配置すると，深い議論をしようという雰囲気（ふんいき）が生まれるんだって。

男子学生：なるほど。じゃあ，次からそうしてみよう。

この二人が所属するグループは，次からどのようにして議論することにしましたか。

１．議論する場所を変える。

２．議論のメンバーを入れ替える。

３．ロの字型に机を配置する。

４．空間を詰めて机を配置する。

20番　講師が，仕事における時間管理について話しています。この講師が話している，時間管理に関するアドバイスはどのようなものですか。

　皆さんの中にも，仕事における時間管理の仕方に悩まれている方がたくさんいらっしゃるでしょう。そこで，今日は一つ，時間管理に関するアドバイスを，皆さんにお話ししたいと思います。

　まず仕事には，「作業系（けい）の仕事」と「創造（そうぞう）系の仕事」の二つがあることを強く認識すべきです。「作業系」とは，「頭を使わないで処理できる仕事」，「創造系」とは，「頭を使って考える必要のある，知的で創造的な仕事」ということです。そして，その二つの違いを認識した上で，作業系に関しては，時間と労力の徹底（てってい）的な効率（こうりつ）化を図る必要があります。例えば，やるべき仕事のチェックシートを作る，毎日同じ順番で作業をこなすなど，作業系の仕事をシステム化してしまうのです。そうすれば，それによって短縮（たんしゅく）できた時間を，創造系の仕事に使うことが可能になり，仕事の質もきっと高くなるはずです。

この講師が話している，時間管理に関するアドバイスはどのようなものですか。

１．作業系の仕事はシステム化し，時間の短縮を図る。

２．作業系の仕事は，なるべく他の人にやってもらう。

３．創造系の仕事を，作業系の仕事よりも先にやってしまう。

４．創造系の仕事になるべく時間をかけないようにする。

21番　先生が，近代の生産方式について話しています。この先生は，これからはどのような生産方式が望ましいと言っていますか。

　環境破壊（かんきょうはかい）を引き起こした大きな要因として，近代の大規模（だいきぼ）生産方式が挙（あ）げられます。大規模生産方式とは，工場を１カ所に集中させて，巨大な生産施設（しせつ）で大量生産をするという方法のことです。確かに，その方が生産効率（こうりつ）が高く，安上がりで，大量にモノを生産することができます。しかし，工場から出た大量の廃棄物（はいきぶつ）は，自然の持つ浄化（じょうか）

能力を超え，結果（けっか），公害を生み出しました。

　したがって，今後はこの大規模生産方式を変えていかなければなりません。といっても，原始時代のような生活に戻れということではありません。そのような生産力の低い生活に戻れば，人口を維持（いじ）できず，飢（う）えて死ぬ人が大量に出ることでしょう。そうではなく，自然の浄化能力を超えないように，生産施設を分散・縮小（しゅくしょう）したとしても，生産能力が落ちないような，新しい技術の開発が求められているのです。

この先生は，これからはどのような生産方式が望ましいと言っていますか。
１．大規模な施設で，大量に生産する方式
２．原始的な生産様式と同じ方式
３．小規模でも，高い生産性を持つ方式
４．経済効率を最優先にした方式

22番　インタビュアーが，栄養士（えいようし）の女性に質問をしています。この女性が，患者の食事メニューを考えるときに最も大切にしていることは何ですか。

インタビュアー：栄養士の方は，どのようなことを考えて，病院の患者さんたちのメニューを作っていらっしゃるのでしょうか？
　　　　女性：栄養のある食事ということはもちろんですが，おいしい食事，楽しい食事であることも，同じくらい重要だと考えています。
インタビュアー：毎日のことですから，やはり，おいしさや楽しさも大事ということですね？
　　　　女性：はい。でも，もっと大事なことは，患者さんそれぞれに合った食事メニューを考えるということです。例えば，肝臓（かんぞう）が悪い人にはこの油はよくないなとか，ノドやアゴの筋肉（きんにく）が弱っている人にはこれは固すぎて食べられないな，といったことを考えながらメニューを考えます。
インタビュアー：ということは，栄養のこと以外にも，いろいろな科学的知識を身につけている必要があるんですね。
　　　　女性：はい。

この女性が，患者の食事メニューを考えるときに最も大切にしていることは何ですか。
１．どんな人にとっても最適な栄養バランスにすること
２．患者一人一人の病状や体調を考えること
３．なるべく作る手間のかからないものにすること
４．栄養とおいしさを両立させること

23番　先生が，経営学の授業で，企業（きぎょう）戦略について話しています。この先生は，チャレンジャー企業はどのような戦略をとるべきだと言っていますか。

　ある業界において，ナンバー１のシェアを誇（ほこ）っている企業を「リーダー企業」と言います。また，リーダーに次ぐシェアを持ち，リーダーに競争を仕掛けるのが，「チャレンジャー企業」です。

　チャレンジャーが新たなリーダーになるためには，どうすればよいのでしょうか。リーダーのあとを追っているだけでは，いつまでたってもリーダーになることはできません。チャレンジャーは，消費者から「今までにはないユニークなものだね」と認められるような価値（かち）を生み出さなければ，リーダーと対等に戦うことはできません。その際大切なのが，「一点突破」です。つまり，「これで勝負する」というものが決まったら，その一点に資源（しげん）を集中していくことが大切なのです。

この先生は，チャレンジャー企業はどのような戦略をとるべきだと言っていますか。
1．よりたくさんの企業を吸収し拡大(かくだい)を図る。
2．価格競争でリーダー企業に勝つことを目指す。
3．リーダー企業を徹底(てってい)的に真似し続ける。
4．集中戦略により新しい価値の創造(そうぞう)を目指す。

24番　先生が，男子学生が提出(ていしゅつ)したアンケート調査についてコメントしています。この先生は，アンケート調査のどのような点がよくないと言っていますか。

　　　先生：君が提出してくれた，この「ある土地の望ましい活用法についてのアンケート調査」のことなんだけど。
男子学生：はい。
　　　先生：アンケート用紙に，住宅地のメリットに関する記述がないんだけど，どうしてかな？
男子学生：あ，それは……
　　　先生：もしかして，農地を広げるべきだという結論(けつろん)を前提にして，アンケート調査をしてしまったんじゃないかな？
男子学生：すいません。自分の考えが入り込んでしまいました。
　　　先生：まあ，初心者のやりがちなことだから，次回からは気をつけるように。
男子学生：はい。気をつけます。

この先生は，アンケート調査のどのような点がよくないと言っていますか。
1．公平性に欠けている点
2．何を調べるかが明確でない点
3．回答者が少なすぎる点
4．数値を勝手に操作(そうさ)した点

25番　先生が，教育学の授業で，二つの授業方法について話しています。この先生は，「発見学習」の利点は何だと言っていますか。

　例えば，「三角形の内角の和は180度である」ということを教えるとして，そのことを生徒自身に発見させる授業の方法を「発見学習」といいます。それに対し，まず，「三角形の内角の和は180度である」ということを教えてから，そのことが正しいかどうかを生徒たちに確認させる授業の方法を「受容学習」といいます。
　発見学習は，それに適した学習内容が限られており，また学習内容を理解するまでの時間がかかりすぎるという問題がありますが，学習した内容が生徒の頭に残りやすくなります。一方，受容学習は，生徒が授業に対し受け身になることにはなりますが，知識の伝達という意味では効率(こうりつ)的であり，学習内容が限定されることもありません。

この先生は，「発見学習」の利点は何だと言っていますか。
1．算数好きな生徒が増える。
2．学習内容が記憶(きおく)に残りやすい。
3．授業にあまり時間がかからない。
4．学習内容が限定されない。

スクリプト　271

26番　先生が，生物学の授業で，ホンソメワケベラという魚について話しています。この先生の話によると，ニセグロスジギンポという魚が，ホンソメワケベラそっくりに自分の体を似せている理由は何だと考えられますか。

　ホンソメワケベラという魚は，体長10センチほどの小さな魚ですが，面白(おもしろ)い生態(せいたい)を持っています。ホンソメワケベラは，自分よりも大きな魚が近づいてくると，その体に寄り添(そ)い，口の先で魚の体をつつきます。相手の魚の体についている虫やゴミなどを食べているのです。はたからは，あたかも掃除をしているかのように見えます。本人からすれば，エサを食べているだけかもしれませんが，相手の魚は，体をきれいにしてもらうことによって健康(けんこう)を保(たも)つことができます。ですから，ホンソメワケベラの「掃除」中は，大きな魚もなすがままで，ホンソメワケベラを襲(おそ)うことはありません。
　このような事情があるため，中には，ニセグロスジギンポという魚のように，ホンソメワケベラの姿(すがた)そっくりに自分の体を似せてしまった魚もいます。

この先生の話によると，ニセグロスジギンポという魚が，ホンソメワケベラそっくりに自分の体を似せている理由は何だと考えられますか。
１．大きな魚に襲われる心配がないから
２．敵(てき)に見つかりにくくなるから
３．ホンソメワケベラに育ててもらえるから
４．ホンソメワケベラに体をきれいにしてもらえるから

27番　先生が，光と時間感覚の関係について話しています。この先生が最後に挙(あ)げる例の場合，店はどのようにするのがよいですか。

　皆さんは，光の色が人の時間感覚に影響(えいきょう)を及(およ)ぼすことを知っていますか。人は，赤や黄色といった暖色系(だんしょくけい)の光の中にいると，実際の時間より長く感じます。一方，青や緑といった寒色系の光の中では，実際の時間より短く感じます。実験によると，赤色の光と青色の光とでは，感じる時間の長さに約20パーセントもの差があるという結果(けっか)になっています。これは暖色系の光が興奮(こうふん)度を高めるのに対し，寒色系の色には気持ちを落ち着かせる効果があるためだと考えられています。
　では，ファストフード店で，お客さんの入れ替わりを早くするためには，どうするのがよいでしょうか。皆さん考えてみてください。

この先生が最後に挙げる例の場合，店はどのようにするのがよいですか。
１．店の看板(かんばん)を青くする。
２．店の看板を赤くする。
３．店内の壁(かべ)を青くする。
４．店内の壁を赤くする。

解 答

第 ① 回				正 解 ・ 解 答 記 入 表		

★ 難易度は３段階で示しており，星が多いほど難しい問題であることを表している。
★ 分野は，行知学園日本語教研組が，分析に基づき独自に定めたものである。

	問	解答番号	解答記入欄	正解	分野	会話	難易度
聴読解	1番	1		①	社会		★★
	2番	2		④	教育		★★
	3番	3		③	生物		★★★
	4番	4		①	生活・学校生活	○	★★★
	5番	5		①	文化・教養・言語		★
	6番	6		③	社会		★★
	7番	7		③	地理・歴史・自然		★★
	8番	8		①	教育	○	★
	9番	9		④	経済・経営		★★
	10番	10		④	心理		★★
	11番	11		②	生物		★★
	12番	12		①	社会		★★★
聴解	13番	13		③	生活・学校生活	○	★★
	14番	14		①	心理		★
	15番	15		②	生物		★★
	16番	16		④	生活・学校生活	○	★★
	17番	17		①	教育		★
	18番	18		②	文化・教養・言語		★★
	19番	19		②	生活・学校生活		★★
	20番	20		①	生物	○	★
	21番	21		④	経済・経営		★★★
	22番	22		③	心理		★★
	23番	23		②	文化・教養・言語	○	★
	24番	24		②	社会		★
	25番	25		①	科学・技術・数学	○	★★★
	26番	26		③	生物		★★
	27番	27		①	社会		★★

第❷回　　正解・解答記入表

★ 難易度は3段階で示しており，星が多いほど難しい問題であることを表している。

★ 分野は，行知学園日本語教研組が，分析に基づき独自に定めたものである。

	問	解答番号	解答記入欄	正解	分野	会話	難易度
聴読解	1番	1		③	社会		★★
	2番	2		③	地理・歴史・自然		★
	3番	3		①	生活・学校生活	○	★★
	4番	4		④	生物		★
	5番	5		③	生活・学校生活		★
	6番	6		④	生物		★★
	7番	7		②	経済・経営		★★★
	8番	8		②	生活・学校生活	○	★★
	9番	9		①	科学・技術・数学		★★
	10番	10		②	心理		★★★
	11番	11		③	経済・経営		★★
	12番	12		④	文化・教養・言語		★★★
聴解	13番	13		④	文化・教養・言語	○	★
	14番	14		③	経済・経営		★★
	15番	15		③	生物		★★
	16番	16		①	心理		★
	17番	17		③	生活・学校生活	○	★★
	18番	18		①	生物		★★★
	19番	19		②	教育	○	★★
	20番	20		②	文化・教養・言語		★★
	21番	21		④	社会		★★
	22番	22		③	生物	○	★★★
	23番	23		①	心理		★★★
	24番	24		④	科学・技術・数学		★★
	25番	25		②	心理	○	★★
	26番	26		①	心理		★
	27番	27		④	社会		★★★

解答　275

第❸回　正解・解答記入表

★ 難易度は 3 段階で示しており，星が多いほど難しい問題であることを表している。

★ 分野は，行知学園日本語教研組が，分析に基づき独自に定めたものである。

	問	解答番号	解答記入欄	正解	分野	会話	難易度
聴読解	1 番	1		④	教育		★
	2 番	2		③	経済・経営		★★
	3 番	3		③	生物		★★
	4 番	4		③	社会		★★
	5 番	5		②	生活・学校生活	○	★
	6 番	6		③	経済・経営		★★★
	7 番	7		③	生物		★★
	8 番	8		②	社会		★★
	9 番	9		④	生活・学校生活	○	★★
	10番	10		②	生物		★★
	11番	11		①	心理		★★
	12番	12		③	教育		★★★
聴解	13番	13		③	生活・学校生活	○	★★
	14番	14		①	生物		★★
	15番	15		②	経済・経営		★★★
	16番	16		③	生活・学校生活	○	★★
	17番	17		④	生物		★★★
	18番	18		④	教育		★
	19番	19		④	生物		★
	20番	20		③	生活・学校生活	○	★★
	21番	21		②	生物		★★
	22番	22		②	社会	○	★★
	23番	23		③	文化・教養・言語		★★
	24番	24		①	文化・教養・言語		★★
	25番	25		①	生物	○	★
	26番	26		②	心理		★★
	27番	27		③	心理		★★★

第4回　正 解 ・ 解 答 記 入 表

★ 難易度は3段階で示しており，星が多いほど難しい問題であることを表している。

★ 分野は，行知学園日本語教研組が，分析に基づき独自に定めたものである。

	問	解答番号	解答記入欄	正解	分野	会話	難易度
聴読解	1番	1		④	経済・経営		★★
	2番	2		①	社会		★★
	3番	3		②	教育	○	★★
	4番	4		④	教育		★★
	5番	5		③	地理・歴史・自然		★
	6番	6		④	心理		★★
	7番	7		③	生物		★★
	8番	8		①	地理・歴史・自然		★
	9番	9		③	生活・学校生活	○	★★★
	10番	10		①	社会		★
	11番	11		③	生活・学校生活		★★
	12番	12		③	経済・経営		★★★
聴解	13番	13		③	教育	○	★★
	14番	14		②	心理		★★★
	15番	15		②	生物		★★
	16番	16		④	経済・経営		★
	17番	17		③	生物	○	★★★
	18番	18		③	教育		★★★
	19番	19		①	生活・学校生活	○	★★
	20番	20		④	生物		★★
	21番	21		④	生活・学校生活	○	★★
	22番	22		③	社会		★
	23番	23		④	文化・教養・言語		★★
	24番	24		②	文化・教養・言語	○	★★
	25番	25		④	教育		★★
	26番	26		③	生物		★★
	27番	27		①	経済・経営		★★

解答　277

第❺回　正解・解答記入表

★ 難易度は３段階で示しており，星が多いほど難しい問題であることを表している。

★ 分野は，行知学園日本語教研組が，分析に基づき独自に定めたものである。

	問	解答番号	解答記入欄	正解	分野	会話	難易度
聴読解	1番	1		②	地理・歴史・自然		★★
	2番	2		②	生物		★★
	3番	3		②	心理		★★★
	4番	4		④	生活・学校生活	○	★★
	5番	5		④	社会		★★
	6番	6		③	教育		★★
	7番	7		③	科学・技術・数学		★★
	8番	8		②	社会		★★★
	9番	9		④	生活・学校生活	○	★★
	10番	10		④	経済・経営		★★
	11番	11		①	生物		★
	12番	12		③	生活・学校生活		★★
聴解	13番	13		②	生活・学校生活	○	★★
	14番	14		④	文化・教養・言語		★★
	15番	15		③	生物		★
	16番	16		④	生活・学校生活	○	★
	17番	17		①	心理		★★★
	18番	18		③	生物		★★
	19番	19		④	社会		★★
	20番	20		①	生活・学校生活	○	★
	21番	21		②	社会		★★
	22番	22		③	教育		★★
	23番	23		④	科学・技術・数学		★★★
	24番	24		①	生物		★★
	25番	25		④	生活・学校生活	○	★★
	26番	26		②	地理・歴史・自然		★★
	27番	27		②	経済・経営	○	★★★

第❻回　　　正 解 ・ 解 答 記 入 表

★ 難易度は3段階で示しており，星が多いほど難しい問題であることを表している。

★ 分野は，行知学園日本語教研組が，分析に基づき独自に定めたものである。

	問	解答番号	解答記入欄	正解	分野	会話	難易度
聴読解	1番	1		④	教育		★★
	2番	2		①	心理		★★
	3番	3		③	社会		★★★
	4番	4		②	社会	○	★★
	5番	5		②	生物		★★
	6番	6		①	社会		★
	7番	7		③	文化・教養・言語		★★
	8番	8		①	文化・教養・言語		★★
	9番	9		②	生活・学校生活	○	★★★
	10番	10		④	経済・経営		★★
	11番	11		④	生物		★★★
	12番	12		①	経済・経営		★★
聴解	13番	13		③	生活・学校生活	○	★★
	14番	14		③	生物		★
	15番	15		①	心理		★★
	16番	16		①	教育		★★
	17番	17		④	心理	○	★★
	18番	18		①	経済・経営		★★★
	19番	19		④	生物	○	★
	20番	20		②	社会		★★★
	21番	21		①	生活・学校生活	○	★
	22番	22		④	地理・歴史・自然		★★
	23番	23		②	社会		★★
	24番	24		②	心理		★★
	25番	25		③	教育	○	★★
	26番	26		③	文化・教養・言語		★★
	27番	27		④	心理		★★★

解答　279

第❼回　　正解・解答記入表

★ 難易度は 3 段階で示しており，星が多いほど難しい問題であることを表している。
★ 分野は，行知学園日本語教研組が，分析に基づき独自に定めたものである。

	問	解答番号	解答記入欄	正解	分野	会話	難易度
聴読解	1番	1		③	科学・技術・数学		★★
	2番	2		②	教育		★★
	3番	3		②	地理・歴史・自然		★★
	4番	4		②	経済・経営		★★
	5番	5		①	生物		★★★
	6番	6		①	心理		★★★
	7番	7		①	生活・学校生活	○	★★
	8番	8		③	文化・教養・言語		★
	9番	9		②	生活・学校生活	○	★★
	10番	10		②	経済・経営		★
	11番	11		①	生物		★★★
	12番	12		③	社会		★★
聴解	13番	13		①	生活・学校生活	○	★★
	14番	14		③	生物		★★
	15番	15		①	社会		★
	16番	16		④	文化・教養・言語	○	★★
	17番	17		③	生物		★
	18番	18		②	文化・教養・言語		★★
	19番	19		③	生活・学校生活	○	★★
	20番	20		②	生物		★★
	21番	21		④	経済・経営	○	★★★
	22番	22		③	教育		★★★
	23番	23		①	科学・技術・数学		★★
	24番	24		④	生活・学校生活	○	★★
	25番	25		③	生物		★★
	26番	26		①	心理		★
	27番	27		②	教育		★★

第❽回　　正解・解答記入表

★ 難易度は3段階で示しており，星が多いほど難しい問題であることを表している。

★ 分野は，行知学園日本語教研組が，分析に基づき独自に定めたものである。

	問	解答番号	解答記入欄	正解	分野	会話	難易度
聴読解	1番	1		①	文化・教養・言語		★★
	2番	2		④	文化・教養・言語		★
	3番	3		①	生物		★★
	4番	4		②	生活・学校生活	○	★★★
	5番	5		②	地理・歴史・自然		★★★
	6番	6		④	経済・経営		★★
	7番	7		③	経済・経営		★★
	8番	8		④	生活・学校生活	○	★★
	9番	9		②	生活・学校生活		★
	10番	10		③	地理・歴史・自然		★★
	11番	11		④	生物		★★
	12番	12		②	心理		★★★
聴解	13番	13		③	生活・学校生活	○	★★
	14番	14		④	生物		★★
	15番	15		①	生活・学校生活	○	★
	16番	16		③	生物		★★
	17番	17		④	心理		★★
	18番	18		②	社会		★★
	19番	19		③	経済・経営		★★
	20番	20		②	生活・学校生活	○	★
	21番	21		①	心理		★★★
	22番	22		③	生活・学校生活	○	★★★
	23番	23		④	文化・教養・言語		★★
	24番	24		②	社会	○	★★★
	25番	25		③	社会		★
	26番	26		①	教育		★★
	27番	27		③	生物		★★

解 答　281

第9回　正解・解答記入表

★ 難易度は3段階で示しており，星が多いほど難しい問題であることを表している。

★ 分野は，行知学園日本語教研組が，分析に基づき独自に定めたものである。

問	解答番号	解答記入欄	正解	分野	会話	難易度
1番	**1**		④	生活・学校生活		★
2番	**2**		③	心理		★★
3番	**3**		①	科学・技術・数学		★★
4番	**4**		①	生物		★★
5番	**5**		③	社会	○	★★
6番	**6**		③	文化・教養・言語		★
7番	**7**		③	生物		★★
8番	**8**		④	科学・技術・数学		★★★
9番	**9**		②	文化・教養・言語	○	★★
10番	**10**		④	経済・経営		★★★
11番	**11**		②	教育		★★
12番	**12**		④	文化・教養・言語		★★
13番	**13**		②	生活・学校生活	○	★★
14番	**14**		①	文化・教養・言語		★★★
15番	**15**		④	生物		★★
16番	**16**		①	生活・学校生活	○	★
17番	**17**		④	経済・経営		★★
18番	**18**		③	教育		★★
19番	**19**		④	生活・学校生活	○	★★
20番	**20**		③	生物		★★
21番	**21**		②	社会		★★
22番	**22**		③	心理	○	★★★
23番	**23**		②	心理		★
24番	**24**		①	生物		★
25番	**25**		④	生活・学校生活	○	★★★
26番	**26**		①	文化・教養・言語		★★
27番	**27**		④	文化・教養・言語		★★★

聴読解（問1〜12）／聴解（問13〜27）

第⑩回　　正　解　・　解　答　記　入　表

★ 難易度は 3 段階で示しており，星が多いほど難しい問題であることを表している。

★ 分野は，行知学園日本語教研組が，分析に基づき独自に定めたものである。

	問	解答番号	解答記入欄	正解	分野	会話	難易度
聴読解	1番	1		④	経済・経営		★
	2番	2		①	科学・技術・数学		★★
	3番	3		①	社会		★★★
	4番	4		①	文化・教養・言語	○	★
	5番	5		②	生活・学校生活		★★
	6番	6		③	生物		★★
	7番	7		③	経済・経営		★★
	8番	8		②	経済・経営		★★★
	9番	9		③	社会	○	★
	10番	10		①	社会		★★
	11番	11		②	生物		★★★
	12番	12		①	文化・教養・言語		★★
聴解	13番	13		④	生活・学校生活	○	★★
	14番	14		④	社会		★★★
	15番	15		③	生物		★
	16番	16		③	経済・経営		★★
	17番	17		②	生活・学校生活	○	★★
	18番	18		③	科学・技術・数学		★★
	19番	19		④	生活・学校生活	○	★★
	20番	20		①	経済・経営		★★★
	21番	21		③	経済・経営		★★
	22番	22		②	社会	○	★
	23番	23		④	経済・経営		★★
	24番	24		①	生活・学校生活	○	★★
	25番	25		②	教育		★★
	26番	26		①	生物		★★★
	27番	27		④	心理		★★

解　答　　283

付　録

聴読解の攻略方法

音声が流れる前にすること

設問文（場面・話題の提示と質問部分），選択肢を見る

　何の話をされるのかをあらかじめ理解しておくことで大意をつかみやすくなります。選択肢が語句や文で提示されている場合には，各選択肢の共通部分と相違部分を把握しておくと，選択肢を選ぶ際の時間短縮になります。

図表やイラストを見る

　音声が流れる前に図表やイラストのおおよその内容を把握しておくとよいでしょう。グラフであれば縦軸と横軸の内容の読み取りをしておきます。

音声を聞きながらすること

キーワードや話の展開，質問をつかむ

　「聴読解」は音声と図表・イラストの両方があってはじめて答えが出るように作成されているので，必ず図表・イラストと照らし合わせながら音声を聞くようにします。質問に関連する言葉や，繰り返し出てくる言葉がキーワードですので特に注意しましょう。そして，話の展開をつかむためには，「つなぎの言葉」に注目することが大切です。具体的には「つまり」などの言いかえを表す語や，「まず」「次に」「最後に」といった話題の列挙を示す言葉，「さて」「ところで」など話が変わることを示す言葉に注目することが必要です。また，「例を挙げて」や「例えば」などがあれば，具体的な話が挿入されていることがわかります。

　問題によっては，音声の中で「では問題です」「では〜はどうなりますか」などのように直接質問が述べられる場合もありますので，聞き逃さないように注意してください。

実例

　では実際に，どのように目と耳を働かせればよいか，本書の第7回12番を例に示していきます。

【設問文】

> 　先生が，社会学の授業で，行為の四類型について話しています。この先生が最後にする質問の答えはどれですか。

設問文から，場面・話題や質問が何かを読み取ります。
- ・話題…行為の四類型
- ・質問…（音声の中で質問される）

【本文の分析】

〈第一部分〉話題の提示

> 　かつて，マックス・ウェーバーという人が，人間の行為をその動機の観点から四つに分類しました。その四類型についてお話ししたいと思います。

話題が「人間の行為」であり，それが四つに分類されていることが分かります。四つそれぞれの内容を，図表を見ながら注意深く聞き取ります。聞きながら内容をメモしていくとよいでしょう。

〈第二部分〉内容の説明

　まず，❶「伝統的行為」ですが，これは「今までこうしてきたのだから」といった習慣に基づく行為です。日常生活の大半は，この伝統的行為によって占められています。次に，❷「感情的行為」は，ある感情が直接の引き金となって引き起こされる行為です。❸伝統的行為と感情的行為の二つは，あまり理性が関わらないので，非合理的行為と言います。
　非合理的行為に対して，❹合理的行為と呼ばれるものが，価値合理的行為と目的合理的行為の二つです。❺「価値合理的行為」は，自分が信じる価値観に従って行う行為のことを言います。❻「目的合理的行為」は，ある目的を達成するためには何が最善かを考えてする行為のことです。

第二部分の下線部❶〜❻と図表の対応は以下のようになっています。

〔第7回　12番〕

　　先生が，社会学の授業で，行為の四類型について話しています。この先生が最後にする質問の答えはどれですか。

1．AからCへ
2．BからCへ
3．BからDへ
4．CからDへ

質問（この問題では音声の本文部分にあります）
この父親の行為は，どれからどれへと変化したのでしょうか。

〈第三部分〉質問部分

> さて，ここに一人の父親がいるとします。彼には日頃の行いが悪い息子がいます。以前の父親は，息子が良くないことをしたとき，怒りに任せて叱っていました。しかし，今は，どうすれば息子のためになるかを考えて静かに説教するようになりました。この父親の行為は，どれからどれへと変化したのでしょうか。

　具体例（ある父親の話）と抽象概念（人間の行為の四類型）を対応させるよう求められています。この問題の場合，「変化」を問われているのでやや難しく感じるかもしれませんが，内容を整理して聞けていれば，そう難しくはありません。第三部分の話の要点は以下のようになります。

以前…「怒りに任せて叱る」
今　…「どうすれば息子のためになるか考えて」説教する

　「以前」は，「怒り」という感情で叱っていたことがわかりますから，図表のBにあてはまります。これに対し，「今」は「息子のためになることをする」という目的意識とそれを達成するために「どうすれば」いいか考えるという合理的意識があることがわかります。図表でいうとDにあてはまります。

　したがって答えは選択肢3の「BからDへ」であると判断できます。

聴解の攻略方法

音声を聞きながらすること

設問文から，場面・話題や質問を聞き取る
　「聴解」はすべて音声で構成されており，まず最初に，設問文から，本文の場面・話題及び質問内容を聞き取ることが必要です。（質問は本文のあとに再度音声で流れます。）

キーワードや話の展開，質問をつかむ
　「聴解」は視覚情報が与えられない分，本文は比較的シンプルに作られており，総じて「聴読解」よりも内容的には簡単です。しかし，ある程度の長さと論理性を持った内容ですので，聞き取ったことを頭の中だけで覚えておくのは大変です。自分なりにメモを取るようにしましょう。

実例

　では実際に，本書の問題を例にとって聞き取りのポイントや考え方を示していきます。

〔第8回　27番〕独話形式

【設問文】
　先生が，生物学の授業で，❶動物が子孫を残すための戦略について話しています。この先生の話によると，❷川の上流で繁殖する魚は，どのように子どもを産み，育てると考えられますか。

【設問文の分析】
❶話題：動物が子孫を残すための戦略
❷質問：「川の上流」で繁殖する魚はどのように子どもを産み，育てるか。

【本文】
　動物が子孫を残すための❶戦略には，「多産戦略」と「少産保護戦略」の二つがあります。多産戦略というのは，「親はできるだけたくさん子を産み，保護はしない」というものです。一方，少産保護戦略というのは，「親は比較的少ない子を産み，子が自立するまで世話をする」というものです。

　❷一般的に，子どもにとってえさが得やすい環境では，親はよりたくさんの子を産みます。逆に，子どもにとってえさが得にくい環境では，親は子を少なく産み，保護して育てます。

　では，川の中でも，❸水中の栄養分が少ない上流部分で繁殖する魚は，どのように子どもを産み，育てるのか，考えてみましょう。

【本文内容の分析】
❶2つの戦略
　　多産戦略
　　→多く産み，保護しない
　　少産保護戦略
　　→少なく産み，世話をする

❷どういう場合にどういう戦略をとるか

えさが得やすい	えさが得にくい
多産	少産保護

❸上流ではどうなるか

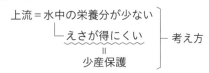

【質問の把握】
　「この先生の話によると，川の上流で繁殖する魚は，どのように子どもを産み，育てると考えられますか。」→「川の上流」がポイント。

【選択肢の分析】
　「川の上流」は，本文によると「栄養分が少ない」，つまりエサが得にくい環境だといえるので，少産保護という戦略をとると考えられます。これをもとに選択肢を見ていくと，1と2は「多産」を表しているので×，4は「少産」は合っていますが，「育てることはない」が「保護」に合わないので×になります。したがって正解は3です。

1．× たくさん子を産み，すべて巣で保護しながら育てる。
2．× たくさん子を産むが，産みっぱなしにする。
3．○ 少なく子を産み，巣で ○ 保護しながら育てる。
4．○ 少なく子を産むが，× 育てることはない。

〔第3回　20番〕会話形式

【設問文】

　男子学生と図書館職員が，❶本の貸出延長の件で話しています。❷この男子学生は，このあとどうしますか。

【設問文の分析】

❶話題：本の貸出延長

❷質問：この男子学生はこのあとどうするか。

【本文】

男子学生：すいません。この本の貸出を延長してほしいんですけど。

　　職員：はい，かしこまりました。あ，お客様，すでに一度，貸出の延長をなさっていますね？

男子学生：はい。2回目はダメなんですか？

　　職員：申し訳ございません。当館は，❶貸出の延長は1回までとさせていただいております。

男子学生：1回返却して，もう一度借り直すというのもダメですか？

　　職員：はい，他のお客様がご覧になる機会を設けるため，本日より❷3日間は本棚に戻させていただく決まりになっておりますので，申し訳ないのですが……。

男子学生：分かりました。その期間が終わって，誰も借りていなければ，また借りられるんですか？

　　職員：はい。❸お電話していただければ，こちらの方で確認することも可能です。

男子学生：❹では，そうします。

【本文内容の分析】

> ※　2人の会話からわかる
> 職　職員が言っている
> 学　男子学生が言っている

※学生はすでに1回延長している

職「貸出の延長は1回まで」（❶）
　（＝「2回目の延長はできない」）

※1回返却して（その場ですぐに）借り直すことはできない

職「3日間は本棚に戻す決まり」（❷）

※その期間（＝3日間）誰も借りていないならば借りられる
　　　　　　　　　　　（確認する内容）

職「電話してくれたら確認できる」（❸）

学「そうします」（❹）＝※電話する

【質問の把握】

　「この男子学生は，このあとどうしますか。」→このあとの行動を，会話をもとにして推測する。

【選択肢の分析】

　会話の，最後の「では，そうします」の内容を捉えます。職員の「お電話していただければ，こちらの方で確認することも可能です」を受けて，男子学生は「そうします」と答えていることから，「そう」は「電話をして確認してもらう」ことだと分かります。「電話する」「確認してもらう」という内容に言及しているのは選択肢3で，これが正解になります。1は，「その場での

借り直しはできない」ことから×。2は,「2回目の延長はできない」ことから×。4は少し迷うかもしれませんが,「そうします」の指示内容はあくまで「確認の電話をかける」ことですから,答えとして不適当であると判断できます。

1．× その場で一度返却し，× もう一度借り直す。
2．× 2回目の貸出延長をして借りる。
3．○ 3日後に ○ 確認の電話をかける。
4．○ 3日後に △ また借りに行く。

メモについて

　最後に,メモの取り方の例を示しておきます。一般的には〈話題,キーワード,質問,いつ,どこで,誰(何)が,誰(何)を,どうする,なぜ〉などの内容に注意して聞き取り,答えるのに必要なことを,短くてよいのでメモするようにします。また,聴読解では図や選択肢に直接メモ書きをしておくと正解を導きやすくなります。

★ 一般的な聞き取りポイント

✓ 話題	✓ キーワード	✓ 質問
✓ いつ	✓ どこで	✓ 誰(何)が
✓ 誰(何)を	✓ どうする	✓ なぜ

★ 例えば〔第3回 20番〕であれば以下のようなことをメモしておくとよいでしょう。

聞き取りのポイント	メモすること
✓ 質問は？ ✓ 男子学生は何をしたい？ ✓ どういう貸出状況？ ✓ ルールは？ ✓ 対応は？	✓ このあとどうするか。 ✓ 貸出延長 ✓ 延長は1回まで ✓ 3日間戻す決まりがある ✓ 電話して確認

自己分析シート

p.274～283の「解答」をもとに，それぞれの出題形式ごとに正解数を記入しましょう。

回	正解数			ランク
	聴読解	聴解	合計	
第1回	/12	/15	/27	
第2回	/12	/15	/27	
第3回	/12	/15	/27	
第4回	/12	/15	/27	
第5回	/12	/15	/27	
第6回	/12	/15	/27	
第7回	/12	/15	/27	
第8回	/12	/15	/27	
第9回	/12	/15	/27	
第10回	/12	/15	/27	

ランクの付け方

S ランク
正解数が
25問以上

A ランク
正解数が
22問以上

Ⓑ ランク…正解数が **18問以上**
Ⓒ ランク…正解数が **14問以上**
Ⓓ ランク…正解数が **13問以下**

学習達成表

「自己分析シート」(p.292) に記入した合計正解数を下の表に転記し,学習の達成度,成長度をグラフで把握しましょう。

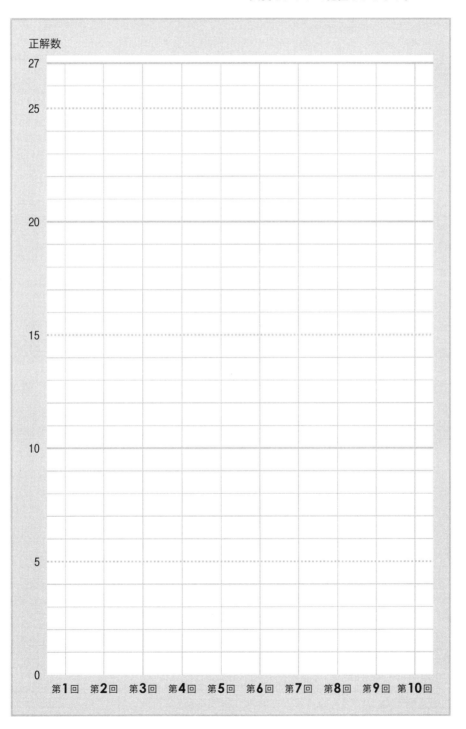

日本語「聴読解・聴解」解答用紙

受験番号

名前

【マーク例】

良い例	悪い例
●	◐ ⊗ ⊘

鉛筆（HB）でマークしてください。

聴読解

解答番号	解答欄			
	1	2	3	4
1	①	②	③	④
2	①	②	③	④
3	①	②	③	④
4	①	②	③	④
5	①	②	③	④
6	①	②	③	④
7	①	②	③	④
8	①	②	③	④
9	①	②	③	④
10	①	②	③	④
11	①	②	③	④
12	①	②	③	④

聴解

解答番号		解答欄			
		1	2	3	4
13	正しい	①	②	③	④
	正しくない	①	②	③	④
14	正しい	①	②	③	④
	正しくない	①	②	③	④
15	正しい	①	②	③	④
	正しくない	①	②	③	④
16	正しい	①	②	③	④
	正しくない	①	②	③	④
17	正しい	①	②	③	④
	正しくない	①	②	③	④
18	正しい	①	②	③	④
	正しくない	①	②	③	④
19	正しい	①	②	③	④
	正しくない	①	②	③	④
20	正しい	①	②	③	④
	正しくない	①	②	③	④
21	正しい	①	②	③	④
	正しくない	①	②	③	④
22	正しい	①	②	③	④
	正しくない	①	②	③	④
23	正しい	①	②	③	④
	正しくない	①	②	③	④
24	正しい	①	②	③	④
	正しくない	①	②	③	④
25	正しい	①	②	③	④
	正しくない	①	②	③	④
26	正しい	①	②	③	④
	正しくない	①	②	③	④
27	正しい	①	②	③	④
	正しくない	①	②	③	④

【参考書籍一覧】

書　名	著者名	出版社
『10歳から身につく問い、考え、表現する力 ——ぼくがイェール大で学び、教えたいこと』	斉藤淳	NHK出版
『14歳からの仕事道』	玄田有史	イースト・プレス
『21世紀 社会福祉はみんなの手で』	一番ヶ瀬康子	ポプラ社
『3分でわかるラテラル・シンキングの基本』	山下貴史	日本実業出版社
『40歳からの知的生産術』	谷岡一郎	筑摩書房
『5教科が仕事につながる！美術の時間』	松井大助	ぺりかん社
『5教科が仕事につながる！理科の時間』	松井大助	ぺりかん社
『頭がよくなる超読書法 ——潜在力を引き出す「速読脳開発プログラム」』	佐々木豊文	PHP研究所
『当たる「チラシ」はこうつくる』	小野達郎	こう書房
『「あなた」という商品を高く売る方法 ——キャリア戦略をマーケティングから考える』	永井孝尚	NHK出版
『生き方の演習−若者たちへ−』	塩野七生	朝日出版社
『生きるヒント——自分の人生を愛するための12章』	五木寛之	角川書店
『伊勢丹に学ぶ「売れる！」店作り ——一人勝ち店舗の「科学と感性」の販売ノウハウとは？』	武永昭光	PHP研究所
『異文化コミュニケーション・入門』	池田理知子・E. M.クレーマー	有斐閣
『今さら聞けない科学の常識③——聞くなら今でしょ！』	朝日新聞科学医療部 編	講談社
『イラストでわかる日本のしきたり』	飯倉晴武 編著	素朴社
『イルカと海の旅』	水口博也	講談社
『動きが心をつくる——身体心理学への招待』	春木豊	講談社
『絵でわかる生態系のしくみ』	鷲谷いづみ	講談社
『面白くて眠れなくなる植物学』	稲垣栄洋	PHP研究所
『面白くてよくわかる！社会心理学』	齊藤勇	アスペクト
『科学の考え方・学び方』	池内了	岩波書店
『学生による学生のためのダメレポート脱出法』	慶應義塾大学日吉キャンパス学習相談員	慶應義塾大学出版会
『学問のツバサ——13歳からの大学授業』	桐光学園中学校・高等学校 編	水曜社
『稼ぐまちが地方を変える——誰も言わなかった10の鉄則』	木下斉	NHK出版
『稼げる観光——地方が生き残り潤うための知恵』	鈴木俊博	ポプラ社
『仮説思考——「60分」図解トレーニング』	生方正也	PHP研究所
『「金縛り」の謎を解く ——夢魔・幽体離脱・宇宙人による誘拐』	福田一彦	PHP研究所
『「か弱き、純真な子ども」という神話』	和田秀樹	中央公論新社
『観光学入門——ポスト・マス・ツーリズムの観光学』	岡本伸之 編	有斐閣
『環境とつきあう50話』	森住明弘	岩波書店
『看板の魅力で集客力がアップする』	小山雅明	かんき出版
『教育の社会学——〈常識〉の問い方、見直し方』	苅谷剛彦・濱名陽子・木村涼子・酒井朗	有斐閣
『クモの糸の秘密』	大崎茂芳	岩波書店
『くりやのくりごと——リンボウ先生家事を論ず』	林望	集英社
『グループ学習入門——学びあう場づくりの技法』	新井和広・坂倉杏介	慶應義塾大学出版会
『経営戦略の教科書』	遠藤功	光文社
『建築入門——あなたと建築家の対話』	綜建築研究所	講談社
『効果10倍の〈教える〉技術——授業から企業研修まで』	吉田新一郎	PHP研究所

書　名	著者名	出版社
『郊外の社会学——現代を生きる形』	若林幹夫	筑摩書房
『コウノトリがおしえてくれた』	池田啓	フレーベル館
『「こころ」とのつきあい方——13歳からの大学授業』	桐光学園中学校・高等学校 編	水曜社
『心の底をのぞいたら』	なだいなだ	筑摩書房
『子どもの頭を良くする勉強法 ——14歳までに教えるべき「生きる術」』	伊藤真	ベストセラーズ
『子供をふつうに育てたい』	長山靖生	筑摩書房
『コミュニケーションの日本語』	森山卓郎	岩波書店
『これ、いったいどうやったら売れるんですか？ ——身近な疑問からはじめるマーケティング』	永井孝尚	SBクリエイティブ
『これでナットク！植物の謎 ——植木屋さんも知らないたくましいその生き方』	日本植物生理学会 編	講談社
『昆虫と植物のはてな』	はてな委員会 編	講談社
『昆虫はスーパー脳 ——ヒトと対極の進化で身に付けた「超脳力」』	山口恒夫監修	技術評論社
『さかなのすごい話』	安部奏	宝島社
『「仕組み」仕事術』	泉正人	ディスカヴァー・ トゥエンティワン
『実地調査入門——社会調査の第一歩』	西山敏樹・常盤拓司・鈴木亮子	慶應義塾大学出版会
『社会学がわかる事典』	森下伸也	日本実業出版社
『植物のあっぱれな生き方——生を全うする驚異のしくみ』	田中修	幻冬舎
『植物の形には意味がある』	園池公毅	ベレ出版
『植物の観察と実験を楽しむ——光と植物のくらし』	松田仁志	裳華房
『資料検索入門』	市古みどり 編著 上岡真紀子・保坂睦 著	慶應義塾大学出版会
『新聞力——できる人はこう読んでいる』	齋藤孝	筑摩書房
『心理学・入門——心理学はこんなに面白い』	サトウタツヤ・渡邊芳之	有斐閣
『人類の歴史を変えた８つのできごとⅠ』	眞淳平	岩波書店
『図解雑学 からだの不思議』	加藤征治	ナツメ社
『図解雑学 動物行動学入門——誰も知らない動物の見かた』	今泉忠明	ナツメ社
『図解雑学 料理の科学——おいしさの秘密』	落合敏 監修　佐藤雅美 著	ナツメ社
『「すぐやる人」になる１分片づけ術』	小松易	日本経済新聞出版社
『すごい家電——いちばん身近な最先端技術』	西田宗千佳	講談社
『スッキリ！体と脳の疲れが消える本』	梶本修身	PHP研究所
『スポーツ科学の教科書』	谷本道哉 編著　石井直方 監修	岩波書店
『スポーツ教養入門』	高峰修 編著	岩波書店
『スポーツを仕事にする！』	生島淳	筑摩書房
『先生はえらい』	内田樹	筑摩書房
『先生は教えてくれない大学のトリセツ』	田中研之輔	筑摩書房
『惣一じいちゃんの知っているかい？農業のこと』	山下惣一	家の光協会
『ゾウの時間 ネズミの時間——サイズの生物学』	本川達雄	中央公論社
『大学生活を極める55のヒント』	板野博行	大和書房
『大学生 学びのハンドブック』	世界思想社編集部	世界思想社
『中学生の教科書——死を想え』	島田雅彦・養老孟司 他	四谷ラウンド
『使える語学力——７カ国語をモノにした実践法』	橋本陽介	祥伝社
『問いかける教室——13歳からの大学授業』	桐光学園中学校・高等学校 編	水曜社
『東大主席弁護士が実践！誰でもできる〈完全独学〉勉強術』	山口真由	SBクリエイティブ
『トコトンやさしい味の本』	中村弘	日刊工業新聞社

書　名	著者名	出版社
『図書館へ行こう』	田中共子	岩波書店
『友だち幻想──人と人の〈つながり〉を考える』	菅野仁	筑摩書房
『なぜ「あの場所」は犯罪を引き寄せるのか ──見てすぐわかる犯罪地図』	小宮信夫	青春出版社
『なぜゾウとキリンは同盟を結んだのか!?』	吉村卓三	コスモトゥーワン
『なぜ大企業が突然つぶれるのか ──生き残るための「複雑系思考法」』	夏野剛	PHP研究所
『悩みのコントロール術』	東山紘久	岩波書店
『日本刀の科学──武器としての合理性と機能美に科学で迫る』	臺丸谷政志	SBクリエイティブ
『入門 組織開発──活き活きと働ける職場をつくる』	中村和彦	光文社
『ネコはどうしてわがままか』	日高敏隆	新潮社
『脳にきく色 身体にきく色』	入倉隆	日本経済新聞出版社
『ハーバード流 幸せになる技術』	悠木そのま	PHP研究所
『葉っぱの不思議な力』	鷲谷いづみ	山と溪谷社
『話しことばのひみつ──ことばのキャッチボール』	斎藤美津子	創隆社
『母親はなぜ生きづらいか』	香山リカ	講談社
『早わかりビジネス理論──「？」だった話が「！」に変わる』	中野明	PHP研究所
『パラサイト日本人論──ウイルスがつくった日本のこころ』	竹内久美子	文藝春秋
『ビジュアル経営の基本』	武藤泰明	日本経済新聞出版社
『微生物の科学』	中島春紫	日刊工業新聞社
『人が歩んだ500万年の歴史 4』	瀬戸口烈司	岩波書店
『ヒト、動物に会う──コバヤシ教授の動物行動学』	小林朋道	新潮社
『ヒトの本性──なぜ殺し、なぜ助け合うのか』	川合伸幸	講談社
『人を呼ぶ法則』	堺屋太一	幻冬舎
『部下を育てるコーチング』	菅原裕子	朝日新聞出版
『武器としての人口減社会 ──国際比較統計でわかる日本の強さ』	村上由美子	光文社
『フジモリ式建築入門』	藤森照信	筑摩書房
『フリーペーパーの衝撃』	稲垣太郎	集英社
『プロフェッショナル原論』	波頭亮	筑摩書房
『勉強なんてカンタンだ！』	齋藤孝	PHP研究所
『ぼくらはみんな生きている──都市動物観察記』	佐々木洋	講談社
『本当にわかる心理学』	植木理恵	日本実業出版社
『マイホーム、買ったほうがトク！』	藤川太	朝日新聞出版
『身近な鳥の生活図鑑』	三上修	筑摩書房
『ミニマル思考──世界一単純な問題解決のルール』	鈴木鋭智	かんき出版
『未来の森 森があぶない』	橋本勝	ぎょうせい
『儲かるお店の「すごい！」見せ方 ──「心地よく目立つ」ための店舗、看板、POP作りの秘訣』	高橋芳文	PHP研究所
『もう読みたい本がない！』	齊藤祐作	幻冬舎
『やさしい教育心理学』	鎌原雅彦・竹綱誠一郎	有斐閣
『やさしい青年心理学』	白井利明・都筑学・森陽子	有斐閣
『わかりやすく〈伝える〉技術』	池上彰	講談社
『わたしがつくる物語──13歳からの大学授業』	桐光学園中学校・高等学校 編	水曜社
『私と世界、世界の私──13歳からの大学授業』	桐光学園中学校・高等学校 編	水曜社
『私の自然ウオッチング』	加藤幸子	朝日新聞社
『「私」はいつ生まれるか』	板倉昭二	筑摩書房

中国人留学生
国内シェア
No.1

行知学園の指導で
あなたの未来が変わる！

- ニーズに応える豊富なコース
- 講師陣の圧倒的な指導力
- 充実したオリジナル教材

行知学園から**3年連続**で
日本留学試験(EJU) 総合点
日本全国1位を輩出!!

2016年	理系	日本全国1位	洪 木子
	文系	日本全国1位	江 揚戈
2015年	文系	日本全国1位	庄　源
2014年	文系	日本全国1位	王 凱易

難関大学、有名大学に
次々合格!!

業界トップの合格実績！
※2018年度実績

東京大学	16名
京都大学	20名
大阪大学	17名
一橋大学	17名
東京工業大学	21名
慶應義塾大学	62名
早稲田大学	112名

行知学園への入学申込み、お問合せ、ご相談は
各校舎の受付窓内、もしくは電話、QQへ！

行知学園
COACH ACADEMY

合格者の声など
詳しくはこちらから →
行知学園微報

新宿本校

〒169-0073
東京都新宿区百人町2-16-15
MYビル 1F

・山手線「新大久保駅」より徒歩約4分
・総武線「大久保駅」北口より徒歩約6分

📱 **080-4355-6266**
💬 **268001216**

高田馬場校

〒169-0075
東京都新宿区高田馬場2-16-6
宇田川ビル 7F

・山手線「高田馬場駅」早稲田口より徒歩約1分
・西武新宿線「高田馬場駅」早稲田口より徒歩約1分

📱 **080-4355-6266**
💬 **268001216**

大阪校

〒542-0073
大阪府大阪市中央区日本橋1-21-20
丸富日本橋パールビル 3F 302号

・堺筋線、千日前線など「日本橋駅」出口10より徒歩約1分
・御堂筋線、千日前線、四つ橋線「なんば駅」より徒歩約6分

📱 **080-3459-1596**
💬 **1664201216**

京都校

〒612-8411
京都府京都市伏見区竹田久保町21-7
ビルマルジョウ 3F C室

・地下鉄烏丸線「くいな橋駅」出口1より徒歩約4分
・京阪本線「深草駅」出口1より徒歩約7分

📱 **080-9696-6066**
💬 **744534305**

本書の内容に関する訂正及び変更は，行知学園ホームページの下記URLに情報を公開いたします。
http://www.koyo-coach.com/text/information/

日本留学試験(EJU) 模擬試験
日本語 聴読解・聴解

2018年5月28日　初版第1刷発行

編著者　行知学園 日本語教研組（朝月 雄介，柏原 節子）
発行者　楊 舸
発行所　行知学園株式会社
　　　　〒169-0073　東京都新宿区百人町2-8-15　ダヴィンチ北新宿 4F
　　　　TEL：03-5937-6597　FAX：03-5937-6598
　　　　http://coach-ac.co.jp/（日本語）
　　　　http://www.koyo-coach.com/（中国語）
発売所　日販アイ・ピー・エス株式会社
　　　　〒113-0034　東京都文京区湯島1-3-4
　　　　TEL：03-5802-1859　FAX：03-5802-1891
印刷所　シナノ書籍印刷株式会社

万が一，落丁・乱丁がございましたら，送料小社負担にてお取り替えいたします。お手数ですが，小社までご返送ください。
本書の内容はすべて，著作権法上の保護を受けております。本書の一部あるいは全部について，行知学園株式会社から事前の許諾を得ずに，いかなる方法においても無断で複写・複製・翻訳および本書の解説・答案書等の作成は禁じられています。

© 2018 Coach Academy Co.,Ltd.
Printed in Japan
ISBN 978-4-909025-35-7　C2081